Retos Desde la Cruz

El triunfo de la gracia de Dios

en los santos

del Antiguo Testamento

Sobre el Autor:

G. Ernesto Johnson con su esposa, Grace, procedentes de Winnipeg, Canadá, llegaron a Río Grande en 1954 y él ha sido profesor desde tal año. Ha servido de Decano Académico (1968-1981), Presidente (1981-1995) y Presidente Emérito hasta ahora.

Se graduó de Prairie Bible Institute, Three Hills, Canadá (1949); Universidad de Pan American Edinburg, TX (1965); M.A, Instituto de Estudios Latinoamericanos, Universidad de Texas, Austin TX (1970); Doctor en Misionología, Trinity Evangelical Divinity School, Deerfield, Illinois (1985).

Retos Desde la Cruz

El triunfo de la gracia de Dios
en los santos
del Antiguo Testamento

G. Ernesto Johnson

Revisión: Carlos Pulgarín

©2011
All rights reserved
Rio Grande Bible Institute, Edinburg, Texas 78539

ISBN 978-1-4507-5412-5

Editorial Rio Grande

Published by Editorial Rio Grande
4300 S. U.S. Highway 281
Edinburg, Texas 78539

ISBN 978-1-4507-5412-5

Library of Congress Registration Number

TXu 1-750-455

April 12, 2011

Dedicatoria

En el nombre de Cristo y para la gloria del Padre dedico este primer esfuerzo

a los centenares de ex alumnos del Instituto Bíblico Río Grande,

tanto a los hermanos latinos como a los misioneros de la

Escuela del Idioma Español

desde 1954-2011

El Mensaje de la Cruz los ha enriquecido a ellos tanto como a mí.

Romanos 6:6

Sabiendo esto, que nuestro viejo hombre fue crucificado juntamente con él,

para que el cuerpo del pecado sea destruido,

a fin de que no sirvamos más el pecado.

Índice

Introducción

Retos desde la Cruz es el primer libro que escribo. Quiero que el lector comprenda el trasfondo de este esfuerzo. Desde 1954, al llegar de Canadá al Instituto Bíblico Río Grande, en Edinburg, Texas, he dedicado mi vida entera a la enseñanza bíblica en español e inglés.

Al tiempo que desarrollaba mi trabajo en el magisterio, el Señor me guió a involucrarme en la parte administrativa hasta llegar a ser presidente del Instituto. Pero siempre la enseñanza ha sido mi primer llamado. Dios, en su gracia, me permitió viajar a más de 17 países, mayormente de Latinoamérica.

En el 2001, en la providencia del Señor, fui forzado a un período de "jubilación"; situación que me permitió salir dos veces a Rusia. Ahora entiendo que sin ese tiempo sabático hubiera sido imposible viajar a tal lugar. Por ese tiempo, la Mesa Directiva del Instituto me sugirió que ministrara a los muchos ex alumnos a quienes yo había enseñado por 47 años.

Con ese permiso empecé a escribir en los dos idiomas a centenares de ellos. La costumbre era un estudio mensual durante unos ocho meses del año. Además, durante mis viajes me encontré con centenares de obreros laicos en el mundo de habla castellana, a los cuales fui incluyendo en mi lista de envío.

Mi amor por aquellos que han sido llamados a servirle al Señor, especialmente en el contexto de América Latina, me llevó a escribir con pasión acerca del *Mensaje de la Cruz*. Tal ha sido mi enfoque sin pedir disculpas a nadie.

El mensaje de la cruz es nuestra unión con Cristo en muerte al viejo hombre, el "yo", y resucitados a una nueva vida en Cristo, llena del Espíritu Santo. La verdad de Romanos capítulos 1 al 8 ha formado la base de mi enseñanza. No obstante, Romanos 6:6 ha sido mi punto de partida.

Los estudios son estudios exegéticos basados sencillamente en el texto bíblico e ilustrados ampliamente en el Antiguo Testamento y en el Nuevo.

La doctrina es básica, directa, práctica y Cristo-céntrica. Trato de desafiar y comprometer el corazón del creyente sincero que, sobre todo, quiere profundizar su relación íntima con Dios, pero a veces no sabe cómo.

Hay tantos creyentes sinceros que luchan y resultan frustrados a pesar de sus mejores esfuerzos. Alrededor se ve la derrota de muchos o la novedad de nuevas ofertas que prometen grandes experiencias, pero que al fin de cuentas sólo aumentan la frustración. La autoridad de la Palabra y la morada del Espíritu Santo es el remedio eficaz.

Dos palabras de agradecimiento:

Primero, al Presidente de RGBI, Dr. Larry Windle y a la Editorial Río Grande por su apoyo constante.
Y segundo, a mi colega y alumno, Reverendo Carlos Pulgarín, periodista colombiano y pastor que revisa este libro y otros por salir.

Respetuosamente,

Gordon Ernesto Johnson
30 de julio de 2011

Breve historia del Instituto Bíblico Rio Grande

El Instituto Bíblico Rio Grande es una organización evangélica y misionera que Dios ha levantado para preparar obreros para su iglesia en Latinoamérica. Es fundamental en su doctrina y cree firmemente en la inspiración verbal y la autoridad final de la Palabra de Dios. Busca servir a todas las iglesias y denominaciones que comparten la misma doctrina y práctica.

El Instituto Bíblico Rio Grande fue fundado por el Reverendo M. C. Ehlert en el Valle del Rio Grande de Texas en 1946 con el propósito de entrenar obreros. En aquellos primeros años había dos escuelas bíblicas, una en español y otra en inglés. En 1955 se clausuró la de inglés, y en su lugar se abrió una escuela para enseñar español a misioneros en camino a América Latina. Dios ha agregado tres emisoras radiales, una en AM y dos en FM. También se estableció un departamento de producción de videos, un centro de conferencias bíblicas, y varios otros ministerios.

Dios ha prosperado las dos escuelas misioneras. Más de 6000 jóvenes hispanos y misioneros anglos han estudiado en ellas. El cuerpo docente se compone de profesores calificados, tanto latinos como anglos, con una buena preparación académica. Están unidos en el llamamiento sagrado de invertir sus vidas y conocimientos en los futuros líderes del mundo de habla hispana.

Dios mantiene al Instituto Bíblico Rio Grande a través de la oración y los donativos de su pueblo. La escuela depende totalmente de Él, y se desea que todos los estudiantes aprendan temprano a hacer lo mismo. Ningún obrero de la escuela recibe un sueldo fijo sino que vive de los donativos que le son enviados por el pueblo de Dios. Por esta razón, en el IBRG los gastos de educación son mínimos. El deseo de la escuela es proveer una preparación bíblica para todos los que la deseen, aunque tengan pocos recursos económicos.

Su propósito principal es: "Glorificar a Dios, sirviendo a la iglesia hispana por medio de la preparación de líderes, la edificación de los creyentes, y la evangelización de los perdidos. Busca lograr este propósito bajo la dirección del Espíritu Santo de acuerdo con el mandato misionero de la Palabra infalible."

El Instituto Bíblico Rio Grande está ubicado en Edinburg, Texas, EE.UU., una sabana llamada Valle del Rio Grande que constituye la frontera entre México y Texas. Está a unos 25 kilómetros de la cuidad fronteriza de Reynosa, Tamaulipas, México. La escuela está autorizada debidamente por el gobierno estadounidense para recibir alumnos de países extranjeros.

El seminario existe para capacitar líderes consagrados que sirvan a Dios dondequiera que Dios los guíe a servir. Las metas son las siguientes:

1. Guiar al estudiante a un entendimiento más profundo de la Palabra de Dios y doctrina bíblica. (1 Timoteo 3:16-17).
2. Preparar al estudiante para servir a Dios efectivamente en el ministerio Cristiano para el cual Dios lo ha llamado. (2 Timoteo 2:2; 1 Corintios 12:6-7).
3. Siempre ser un ejemplo ante nuestros estudiantes de un apasionante caminar con Dios, para que el amor de ellos por Cristo los confirme en crecimiento y madurez. (1 Corintios 6:20; 11:1; Juan 15:9-13).
4. Retar al estudiante a obedecer a la Gran Comisión de predicar el Evangelio y hacer discípulos, para que los integren a la iglesia local.
5. Animar a los graduados a regresar a sus respectivas iglesias con una visión de misiones mundiales para servir a Dios de acuerdo a su voluntad. (Juan 4:28-29; Mateo 9:37-38).
6. Guiar al estudiante en crecimiento y madurez espiritual, y proveer la oportunidad de crecer en la vida cristiana para que la imagen de Cristo sea reflejada en él. (Efesios 4:13).
   a. Espiritualmente: Desarrollar una relación creciente con

     Cristo a través de la oración, obediencia a la Palabra de Dios, la adoración y servicio a Él. (Colosenses 4:12).

b. Intelectualmente: Facilitar la habilidad del estudiante para entender y desarrollar un pensamiento analítico y presentar una visión mundial cristiana de una manera profesional. (Filipenses 4:8; Romanos 12:2).

c. Socialmente: Desarrollar una vida que sea semejante a Cristo en ambas áreas, personal y social, siendo guiado por principios bíblicos y controlado por el Espíritu Santo en todo tiempo. (Colosenses 3:17).

d. Económicamente: Fortificar el entendimiento del estudiante en la Mayordomía Bíblica. (Romanos 13:8; Filipenses 4:19).

e. En el lugar de trabajo: Desarrollar una apreciación por la dignidad del trabajo y una ética bíblica de trabajo. (Hechos 20:34; 1 Tesalonicenses 2:9).

7. Cultivar y desarrollar las habilidades del estudiante para que pueda comunicar efectivamente la Palabra de Dios en el contexto del mundo hispano. (2 Timoteo 2:2; 2 Timoteo 4:1-2).

El alumno que viene al instituto Bíblico Rio Grande encontrará una escuela donde el desarrollo de su vida espiritual es considerado como la más alta prioridad. Las clases le retarán académicamente, pero el enfoque de ellas es la obediencia a la Palabra de Dios, y no el mero conocimiento. Se enfatiza la unión del creyente con Cristo y el impacto de esto en su vida. El liderazgo se enfoca como un "servicio" al Señor y a su iglesia, que se logra mediante una buena preparación y la dirección constante del Espíritu Santo.

El estudiante se verá obligado a disciplinarse en el uso de su tiempo. El programa de trabajo (para los internos) junto con los estudios y la convivencia en una nueva cultura, formada por la unión de personas de lugares diferentes, requiere una adaptación y disciplina única por parte del alumno. La intensidad de los estudios (con las tareas, exámenes, etc.), el servicio práctico de los fines de semana y el programa de trabajo se combinan para demandar una disciplina propia de parte de aquel alumno que quiere tener buen testimonio en todo lo que hace. Los graduados de la escuela aprecian mucho la disciplina que aprendieron durante su estancia aquí y que les sirve para el resto de su vida.

El alumno se verá retado a disciplinarse en su vida personal. La escuela cree que un obrero del Señor debe mantener una vida intachable y tener altas normas de comportamiento que rigen para todos. La obediencia y la sumisión aun bajo situaciones difíciles son vistas como cruciales en la preparación para servir a Dios. Las normas no siempre serán las mismas de su familia y/o de iglesia, pero ningún alumno debería venir al IBRG si no está dispuesto a obedecer y sujetarse a las normas de la Escuela.

Nuestra meta es una preparación integra, buscando excelencia en el ministerio, que es visto como "servicio" en la iglesia para Cristo nuestro Señor.

Desde febrero del 1999 el Instituto Bíblico Rio Grande ha sido acreditado por la Comisión de Acreditación de la Asociación para la Educación Bíblica Superior (The Association for Biblical Higher Education, ABHE), una institución reconocida por el Concilio de Agencias de Educación Superior (Council on Higher Education Agencies) con el Departamento de Educación de los Estados Unidos. El Instituto Bíblico Rio Grande es autorizado por el Estado de Texas otorgar el Bachelors.

Prefacio

¡Cómo no estar agradecidos!

La primera vez que escuché hablar del proyecto de un libro bajo el sugestivo título *Retos desde la cruz*, me encontraba de vacaciones con mi familia en San Antonio, Texas. Y estaba, precisamente, de descanso porque necesitaba un alto en el camino para tomar un aire de las múltiples ocupaciones como pastor de la Primera Iglesia Bautista de McAllen, Texas. Eran días de mucho desgaste físico, emocional y espiritual, de manera que meterle el hombro a esta empresa no era algo que me llamara mucho la atención. Por lo menos eso creía yo.

Esa noche calurosa de julio de 2010, después leer el correo electrónico cerré mi computadora portátil y, antes de irme a la cama, escuché los mensajes de voz en mi teléfono celular. Uno de ellos captó poderosamente mi atención. Era una voz muy familiar. "Hola Carlos, soy Ernesto Johnson. Me gustaría saber si tienes tiempo para almorzar y contarte algunos detalles de un proyecto que, junto con el apoyo de Rio Grande y el presidente Larry Windle, queremos emprender. Por favor, llámame".

--¿Me estás queriendo decir algo, Señor?, me pregunté en el silencio de la noche.

No obstante, volví a justificarme yo mismo con palabras como: "El cuerpo es templo del Espíritu Santo y yo necesito descansar más", "debo aprender a decir que no", "prometí estar más tiempo con mi familia". Con la conciencia un poco en calma me fui a la cama. He sido hombre de buen sueño. Mi esposa, Ana Esther, se queja de eso, dice que mientras ella me comenta algo en la intimidad de la alcoba se queda hablando sola, pues una vez pongo mi cabeza sobre la cama caigo en sueño profundo. Pero esa noche fue distinta, no pude conciliar el sueño.

Cuando algo así pasa supongo que Dios tiene que ver algo con mi falta de sueño. Así que mi segundo paso en circunstancias similares es doblar rodilla y hablar con "el Jefe". Mientras oraba, el Señor trajo a mi memoria el tiempo de estancia en el campus del Instituto Bíblico Rio Grande. Fue una época especial en la que Dios trató con mi carácter. Algunas veces el horno estuvo bastante caliente, pero en medio de todo, Él siempre proveyó. Cualquiera que fuera la necesidad, Dios me mostró su amor y fidelidad a través del personal, los estudiantes, los misioneros de la Escuela del Idioma o los voluntarios de invierno. También por mano de muchas iglesias en las que se desarrolla el ministerio práctico.

¡Cómo no estar agradecido con Dios! ¡Cómo no estar agradecido con el Instituto Bíblico Rio Grande! Muchos pastores, misioneros y educadores cristianos han sido formados en las aulas de este centro educativo que busca preparar líderes piadosos que sirvan en el mundo hispano. Al levantarme, después de mi tiempo de oración, me propuse apoyar el esfuerzo mancomunado por sacar a la luz este libro. Dios será glorificado y muchos serán bendecidos. No hay duda.

El hermano Johnson, con su pasión por el mensaje de la cruz, ha dejado huella en muchos ex alumnos. Una vida entera dedicada a ministrar con humildad en el sur del Valle de Texas, y desde allí a cientos de iglesias repartidas en países donde se habla el idioma de Cervantes. A través de esos líderes egresados de Rio Grande, la bendición se extiende a miles. Este ministerio llega hasta lugares insospechados. Vale la pena seguir extendiendo las estacas.

Retos desde la cruz nos lleva a dar una mirada retrospectiva a aquellos santos del Antiguo Testamento, nos hace sensibles para ver, desde la óptica de la Cruz, la manera como la mano moldeadora del Alfarero afirmó el carácter de Cristo en ellos. De la misma forma Dios trata también con nosotros. Es su gracia y su misericordia que busca cumplir su propósito eterno en nuestras vidas.

En hora buena, el Instituto Bíblico Rio Grande ha emprendido esta iniciativa de poner en el mercado académico, y al alcance de los líderes y estudiantes, un libro que recoge parte de la enseñanza y experiencia ministerial del Dr. Ernesto Johnson en ese apasionado camino del mensaje de la cruz. Que este esfuerzo conjunto, *Retos desde la cruz*, nos motive a dejar nuestro "yo" donde Cristo puso nuestros pecados: EN LA CRUZ.

Carlos Pulgarin, Th.M.
Co pastor Tabernáculo Bíblico Bautista El Redentor
Vancouver,BC, Canadá

Prologo
UNA MIRADA PARA ATRÁS Y UNA PARA DELANTE

Los tratos más profundos de Dios con los santos del Antiguo Testamento

Los dos testamentos dan una historia común de la gracia de Dios para con los suyos. Claro que hay diferencias entre la soberana elección de Israel como el pueblo escogido de Dios en Génesis 12 y la inauguración de la Iglesia de Cristo en Hechos 2. Sin embargo, comparten mucho en común, especialmente en lo que tiene que ver con LA SALVACIÓN. Es necesario entender que hay una sola salvación y es a través de la muerte vicaria de Cristo, el derramamiento de la sangre de Jesús es la clave. Primero, la fe estaba puesta en aquel que había de venir. Después, esa misma fe fue depositada en aquel que vino, murió y resucitó el tercer día.

Un hilo carmesí que corre a través del Antiguo Testamento ha sido el Mensaje de la Cruz. Es un mensaje centrado en la gracia de Dios siempre disponible a través de la fe en su amado Hijo. Dios es santo y justo, pero halló la manera de proveer una salvación eficaz que toma al hombre perdido y le ofrece el perdón y una vida transformada por la fe. Habiéndolo salvado por su gracia, Dios empieza a perfeccionarlo, conformándolo más y más a su amado hijo, Jesucristo, quien vendría y por fin lograría en tiempo y en espacio en la Cruz esa salvación de la cual todos nos gozamos.

En esta serie hemos estudiado los tratos de Dios con Abraham, Jacob, José, Moisés, David, Jonatán y Saúl. El último ha sido el de Job. A la vez ha sido el estudio más extensivo, unos seis estudios expositivos. En el libro de Job, considerado como el más antiguo de todos, hemos visto sobre todo el carácter de Dios mismo sometiendo a Job a prueba, sabiendo que este hombre *"recto y apartado del mal"* saldría doblemente bendecido. **Dios mismo es el eje de la narración.** Entra en escena Satanás pero siempre bajo el mando de Dios. El acusador, Satanás, sólo es el medio para ponerlo a prueba. Job responde bien en los capítulos 1 y 2, pero bajo la presión que Dios permite se va descubriendo su auto confianza, su orgullo y su propia justicia. Dios, como el cirujano por excelencia, permite que los amigos lo acusen, luego Eliú le da buen consejo, y al fin de cuentas Dios le habla dos veces.

En toda esta trayectoria Dios lo reduce a un arrepentimiento y, precisamente, en ese momento Dios se revela en bendición. Tal como la salvación es, así es la santificación del hijo de Dios. **Éste es el mensaje de la Cruz, por vía de muerte al "YO" y a una resurrección en Cristo para vida nueva (Romanos 6:6, 11, 13, 14).**

En mis comentarios quedo endeudado con el libro de Jessie Penn-Lewis, *The Story of Job*. Fue una buena guía para mí, y ha sido de gran bendición.

Capítulo 1
Abraham: escogido por la gracia y puesto a prueba

Introducción

Con el transcurrir del tiempo, me voy dando cuenta de que tiene razón San Agustín: "El Nuevo Testamento se encuentra latente (implícito) en el Antiguo y el Antiguo se halla patente (explícito) en el Nuevo". Si el Mensaje de la Cruz es céntrico, y lo es, podemos palpar esta verdad ilustrada una y otra vez en los tratos divinos con los santos del Antiguo Testamento.

Es la verdad del mensaje de la cruz la que quiero resaltar en esta serie que abarcará a varios santos del Antiguo Testamento: Abraham, Jacob, José, Job y David, entre otros. Mi mayor interés es ver la manera en que Dios forjó en estos hombres, esa verdad fundamental que los capacitó para hacerlos verdaderos líderes bíblicos. *Nunca me canso de hallar la Cruz en acción, primordialmente en la vida de Jesús, pero de igual modo en cada seguidor que merece tal nombre.*

El enfoque de este primer estudio sobre Abraham, y de otros santos que veremos en el transcurso de esta serie, es mostrarnos que Dios opera en pura gracia soberana. Desde el llamamiento en gracia nos pone a prueba. Cada vez que respondemos en dependencia de él—el principio de la Cruz—nos esclarece más la promesa, la amplía para su gloria, para el bienestar nuestro y el beneficio de todos aquellos a quienes ministramos.

Abraham, escogido por pura gracia para ser padre de la fe

Si alguien pudiera jactarse de sus méritos ante Dios, ése habría sido Abraham. Así creían los eruditos judíos. *"¿Qué, pues, diremos que halló Abraham, nuestro padre según la carne? Porque si Abraham fue justificado por las obras, tiene que de qué gloriarse, **pero no para con Dios**"* (Romanos 4:1, 2). Definitivamente Abram fue escogido por Dios aparte de todo mérito. Y aun llegando a ser "el padre de la fe" esto no le concedía mérito alguno.

Josué dijo: *"Así dice Jehová, Dios de Israel: Vuestros padres habitaron antiguamente al otro lado del río, esto es, Taré, padre de Abraham y de Nacor; y servían a dioses extraños. Y yo tomé a vuestro padre... y lo traje por toda la tierra de Canaán, y aumenté su descendencia"* (Josué 24:2, 3).

No sabemos absolutamente nada de tal escogimiento divino en pura gracia. Dios no nos tiene que revelar sus razones, pero nos deja con la seguridad de que todo lo que hace en nosotros y por nosotros es por su gracia, independientemente de nuestro merecimiento. No cabe lugar para el orgullo "espiritual".

Dios escogió a Abram porque quiso lograr algo a favor de todo el mundo entero. De igual manera, *"nos escogió en él antes de la fundación del mundo para que fuésemos santos y sin mancha delante de él, en amor habiéndonos predestinado... según el puro afecto de su voluntad"* (Efesios 1:4, 5). Puede ser que no nos toque escoger precisamente como le tocó a Abram, pero es el mismo Dios que en gracia propone algo para su gloria y nuestro bien. Podemos estar seguros de eso. Pero para lograr tal propósito divino, tiene que probarnos y dejarnos morir para que él viva en nosotros --principio de la Cruz.

La trayectoria de andar por fe
A la edad de 75 años, Dios se le apareció a Abram y le dio la orden de marchar desde Harán hasta una tierra desconocida; no cabe duda de que sería una prueba formidable (Génesis 12:4). Hubo una tardanza en mover a toda la familia de Ur a Harán. Mas muerto su padre, Taré, Abram estaba ahora en libertad para cumplir con la orden original.

Dios guarda silencio con respeto al por qué y al cuándo. No obstante, Dios había elaborado un plan magnífico que resultaría en nada menos que la bendición de todas las naciones a través del Mesías. La Biblia dice que *"inescrutables son sus caminos"* (Romanos 11:33). ¿Quién pudiera haber imaginado semejante plan? No limitemos a Dios por nuestra falta de fe.

"Por la fe, Abraham, siendo llamado, obedeció para salir al lugar que había de recibir como herencia; y salió sin saber a dónde iba" (Hebreos 11:8). Según el Pacto Abrahámico incondicional, Dios le prometió tres cosas: 1) *"la tierra que te mostraré; 2) haré de ti una nación grande; 3) y te bendeciré y engrandeceré tu nombre, y serás bendición"* (Génesis 12:1-3). No cabe duda de que éste es un nuevo comienzo misionológico que comprende todo el plan divino. ¡Qué alcance! El plan de Dios girando alrededor de un solo hombre. Al aceptar esta orden Abraham salió en pura obediencia.

Al llegar a Canaán, Abram hizo dos escalas y en ambos casos puso su tienda y edificó un altar (Génesis 12:6-9). Este acto revela su adoración y sumisión a Dios. Andaba en comunión con Dios y su comunión giraba alrededor de la intimidad con Jehová. Mientras tanto, los cananeos observaban a Abram (12:6) y su testimonio era positivo. Las cosas andaban bien pero el "padre de la fe" aún tendría que sortear muchos retos.

Frente a las pruebas...unos pasos para arriba y otros pasos para abajo

Abram hizo frente a una crisis de hambre en Canaán. A veces una prueba sobre las cosas materiales nos presenta la tentación de razonar según la vida vieja. Un paso malo conduce a otro. La duda frente al hambre le condujo a la segunda tentación: su propio bienestar. En este caso no fue tanto lo material sino lo personal, el deseo de protegerse, el egoísmo propio. Cualquier siervo de Dios tendrá que hacer frente, tarde o temprano, a su reputación, su egoísmo innato. Abram, sin duda, actuaba según su vieja cultura.

Abram confió en Dios cuando salió de su tierra, pero no pudo confiar en Dios para mantenerse en ese lugar que habría de ser suyo. Ahora Abram sólo pensaba en él mismo, en su bienestar físico, con lo cual estaba poniendo en peligro a Sarai y el futuro de la madre de Isaac. Muchas veces no medimos las consecuencias que nos acarrean nuestras decisiones egoístas. Para Abram esto fue un paso para atrás. Siempre estamos expuestos a tales tropiezos, aun después de una victoria tan grande como su obediencia al salir de Ur.

Dios usa a los egipcios para reprender a su santo Abram. ¡Qué contradicción! Es interesante que Dios o el autor inspirado no haga comentario negativo contra la falta de fe de parte del "padre de la fe". Allá, en Egipto, Dios prosperó materialmente a Abram. Sin duda alguna no aprobó el egoísmo de Abram, un medio carnal, pero en gracia Dios lo guardó. Digo esto no para minimizar el mal de Abram sino, por el contrario, para enfatizar que Dios no nos trata según nuestro mal. Si lo hiciera, ¿quién estaría en pie? El hecho de que Dios supla nuestras necesidades no, necesariamente, quiere decir que andamos bien con él.

Unos pasos para arriba

La próxima prueba tiene que ver con lo material, la contienda entre los siervos de Lot y los de Abram. Dios había bendecido en gran manera a Abram, aun en Egipto (Génesis 13:2). En el Antiguo Testamento esto es una evidencia general de la aprobación de Dios. Pero la magnanimidad de Abram de darle a su sobrino la primera opción de escoger la tierra a donde iría revela la negación de su propio corazón. Lot, por su parte, se alejaba cada vez más de Jehová. Lot se mueve a Sodoma y Gomorra y, al final, podemos ver el desenlace escandaloso de su esposa y sus hijas (Génesis 18; 19:26-38).

Según nuestra premisa, de inmediato Dios se le aparece a Abram y le confirma y amplía la promesa anteriormente dada; es decir, **una tierra para sus descendientes.**

"Y Jehová dijo a Abram, después de que Lot se apartó de él: Alza ahora tus ojos, y mira desde el lugar donde estás hacia el norte y el sur, y al oriente y al occidente. Porque toda la tierra que ves, la daré a ti y a tu descendencia para siempre. Y haré tu descendencia como el polvo de la tierra; que si alguno puede contar el polvo de la tierra, también tu descendencia será contada. Levántate, ve por la tierra a lo largo de ella y a su ancho; porque a ti la daré... y edificó allí altar a Jehová" (Génesis 13:14-18).

Una vez más el mensaje de la Cruz: *"El que ama su vida la perderá y el que aborrece la vida, la guardará hasta vida eterna".* Abram no perdió nada por darle a Lot la primera opción. Al dejar la tierra prometida en manos de Dios y al pasar esta prueba, Dios de inmediato renovó el pacto y lo amplió. Muchas veces perder lo material es ganar lo espiritual.

Génesis 14 revela una vez más que la fe de Abram no se basaba en lo material sino en lo espiritual. Sin recriminación contra Lot, Abram fue en busca de él que ahora había sido capturado por los reyes que conquistaron a los reyes de Sodoma y Gomorra. Abram, con sus 318 siervos, los venció y rescató a Lot y a su familia.

Viene otra prueba disfrazada por la oferta de los reyes de Sodoma y Gomorra que querían premiar a Abram dándole una porción del botín. Las reglas de la guerra de aquel entonces le dejaban a Abram parte de los despojos. Pero Abram vio en esto el posible reclamo futuro por haber participado en los bienes de estas dos ciudades viles que Dios iba a castigar.

La respuesta de Abram para los reyes de Sodoma y Gomorra no se hizo esperar, y fue clara y contundente: *"He alzado mi mano a Jehová Dios Altísimo, creador de los cielos y de la tierra, que desde un hilo hasta una correa del calzado, nada tomaré de todo lo que es tuyo, para que no digas: Yo enriquecí a Abram"* (Génesis 14: 21-23). Abram únicamente quería el honor que viene de Dios (Juan 5:41, 44).

En esta ocasión algo de importancia trascendental sucede. Nos encontramos ante el famoso encuentro de Abram con Melquisedec, que aparece en Hebreos 7. Sabemos muy poco de este personaje ambiguo, que data unos 2.000 años antes de Cristo. Él era rey y a la vez sacerdote llegando a ser tipo de Cristo, combinando la realeza con el sacerdocio. El testimonio de Abram al reconocer a Melquisedec da la evidencia necesaria para el futuro **real sacerdocio** de Cristo, según el orden de Melquisedec (Hebreos 7:1-4, 11).

Después de esta prueba que Abram pasó, Jehová se acerca una vez más para premiarlo con la renovación y ampliación del pacto abrahámico. Una vez más es la gracia de Dios operando en Abram. Dios reconoce el elemento humano. Como resultado de la fe y la obediencia, Dios le hace nuevas confirmaciones del pacto. *"Después de estas cosas vino la palabra de Jehová a Abram en visión, diciendo, no temas, Abram, yo soy tu escudo, y tu galardón será sobremanera grande"* (Génesis 15:1-2).

Frente a esta aclaración semejante a la de Génesis 13 con respecto a la tierra, Abram manifiesta su inquietud ante Jehová sobre la segunda parte del pacto, la promesa de que será **una gran nación.** Tal promesa exigía a un hijo y ya hacía muchos años que Sarai era estéril. Abram habla más abiertamente con Dios, pidiendo un rendimiento divino. Bajo la presión de la necesidad de un hijo para el cumplimiento de la promesa, entra en escena la carne o, a lo mejor, lo muy humano.

Abram sugiere a Dios que un hijo nacido en su casa calificaría de heredero. *"Y respondió Abram: Señor Jehová, ¿qué me darás, siendo así que ando sin hijo y el mayordomo de mi casa es ese damasceno Eliezer? Dijo también Abram: Mira que no me has dado prole, y he aquí que será mi heredero un esclavo nacido en mi casa"* (Génesis 15:2, 3). La cultura y la ley de *Hammurabi* permitían tal cosa. ¡Qué fácil es dejar que la cultura humana dicte nuestros conceptos del camino del Señor.

Una vez más Jehová confirma su plan a largo plazo, pero todavía no revelado al pobre Abram, quien para este punto ya está impaciente, así como todo ser humano, esperando el desenvolvimiento inmediato de la voluntad de Dios. *"Luego vino a él palabra de Jehová, diciendo: No te heredará éste, sino un hijo tuyo será el que te heredará. Y lo llevó fuera, y le dijo: Mira ahora los cielos, y cuenta las estrellas, si las puedes contar. Y le dijo: Así será tu descendencia"* (Génesis 15:4, 5).

Ahora viene el famoso verso que Pablo cita en Romanos 4:3, evidencia de que la fe justifica: ***"Y creyó a Jehová, y le fue contado por justicia"*** (Génesis 15:6). Abram había alcanzado ese rango de confiar tan sólo en la palabra de Dios. Claro que la fe de Abram al salir de Ur y Harán lo había justificado ante Dios, pero es interesante ver que es la fe del creyente la que da evidencia de tal justificación. No es tanto la fe inicial, aunque todo es importante en sí, sino la fe que continúa en acción. *"El justo por la fe vivirá"* (Romanos 1:16, 17).

El resto de Génesis 15 relata la manera como Dios selló con Abram su pacto. Esta confirmación se da a través de un sueño y una ampliación de la extensión de la tierra a través de sus propios descendientes.

"Entonces Jehová dijo a Abram: Ten por cierto que tu descendencia morará en tierra ajena, y será esclava allí, y será oprimida cuatrocientos años. Mas también a la nación a la cual servirán, juzgaré yo; y después

de esto saldrán con gran riqueza. Y tú vendrás a tus padres en paz, y serás sepultado en buena vejez. Y en la cuarta generación volverán acá; porque aún no ha llegado a su colmo la maldad del amorreo hasta aquí" (Génesis 15:13-16). Después de este acto de fe (Génesis 15:6), Dios vuelve a ampliar su pacto con Abram y se lo confirma de manera extraordinaria. Además define la extensión de la nación, aunque todavía no ha llegado a tal extensión.

"En aquel día hizo Jehová un pacto con Abram, diciendo: A tu descendencia daré esta tierra, desde el río de Egipto hasta el río grande, el río Éufrates; la tierra de los ceneos, los cenezeos, los cadmoneos, los heteos, los ferezeos, los rafaítas, los amorreos, los cananeos, los gergeseos y los jebuseos" (Génesis 15:18-21). Todo esto revela que Dios fue específico con Abram para asegurarle su pacto con tal que él siguiera creyendo la promesa dada. **Una vez más, repito, después de cada prueba y cuando mostramos una fe sólida, Dios responde con más pleitesías o garantías de su palabra fidedigna.**

Después de tanta prueba se pensaría que Abram no tropezaría, pero nuevamente está por caer ante la sugerencia de Sarai, su mujer, que a la postre resulta en el nacimiento de Ismael. Éste será el tema del siguiente estudio en el cual veremos un nuevo vuelo bajo en el diario caminar del "padre de la fe"; pero, al final, podremos observar como su fe le lleva a retomar las alturas.

En resumidas cuentas, Abram obedeció al llamado de la gracia desde Ur y luego desde Harán. Al llegar a la tierra, Abram edifica un altar, evidencia de su conocimiento de Dios y comunión con él, todo esto basado en la fe (Génesis 12:1-9).

Su fe falla en Egipto ante su propio egoísmo, Dios, entonces, lo deja sufrir el regaño del egipcio, pero su abundante gracia lo bendice materialmente (Génesis 12:10-20).

Ante Lot, Abram pone en primer lugar el reino de Dios y su justicia (Mateo 6:33). Dios vuelve de inmediato a asegurarle que toda la tierra será de él. Abram rescata a Lot y rechaza la tentación de aceptar la oferta de tomar parte del botín de guerra; también se encuentra con

Melquisedec, tipo de Cristo. Después discute con Dios sobre la tierra, y dos veces Dios le confirma la promesa (Génesis 13,14). Cuando Abram expone ante Dios su preocupación sobre la posibilidad de que un esclavo nacido en casa le herede, Dios le confirma que no será así y sella el pacto con un sueño. El pacto ahora es renovado y engrandecido (Génesis 15). Parece que todo va bien, pero recordemos que en la vida cristiana se necesita la vigilancia constante. Abram y Sarai lamentarán el paso que darán hacia atrás (Génesis 16). Éste será el tema del siguiente estudio. También llegarán las noticias buenas con el triunfo final de la fe manifestada en el nacimiento de Isaac y, luego, su ofrecimiento a Dios. En Abram, vemos otra vez el triunfo de la fe (Génesis 22).

Capítulo 2
Abram llega a ser Abraham

Introducción

¿Qué diferencia puede haber en un cambio de nombre? A primera vista no hay mucha, pero en la Biblia cuando Dios cambia el nombre de alguien significa muchísimo. Veamos algunos ejemplos. Abram (padre enaltecido) pasó a llamarse Abraham (padre de una multitud, Génesis 17:5). Jacob (el que suplanta, Génesis 25:26) fue llamado por Dios Israel *("el que lucha con Dios o Dios lucha —porque has luchado con Dios y con los hombres, y has vencido"*, Génesis 32:28). Cristo le cambio el nombre a Simón, le dijo: *"tú eres Simón, hijo de Jonás; tú serás llamado Cefas"* o Pedro (piedra, Juan 1:42).

El cambio de nombre también implica que Dios se compromete a cambiar el carácter de la persona. Llamamos a esto la santificación, la vida transformada. En nuestra vida Dios va transformando lo viejo en lo nuevo, lo carnal en lo espiritual, la imagen *"del primer hombre Adán al postrer Adán, espíritu vivificante"* (1 Corintios 15:45). Es nuestra herencia.

Para lograr esta metamorfosis (2 Corintios 3:18), Dios usa el proceso de la prueba. A veces damos dos pasos para delante y un paso para atrás. Tal es el aspecto humano, aunque no tiene que ser así. Pero tan aferrado está lo adánico en nosotros que vamos aprendiendo por los avances y los retrocesos. La vida del gran padre de la fe, Abram, ilustra este proceso.

Pablo está de acuerdo en que Dios usa el proceso de la prueba. En 1 Corintios 10, el apóstol dedica diez versos a las ilustraciones del Antiguo Testamento con Israel en el desierto. Vemos las bendiciones de ser bautizados en Moisés (v. 2), pero luego nos dice que codiciaron (v. 6), nos sigue contando que fueron idólatras (v. 7), afirma que fornicaron

(v. 8), tentaron al Señor (v. 9) y murmuraron y perecieron por las serpientes (v. 10). El pasaje termina con la amonestación: *"Y estas cosas les acontecieron como ejemplo, y están escritas para amonestarnos a nosotros, a quienes han alcanzado los fines de los siglos. Así que, el que piensa estar firme, mire que no caiga"* (vv. 11, 12).

Un breve repaso de la vida de Abram (Génesis 12-15)

En el primer estudio vimos la soberana gracia de Dios al escoger a Abram y sacarlo de Ur de los caldeos. Abram respondió al llamado y salió en fe (Hebreos 11:8). Al llegar a la tierra prometida, la cual nunca fue suya --excepto una parcela para enterrar a Sara (Génesis 23:1-20)--, puso su **tienda** y levantó un **altar**. Dos símbolos importantes en la vida de este santo del Antiguo Testamento.

Tienda significa lo pasajero en la tierra, y altar es símbolo de su intimidad con Jehová. Éstas llegaron a ser las marcas del "padre de la fe" (Génesis 12:8; 13:3, 4). Sin embargo, ante la prueba del hambre en la tierra, Abram descendió a Egipto y cometió dos pecados: uno, la falta de dependencia en la provisión de Dios; y dos, el egoísmo de autoprotección a costo de Sarai y la simiente prometida.

A pesar de todo lo anterior, Abram vuelve con muchas riquezas de Egipto. Luego cuando le da a Lot la opción de escoger la mejor tierra, triunfa sobre la prueba del materialismo (Génesis 13). Otro tanto sucede en la oferta del botín de los reyes de Sodoma y Gomorra (Génesis 14). Lo material ahora no es una tentación. Después de ambas victorias Dios le vuelve a confirmar y ampliar la promesa de ser premiado por Dios mismo a su tiempo (Génesis 13:14-18; 15:1).

Pero todavía le urgía a Abram una parte de la promesa no realizada, la concerniente al heredero. Según la cultura del aquel tiempo, un hijo de su casa, del damasceno Eliézer, pudiera ser la respuesta a su anhelado hijo. Eso sería pensar conforme al mundo. Dios contundentemente le dice que no se hará de esa manera. Abram acepta la negativa divina (Génesis 15:4, 5). Otra victoria.

Del mismo modo, Dios confirma y amplía la promesa a Abram a través de un pacto y una profecía del tiempo futuro y el sufrimiento para sus descendientes que serán esclavizados cuatrocientos años en Egipto. Dios lo consuela. Acerca de su propia muerte, le dice que partirá en paz (Génesis 15:7-21). ¡Qué tremenda la misericordia de Dios, haciéndole saber el futuro y la garantía de su cumplimiento!

Interviene ahora Génesis 15:6: *"y creyó a Jehová, y le fue contado por justicia"* que Pablo cita en Romanos 4:3. Viene siendo el hito o la marca fija que determina la esencia de la fe en la justificación ante Dios mismo. El autor inspirado, Moisés, reconoce ese momento teológico, no el primero (que fue en Ur de los caldeos), sino el momento clave en la vida de Abram cuando lo dejó todo, el momento mismo y el futuro en manos de Dios.

Después de tanta fe y bendición, un paso para atrás (Génesis 16:1-16)

En la vida de Abram vemos la misericordia de Dios a través de la larga caminata de fe que inició desde sus 75 años de edad. Esto nos haría pensar que Abram y Sara ahora estarían fuertes esperando al heredero que Dios les había prometido. Pero once largos años de espera (Génesis 12:4, 16:16) por parte de Sarai le representó a Abram una tentación tremenda, de la cual se arrepentiría mucho y todo el mundo con él. *"Dijo entonces Sarai a Abram: ya ves que Jehová me ha hecho estéril; te ruego, pues, que te llegues a mi sierva; quizá tendré hijos de ella. Y atendió Abram al ruego de Sara"* (16:2).

¿No les había hablado Dios con firmeza de que no habría ningún heredero según las costumbres del mundo alrededor, la cultura dominante? ¿No había creído Abram a Dios según Génesis 15:6? ¿Cómo pudo Abram acatar al ruego de su amada cuando ella habló en contra de la voluntad de Dios que ambos conocían? La respuesta es muy fácil. Satanás sabe muy bien cómo acercarse a nosotros a través de la amada o el amado.

Si analizamos, fue la misma artimaña de la serpiente en el huerto del Edén. Satanás vulneró las defensas de la mujer, la más amada, la misma ayuda idónea provista por Dios. El diablo en su astucia la usó para desarmar al líder de la nueva familia. Eva *"Tomó de su fruto, y comió; y dio también a su marido, el cual comió así como ella"* (Génesis 3:6).

Tanto la cabeza del hogar, el esposo, como la más amada, la esposa, deben estar prevenidos contra esta estratagema del diablo. Nuestro amor humano, tan bueno y saludable, no debe nunca velar nuestros ojos y traicionar nuestro corazón. Si lo hace, ¡cuán tristes serán las consecuencias para ambos!

Un área posible de vulnerabilidad (Génesis 16:4)
Debemos saber que somos muy vulnerables en el área de nuestros sentimientos. El afecto humano y el deseo de complacer a quien debemos respetar y amar, bien nos puede traicionar en el momento más crítico de nuestra vida.

¡Cuántos ex alumnos no han cedido frente a esa tentación! La novia promete respaldar el llamado del futuro esposo. El futuro líder movido por sus emociones y sus deseos de casarse acepta la promesa. Luego, ya casados, es demasiado tarde y tristemente se da cuenta que fue una promesa del momento. La esposa empieza a socavar el llamado de su esposo. No hay manera de que una casa dividida le sirva a Dios. Igual le puede suceder a una mujer a quien Dios ha llamado a un ministerio. Guardémonos de esta tentación.

La voz engañosa y melodiosa de la serpiente puede llegar a nosotros en cualquier momento. Aun nuestro Señor enfrentó este tipo de situaciones: *"Entonces Pedro, tomándolo aparte, comenzó a reconvenirle, diciendo: Señor, ten compasión de ti; de ninguna manera esto te acontezca. Pero él, volviéndose, dijo a Pedro: ¡Quítate de delante de mí, Satanás! ; me eres tropiezo, porque no pones la mira en las cosas de Dios, sino en las de los hombres"* (Mateo 16: 22, 23).

En otra ocasión de no tanta importancia, su madre y sus hermanos estaban fuera. *"Y se le avisó, diciendo: tu madre y tus hermanos están fuera y quieren verte. Él entonces respondiendo, les dijo: Mi madre y mis hermanos son los que oyen la palabra de Dios, y la hacen"* (Lucas 8:20, 21).

Con razón, Jesús puso como requisito del discipulado la entrega total. *"Si alguno viene a mí, y no aborrece a su padre, y madre, y mujer, e hijos, y hermanos, y hermanas, y **aun también su propia vida**, no puede* *ser mi discípulo. Y el que no lleva su cruz y viene en pos de mí, no puede ser mi discípulo"* (Lucas 14:26, 27). La voz dulce del ser más amado no la debemos obedecer si pone en tela de duda el mandato del Señor. **Tarde o temprano, Dios tiene que implantar la cruz en nuestros afectos.**

En lo personal, los tratos de Dios más profundos en mi vida tenían que ver con esta verdad. Muy temprano dejé que Dios afirmara en mi vida estas verdades, nuestro matrimonio y mi ministerio personal nunca han sido cuestión por debatir. Mi esposa me ha apoyado porque temprano en nuestro matrimonio estuvimos de acuerdo en que siempre debe regir la verdad, la obediencia a Dios ante cualquier gusto o capricho nuestro. **Cuando Dios refina y purifica nuestro amor para con él, la prioridad de la voluntad divina, nuestro amor humano se fortalece y brilla.** Más adelante, en el ofrecimiento de Isaac a Dios (Génesis 22), veremos esta verdad que resalta en la vida de Abraham.

Las tristes consecuencias de obedecer a la carne (Génesis 16:5, 15, 16; 17:18; Gálatas 4:21-31)

Después de muy poco se desarrolló una tremenda tensión en la familia de Abram porque había acatado a la voz de su amada. Hasta Sarai lanzó contra él la acusación: *"Mi afrenta sea sobre ti; yo te di mi sierva por mujer, y viéndose encinta, me mira con desprecio; juzgue Jehová entre tú y yo"* (16:5). ¡Qué difícil le resulta al pobre Abram por haberle obedecido!

Actuar según la carne no soluciona nunca ningún problema, sólo aumenta la tensión. Obedecer a la voz de la carne sólo complica la vida y trae amargas consecuencias. Pero lo más amargo sigue hasta hoy en día: los árabes, descendientes de Ismael, hijo de Agar. El conflicto entre los árabes y los judíos es el problema mayor del mundo de hoy en día, un conflicto sin remedio alguno.

En Gálatas, por medio de una alegoría, Pablo establece el hecho de que Agar e Ismael son tipos de la carne y están en oposición irremediable contra el Espíritu. *"Pero entonces el que había nacido según la carne perseguía al que había nacido según el Espíritu, así también ahora. Mas ¿qué dice la Escritura? Echa fuera la esclava y a su hijo, porque no heredará el hijo de la esclava con el hijo de la libre. De manera, hermanos, que no somos hijos de la esclava, sino de la libre"* (Gálatas 4:29, 30).

La palabra de Dios es contundente sobre este tema: *"Porque el que siembra para su carne, de la carne segará corrupción; mas el que siembra para el Espíritu, del Espíritu segará vida eterna"* (Gálatas 6:8). Abram lo aprendió a duras penas.

Dios renueva el pacto con Abraham y lo amplía conforme a su obediencia (Génesis 17:1-27)

Génesis 17 relata lo que pasó trece años después. Llamado a salir de Ur a la edad de 75 años, derrotado con respecto a su heredero por tomar en cuenta la carnalidad de Sarai a la edad de 86 años, ahora, trece años después, Abram sigue madurando en su conocimiento de Dios. Dios, quien ve el corazón se acerca y por **tercera vez (Génesis 12:1; 13,14; 15:1)**, honra a Abram. *"Era Abram de edad de noventa y nueve años cuando le apareció Jehová y le dijo: Yo soy el Dios Todopoderoso (El Shaddai); anda delante de mí y sé perfecto y pondré mi pacto entre mí y ti y te multiplicaré en gran manera"* (17:1, 2).

Es interesante que Dios no haya hecho ningún comentario negativo respecto a lo acontecido con Agar y Sarai 13 años atrás. Él deja que las consecuencias hayan aclarado lo carnal contra lo espiritual. Abram arrepentido por haber escuchado a su mujer, se humilla delante de El Shaddai (17:3) y Dios le cambia su nombre. Es una nueva etapa sobresaliente en su carrera de fe. Con el nuevo nombre, Dios hace hincapié en lo principal del pacto: Abram, padre enaltecido, viene ahora a ser Abraham, padre de las multitudes, el fruto de su simiente, Cristo mismo (Gálatas 3:15).

Además de un nuevo nombre, significando una nueva relación con Jehová, Dios reitera su pacto **por cuarta vez:** *"Estableceré mi pacto entre mí y ti, y tu descendencia después de ti en sus generaciones, por pacto perpetuo, para ser tu Dios, y el de tu descendencia después de ti. Y te daré a ti, y a tu descendencia después de ti, la tierra en que moras, toda la tierra de Canaán en heredad perpetua; y seré el Dios de ellos"*

(Génesis17:7, 8). Al contemplar la profundidad y grandeza de este pacto, podemos captar el premio que Dios le da a este hombre frágil pero fiel.

Señal del pacto perpetuo: la circuncisión, cortando lo humano (Génesis 17:10-27)

El resto del capítulo revela el papel que juega la circuncisión como señal del pacto (17:10, 11). Juntamente con este pacto, Dios a punto de tomar la iniciativa de prometer al hijo esperado, Isaac (risa), le cambia el nombre a Sarai, quien ahora pasa de ser "la infiel" y "la dudosa" a llamarse Sara, "princesa". ¡Qué acto de gracia hacia Sara! El testimonio lo registra Hebreos 11:11: *"Por la fe hasta también la misma Sara, siendo estéril, recibió fuerza para concebir... porque creyó que era fiel quien lo había prometido"*.

Quiero terminar este estudio con el significado espiritual de la circuncisión. En cuanto a lo literal, lo físico, es una señal de pertenecer a la familia de Abraham, aun los extranjeros circuncisos podían ser parte de la nación escogida por Dios. Pero es bien patente que aun en el Antiguo Testamento hubo una verdad mucho más profunda: *"Circuncidad, pues, el prepucio de vuestro corazón, y no endurezcáis más vuestra cerviz"* (Deuteronomio 10:16).

Respecto a este punto, la Biblia continúa diciendo: *"Y circuncidará Jehová tu Dios tu corazón, y el corazón de tu descendencia, para que* **ames a Jehová tu Dios con todo tu corazón y con toda tu alma, a fin de que vivas"** (Deuteronomio 30:6). *"Circundaos a Jehová, y quitad el prepucio de vuestro corazón, varones de Judá, y moradores de Jerusalén; no sea que mi ira salga como fuego, y se encienda y no haya quien la apague, por la maldad de vuestras obras"* (Jeremías 4:4).

La circuncisión espiritual del Nuevo Testamento es nuestra unión con Cristo en muerte al pecado y vida eterna en Cristo Jesús (Colosenses 2:10-3:10).

Es bien sabido que Colosenses 2:2-3:8 guarda una correspondencia muy marcada con Romanos 6:1-14. Esta porción es clave para comprender el andar por fe en el triunfo de la Cruz. *"En él también fuisteis circundados con circuncisión no hecha a mano, al echar de vosotros el cuerpo pecaminoso carnal, en la circuncisión de Cristo; sepultados con él en su bautismo, en el cual fuisteis también resucitados con él, mediante la fe en el poder de Dios que le levantó de los muertos. Y a vosotros, estando muertos en pecados y en la incircuncisión de vuestra carne, os dio vida juntamente con él perdonándoos todos los pecados"* (Colosenses 2:11-13).

Dios en el Antiguo Testamento anticipa la obra de la Cruz y pone el Pacto Abrahámico en el marco de referencia de la Cruz de Cristo. Nunca hubo valor para Dios en la nación de Israel según la carne. Siempre Dios pensaba en el remanente santo, aquellos que por fe andaban como el padre de la fe, anticipando y creyendo en el porvenir. La confianza de los fariseos la confundió Cristo, porque ellos dependían de Abraham según la carne. Cristo los llama *"hijos del diablo"* (Juan 8:33, 44).

Pero la lección para nosotros es que la vida de fe parte de la Cruz donde Dios clavó nuestra naturaleza pecaminosa con Cristo, de una sola vez y para siempre (Romanos **6:6**). Creyendo esa gloriosa verdad libertadora, echamos mano de tal unión con Cristo y andamos como los verdaderos hijos de Abraham. *"Abraham vuestro padre se gozó de que había de ver mi día; y lo vio y se gozó"* (Juan 8:56).

Como siempre, volvemos al mismo mensaje de la Cruz que es el que nos habilita para participar en las eternas bendiciones del pacto Abráhamico. *"Pues todos sois hijos de Dios por la fe en Cristo Jesús. Porque todos los que habéis sido bautizados en Cristo, de Cristo estáis revestidos. Ya no hay judío ni griego; no hay esclavo ni libre; no hay varón ni mujer; porque todos vosotros sois uno en Cristo. Y si vosotros sois de Cristo, ciertamente linaje de Abraham sois, y herederos según la promesa"* (Gálatas 3:26-29).

En el próximo estudio veremos la promesa de Isaac y otro trato más profundo en la vida de nuestro padre de la fe.

Capítulo 3
Abraham premiado por la promesa de un hijo, Isaac

Introducción

Hemos trazado los tratos de Dios con Abraham. En resumen, podemos decir que los tratos divinos han sido en pura gracia, no con base en perfección alguna, ni aun de la fe. Esta manera de tratarnos Dios no nos debe sorprender, pues él nos trata siempre en gracia. Sin embargo, hubo en el padre de la fe una obediencia creciente, probada entre valles y cumbres.

Lo cierto es que si antes hemos visto a Abraham siendo transformado, ahora lo vemos galardonado con la promesa, por fin, de un hijo milagroso. Este hijo sería el colmo del Pacto Abráhamico y a través de él el linaje del Mesías. ¿Podría haber mayor premio?

Antes vimos el pecado de Abraham al haber obedecido a su esposa, Sarai, que resultó en el nacimiento de Ismael. Otros problemas vendrían a raíz de este pecado cuando Abraham tuviese que echar fuera a Agar y a su hijo Ismael (Génesis 21:8-21). Después de la introducción de la circuncisión (Génesis 17), Dios interviene en Génesis 18 y le da soberanamente la promesa del nacimiento de Isaac.

Hay un significado profundo en el hecho de que a esta intervención de Dios, en pura gracia, le siguió el rito de la circuncisión que tendría un valor muy espiritual, mucho más allá del rito que identificaría al pueblo nacional de Dios (Deuteronomio 30:6, 6; 10:16; Jeremías 4:4; **Colosenses 2:11-13**).

Dios es fiel a su promesa y anuncia a Isaac, el don de Dios (Génesis 18)

En una visita muy de costumbre oriental, llegaron los tres señores a Abraham con el fin de anunciarle que había llegado el "kairos" de Dios (momento oportuno y significativo), el tiempo de cumplir con la palabra dada a él en Ur de los caldeos. Dios a menudo disfraza el día de su visitación.

Ojalá que reconozcamos tal visita en nuestra vida. En Kades Barnea el pueblo de Dios no la reconoció y murió en el desierto. Jesús les dijo a los judíos que vendría sobre ellos el juicio *"por cuanto no conociste el tiempo de tu visitación"* (Lucas 19:44). *"Manteniendo buena vuestra manera de vivir entre los gentiles... (que) glorifiquen a Dios en el día de visitación, al considerar vuestras buenas obras"* (1 Pedro 2:12).

Los caminos de Dios son inescrutables (Romanos 11:33-36). Nunca sabemos cuándo y cómo Dios va a actuar para hacer su voluntad. Será en pura gracia y cuando le convenga. Nos corresponde a nosotros creer y esperar nuestro "kairos." Aun en la vida espiritual nuestra, Dios sabe que el factor tiempo es muy importante. Para Abraham fue desde la edad de 75 hasta 99 años. **Ni antes ni después.** Aquí se prueban *"la paciencia y la fe de los santos"* (Apocalipsis 13:10b).

No nos vale que le preguntemos a Dios ¿hasta cuándo? En su soberanía va logrando en nosotros mucho de lo que ignoramos. Más vale esperar, por difícil que sea. No cabe duda de que Dios había visto en Abraham y aun en Sara el momento oportuno para actuar.

A veces nos impacientamos frente a nuestro desarrollo espiritual. Queremos crecer más rápido. Es bueno el deseo, pero Dios no hace crecer el árbol de roble en un día, de la mañana a la tarde. Él sabe que la madurez viene despacio. Lo que dura necesita buena y profunda raíz. *"El justo por la fe vivirá"* y eso quiere decir ser obediente y fiel en la vida cotidiana. Fiel en lo poco, fiel en lo mucho.

La obra de Dios desde nuestra identificación con el Crucificado exige fe y obediencia. Dios en su providencia nos provee. Él sabe cuándo estamos preparados; no quiere que fracasemos sino que estemos dispuestos a esperar tal momento de nuestra visitación. Así fue en la vida de Abraham.

Anuncio soberano del nacimiento de Isaac, el hijo de la promesa (Génesis 18:1-15)

El Ángel de Jehová anuncia a Abraham el momento por el cual habían esperado 24 años. En Génesis 18:9, 10 pregunta por Sara (note el cambio de nombre que Dios le da a ella: princesa, 17:15). A Abraham, por su parte, le dice: *"De cierto volveré a ti; y según el tiempo de la vida, he aquí que Sara tu mujer tendrá un hijo".*

No hay trompeta ni relámpagos, como preámbulo al anuncio, sólo la palabra dicha. Dios da su promesa y a Abraham le corresponde creerla. Sara, siendo todavía Sarai en su corazón, se ríe en incredulidad. *"Se rió, pues, Sara entre sí, diciendo: ¿Después que he envejecido tendré deleite, siendo también mi señor ya viejo?"* (Génesis 18:12). ¡Cuán grande debió haber sido el susto de Sara cuando Jehová, quien conoce el corazón, dijo: *"¿Por qué se ha reído Sara diciendo: ¿Será cierto que he de dar a luz siendo ya vieja?"!* (18:13).

Frente a tal incredulidad, Jehová responde con una pregunta retórica: *"¿Hay para Dios alguna cosa difícil?"* Y recalca su iniciativa soberana: *"Al tiempo señalado volveré a ti, y según el tiempo de la vida, Sara tendrá un hijo"* (18:14).

Aun después, Sara acude a la mentira y Jehová la corrige en su misericordia. Su falta de fe no iba a invalidar el pacto y la promesa. Veo en este intercambio entre Jehová y Sara la firme voluntad de Dios y la fragilidad humana de Sara, la fidelidad de Dios que se entiende mucho más allá de nuestra pobre fe, siendo sólo como el grano de mostaza.

Dios va haciendo su propia obra. Él se digna bajar a nuestro pobre nivel, pero no se niega a sí mismo. *"Si fuéremos infieles, él permanece fiel; Él no puede negarse a sí mismo"* (2 Timoteo 2:13). ¡Qué gloriosa verdad que debe movernos a fortalecer nuestra fe en él!

Abraham, el intercesor ante Dios (Génesis 18)

Lo que sigue en Génesis 18 es un evento magistral de intercesión ante Jehová. La reverencia de Abraham y su persistencia son atributos que revelan algo de la intimidad que ahora sentía hacia Dios. Hasta Jehová dice: *"¿Encubriré yo a Abraham lo que voy a hacer, habiendo de ser Abraham una nación grande y fuerte, y habiendo de ser benditas en él todas las naciones de la tierra?"* (Génesis 18:17-18).

Dios mismo recalca la extensión del pacto por ese hombre frágil. Y añade: *"Porque yo sé que mandará a sus hijos y a su casa después de sí, que guarden el camino de Jehová, haciendo justicia y juicio, para que haga venir Jehová sobre Abraham lo que ha hablado acerca de él"* (Génesis 18:19).

No quiero entrar en este debate sobre la intimidad de Abraham al discutir con Dios, hasta llegar a regatear con él, pero es bueno ver a nuestro santo del Antiguo Testamento siempre reconociendo los límites que le corresponden a la criatura ante el Creador. No obstante, Abraham entra detrás del velo y llega hasta el Lugar Santísimo para suplicar a Dios por Lot y su triste familia. Podemos apreciar el corazón de Abraham, no buscando lo suyo sino lo de otros (Filipenses 2:3, 4).

La Anatomía de la fe por parte de Abraham (Romanos 4:13-25)

Uso la palabra "anatomía", término médico, porque revela lo que constituye lo esencial de una cosa. El Diccionario de la Real Academia Española define la palabra: "análisis, examen minucioso de una cosa". El Apóstol Pablo, bajo la inspiración del Espíritu Santo, nos da la anatomía o el análisis minucioso de la fe.

Romanos 4 es un capítulo entero dedicado a la fe. Nos habla de la fe de Abraham (1-5). Luego muestra a David (6-8). Y seguidamente aparece la fe con respecto a la circuncisión frente a los judíos y los gentiles (9-12).

Pablo, en Romanos 4, habla de lo opuesto de la fe y la ley. Dios le dio la promesa del pacto y del descendiente (Cristo), aun siendo incircunciso Abraham, por lo cual dice la Escritura: *"y padre de la circuncisión, para los que no solamente son de la circuncisión, sino que también siguen las pisadas de la fe que tuvo nuestro padre Abraham antes de ser circuncidado"* (12).

Anatomía de la fe: resignación de la fe, primera etapa (Romanos 4:17, 18)

Pablo empieza por afirmar un principio básico de la fe. *"Pues la ley produce ira; pero donde no hay ley, tampoco hay transgresión. Por tanto, **es por fe, para que sea por gracia**, a fin de que la promesa sea firme para **toda** su descendencia; no solamente para la que es de la ley (judíos), sino también la que es de la fe de Abraham, el cual es padre de **todos nosotros"** (4:15,16). No hay manera de mezclar la ley con el énfasis en el hacer, y la fe con el énfasis en el creer. Son polos opuestos, diametralmente opuestos.

Así operó la fe en la justificación, tema de Romanos 3:21-31, y será el tema de lo que sigue: la santificación en Romanos 5:12-8:39. Nada de mérito, nada de demérito, nada de crédito, nada de esfuerzo sino sólo *por la fe para que sea por gracia.* Por eso cuando Pablo quiere ilustrar el papel de la fe usa la promesa del hijo a Abraham ya siendo creyente por veinticuatro años.

Muchas veces ilustramos la fe por su papel inicial, su rol en la justificación, creyendo por primera vez en Cristo. Pero Pablo pasa por encima de la primera etapa, por importante que sea, para ilustrar la fe operando en el creyente ya maduro. De esta manera nos va a introducir el papel de la fe en la santificación. **La fe justificadora y redentora es la mismísima fe santificadora y viceversa. Sólo hay una fe, una confianza que depende totalmente en el carácter de Dios al darnos la promesa de la reconciliación.**

Pablo, ahora, analiza el desarrollo de la fe en Abraham, lo que Dios sólo vio en él y que llegó al momento de recibir la promesa en Génesis 18. No pudimos ver tal desarrollo, no viene trazado en detalle histórico en el Antiguo Testamento, pero Dios lo veía formándose en Abraham.

La primera etapa se enfoca en quien es Dios. Hebreos lo afirma: *"Pero sin fe es imposible agradar a Dios; porque es necesario que el que se acerca a Dios crea que le hay, y que es galardonador de los que le buscan"* (Hebreos 11:6).

Luego Pablo sigue explicando la anatomía de la fe. *"(Como está escrito: Te he puesto por padre de muchas gentes) delante de Dios, a quien creyó, el cual da vida a los muertos, y llama las cosas que no son, como si fuesen"* (4:17). La fe empieza con lo escrito, lo objetivo, la Palabra de Dios. El mismo carácter de Dios no toma en cuenta lo que no es. Su plan es tomar las cosas que no se ven y hacerlas real, lo que no es como si fuese. Con Dios no hay lo inconveniente en lo humano. Abraham tuvo que llegar a tal extremo de mirar sólo a Dios, nada más, nada menos.

Por eso Abraham *"creyó en esperanza contra esperanza, para llegar a ser padre de muchas gentes, conforme a lo que se le había dicho: Así será tu descendencia"* (4:18). Esto es lo que llamo **la resignación de fe**. No tomaba en cuenta las probabilidades. Moverse con base en lo probable no es fe, es más bien manejo intelectual humano. La verdadera fe está depositada en quien resucita a los muertos.

Anatomía de la fe: el regocijo de la fe, segunda etapa (Romanos 4:19, 20)

En la segunda etapa, vemos que ya que no había más esperanza en las posibilidades humanas, mucho menos en sus probabilidades, Abraham no se miró por dentro. Ya los 99 años y los 91 años de Sara no era un factor por considerar. Seguir contemplando tal posibilidad que había venido muriéndose hacía trece años desde el nacimiento de Ismael, habría sido inútil.

La fe de Abraham, Pablo la caracteriza así: *"no se debilitó en la fe al considerar su cuerpo, que estaba ya como muerto (siendo de casi cien años) o la esterilidad de la matriz de Sara, tampoco dudó, por incredulidad, de la promesa de Dios, sino que se fortaleció en fe, dando gloria a Dios"* (4:19, 20). A lo anterior, podemos llamarle el **regocijo de la fe.**

Con sus altibajos Abraham había aprendido tras largos años a ir confiando en Dios, sabiendo que la respuesta no estaba ni en él ni en sus circunstancias. Por eso no se debilitó ni dudaba por la incredulidad. ¡Qué sabio es no confiar en nosotros mismos! Dios, quien quiere enseñarnos a caminar con él por fe, va dejando morir cada esperanza humana. Tal como José tuvo que ir muriendo a sus visiones de reinar hasta que los trece años habían pasado y, luego, Dios lo levantó cuando se dio por vencido en lo personal.

Lejos de mirarse por dentro, lo negativo, Pablo dice: *"que se fortaleció en fe dando gloria a Dios*, lo positivo. La fe involucra el acto firme de la voluntad de rehusarse a buscar la salida humana. En cambio empieza a fortalecerse el espíritu con la acción persistente y consciente de dar gracias a Dios por el plan divino, aun ignorando el cuándo y el cómo.

¡Qué tremenda lección! La fe es positiva y se expresa en dar gracias. El Dr. F. J. Huegel, mi padre espiritual, decía: "La alabanza es la fe en plena flor". Cuando optamos por dar gracias a Dios en medio de las tinieblas, ya lo hemos creído.

Anatomía de la fe: el reposo de la fe, etapa final (Romanos 4:21-25)

En el tercer punto vemos que Pablo --bajo la inspiración del Espíritu Santo-- después de trazar el desarrollo de la fe, llega a lo que es la finalidad: **el reposo de la fe.** La vida cristiana *NO* es una lucha interna, ni mucho menos un empate o una tregua inestable; al contrario, es un reposo. *"Por tanto, queda un reposo para el pueblo de Dios, porque el que ha entrado en su reposo, también ha reposado de sus obras, como Dios de las suyas"* (Hebreos 4:9, 10).

Pablo finaliza la anatomía de la fe: *"Plenamente convencido de que era también poderoso para hacer todo lo que había prometido; por lo cual también su fe le fue contada por justicia"* (Romanos 4:21, 22). Abraham ahora ha aprendido a reposar en lo dicho por Dios y a darle gracias por su carácter fiel; esperaría plenamente convencido de que Dios haría todo lo prometido ¿Qué más podemos pedirle a Dios? Ésta es la fe que Dios premia: *El justo por la fe vivirá* (Habacuc 2:4; Gálatas 3:11; Romanos 1:17; Hebreos 10:38).

Lo interesante es que después de darnos esta anatomía de la fe histórica de Abraham, Pablo la actualiza de esta manera impactante: *"Y no solamente con respecto a él se escribió que le fue contada, sino también **con respecto a nosotros** a quienes ha de ser contada, esto es, a los que creemos* (toma nota del tiempo presente, no pasado*) en el que levantó de los muertos a Jesús, Señor nuestro, el cual fue entregado por nuestras transgresiones, y resucitado para nuestra justificación"* (Romanos 4:23-25).

Cristo mismo había dicho con respecto al reposo en él: *"Venid a mí todos los que estáis trabajados y cargados, y **yo os haré descansar*** (la justificación es un regalo divino*). Llevad mi yugo sobre vosotros, y aprended de mí, que soy manso y humilde de corazón; y **hallaréis descanso*** (la santificación basada sólo en la fe y la obediencia*) para vuestras almas; porque mi yugo es fácil y ligera mi carga"* (Mateo 11:28-30).

Para quien lucha y se esfuerza con dolor de corazón y frustración, ésta es la buena nueva. Éste es el evangelio para los evangélicos, como solía decir el Dr. F. J. Huegel. Hay descanso en seguir al crucificado. *"Porque por gracia sois salvos por medio de la fe; y esto no de vosotros, pues es don de Dios; no por obras para que nadie se gloríe. Porque somos hechura (poema) suya, creados en Cristo Jesús para buenas obras, las cuales Dios preparó de antemano para que anduviésemos en ellas"* (Efesios 2:8-10).

El próximo estudio será el último sobre Abraham cuando Dios le pide el ofrecimiento de su hijo milagrosamente dado. Será el triunfo final de la fe de nuestro Padre Abraham.

Capitulo 4
El Trato Cumbre en la Vida de Abraham

Introducción

En la exposición anterior vimos a Abraham premiado con el cumplimiento de la promesa de un hijo. Abraham y Sara eran muy ancianos para poder tener un heredero biológico. Aunque el Antiguo Testamento no nos dice más que los meros datos de la promesa y el cumplimiento (Génesis 18:1-15; 21:1-7), Pablo en Romanos 4:13-25 nos da la anatomía de la fe, cómo respondió Abraham ante Dios.

Pablo hace hincapié en que tal ejercicio de fe no fue la fe justificadora inicial sino la santificadora que continuaba. Realmente no hay diferencia alguna; es la misma fe que justifica y luego santifica. Veremos en Romanos 5 y 6 que será la misma fe en acción frente a una verdad nueva --nuestra unión con Cristo en muerte y resurrección-- que santificará al creyente.

Abraham maduro pero todavía con fallas humanas (Génesis 20:1-18; 21:22-34)

A veces hay un concepto erróneo de la santificación. En la vida de Abraham había cambios tan radicales, que pudiéramos atribuirle una santidad mas allá de la tentación de la carne o las marcas de la vieja cultura. Pero aunque Dios le había colmado de la promesa de un hijo milagroso después de los trece años de prueba, Abraham falla ante Abimelec, rey de Gerar (Génesis 20:1-18).

Nos sorprende esto que le aconteció a Abraham, pero no debe ser así. Además fue la segunda vez que cayó en la misma tentación (Génesis 12:10-20). Ninguna lección ya aprendida nos previene de manera automática, si Dios nos permite la ocasión y no confiamos sólo en él volveremos a caer. El creyente por espiritual y probado que pueda ser está siempre sujeto a la vida vieja. Tenemos provisión para la victoria, pero no es automática.

¡Qué cosa tan rara que el rey gentil tuviera más santidad que el honrado por Dios! Dios mismo vino a rescatar al rey gentil para advertirle de la situación precaria en que se encontraba por la falla de su siervo. Reprende el rey gentil al siervo de Dios: *"¿Qué nos has hecho? ¿En qué pequé yo contra ti, que has atraído sobre mí y sobre mi reino tan grande pecado? Lo que no debiste hacer has hecho conmigo?"* (v. 9). Siempre hay la gran tentación de explicar racionalmente nuestro pecado, dispensándonos de toda culpa. Abraham dice: *"Y cuando Dios me hizo salir errante de la casa de mi padre, yo le dije (a Sara): esta es la merced que tú harás conmigo, que en todos los lugares adonde lleguemos, digas de mí: Mi hermano es"* (v. 13). Por todos esos años el gran siervo de Dios vivía bajo la vieja cultura pagana y su distorsión moral. Así hasta el mejor siervo tiene sus prejuicios viejos. ¡No sabemos cuánto nos controla la vida vieja!

Lo interesante es que Dios no condena abiertamente a Abraham, al contrario contesta su oración a favor de la casa de Abimelec (vv. 17, 18). Esto no justifica a Abraham ni minimiza su carnalidad, pero nos advierte que Dios perdona y no nos da lo que merecemos. Este hecho no debe ser motivo para excusarnos, sino para reconocer nuestra debilidad constante ante la vida vieja.

Una vez más, la única protección contra la carne nuestra es depender de Él quien nos juzgó de una vez en la cruz. *"Porque lo que era imposible para la ley, por cuanto era débil por la carne, Dios, enviando a su Hijo en semejanza de carne de pecado y a causa del pecado, condenó al pecado* (la vieja naturaleza) *en la carne"* (Romanos 8:3).

Abraham ante la prueba mayor de su vida, el ofrecimiento de Isaac (Génesis 22)

Frente a la orden de que Abraham sacrificara a su propio hijo, todo el mundo ha quedado asombrado y confundido. La pregunta que surge es: ¿Cómo podría Dios hasta sugerir tal cosa, mucho menos exigírselo a Abraham? Parece que va en contra de toda la cultura humana, menos la más pagana.

Pero Dios lo hizo porque quería exponer a través de Abraham ante el mundo cristiano exactamente lo que él mismo haría en la muerte de su propio Hijo amado, Jesucristo. En Abraham Dios confió hasta pedirle lo imposible. Pero en el caso de Abraham hubo una salida, el carnero trabado en una zarza (Génesis 22:13).

Pero en el caso de Dios mismo, no habría tal salida. Ningún substituto al último momento. Su hijo tendría que pasar por el valle de la muerte sustitutoria por ti y por mí. Isaías lo había dicho con claridad: *"Con todo esto, Jehová quiso quebrantarlo, sujetándole a padecimiento. Cuando haya puesto su vida en expiación por el pecado, verá su linaje, vivirá por largos días, y la voluntad de Jehová será en su mano prosperada"* (Isaías 53:10).

Pedro confirma lo dicho por el profeta Isaías: *"A éste, entregado por el determinado consejo y anticipado conocimiento de Dios, prendisteis y matasteis por manos de inicuos, crucificándole"* (Hechos 2:23). Pablo recalcó lo mismo: *"El que no escatimó ni a su propio Hijo sino que lo entregó por todos nosotros, ¿cómo no nos dará también con él, todas las cosas?"* (Romanos 8:32).

Abraham ya vivía tranquilo con Isaac a su lado. La promesa de Dios estaba segura y era cuestión de sólo dejar pasar el tiempo. En plena obediencia a Dios Abraham había echado fuera al hijo de Agar, aunque le costó mucho hacerlo. *"Este dicho (echarlo fuera) pareció grave en gran manera a Abraham a causa de su hijo. Entonces dijo Dios a Abraham: no te parezca grave a causa del muchacho y de tu sierva; en todo lo que te dijere Sara, oye su voz, porque en Isaac te será llamada descendencia"* (Génesis 21:11,12).

Dios le dio paz en la tierra después del pacto con Abimelec (21:30-32). *"Y plantó Abraham un árbol tamarisco en Beerseba, e invocó allí el nombre de Jehová Dios eterno. Y moró Abraham en tierra de los filisteos muchos días."* (21:33, 34). Otra vez todo estaba bien tranquilo. Pero Dios le tenía el momento más temido de la vida.

Dios interrumpe la paz de la vida rutinaria (Génesis 22:1, 2)

Moisés en Génesis 22:1 nos explica el porqué de la interrupción, preparándonos para lo que vendría, siempre sujeto a la crítica humana. *"Aconteció después de estas cosas --la vida serena de Abraham y Sara-- que probó Dios a Abraham, y le dijo: Abraham. Y él respondió: Heme aquí"*.

Tres veces Abraham dirá: *"heme aquí"* (vv. 1, 7, 11). Esto habla elocuentemente sobre la buena voluntad de Abraham frente a lo desconocido. Pero no alcanzaba a imaginarse lo que vendría. Ahora llegan las palabras fatídicas: *"Toma ahora (1) tu hijo, (2) tu único, (3) Isaac, (4) a quien amas, y vete a tierra de Moriah, y ofrécelo allí en holocausto sobre uno de los montes que yo te diré"* (v. 2).

El texto sagrado revela que Dios plenamente comprendía el *'shock'*, la conmoción interior que Abraham sufriría. Cuatro veces Dios aclara a quien tomar: *(1) tu hijo, (2) tu único, (3) Isaac, (4) a quien amas*. Veo en esto en miniatura lo que Dios se había dicho a sí mismo antes de la fundación del mundo. Dios no pedía a Abraham lo que no había ya hecho por ti y por mí.

Cuando Dios nos pone en prueba fuerte no es nada en comparación con lo que él mismo ya ha experimentado. En el desierto llegamos a conocerlo más profundamente. Dios se compadecerá de nosotros más de lo que pudiéramos comprender. Eso nos debe quitar toda queja y crítica. Así responde Abraham.

El secreto de la obediencia inmediata e incondicional (v. 3)

Abraham no regateaba con Dios ni tardaba. Se puso en marcha y por tres días podría ir contemplando tal orden. Iba bien preparado y frente a la pregunta lógica no expresada de sus siervos dijo: *"Esperad aquí con el asno, y yo y el muchacho iremos hasta allí y adoraremos y volveremos a vosotros"* (v.5). Ésta es la palabra de fe que está en nuestra boca. *"Mas qué dice? Cerca de ti está la palabra, en tu boca y en tu corazón. Ésta es la palabra de fe que predicamos"* (Romanos 10:8). Tal declaración es la tremenda confianza que Abraham agarraba por fe, afirmando que habría una solución aunque él mismo no la conociera.

Sin duda Hebreos nos da tal confianza de parte de Abraham: *"Por la fe Abraham, cuando fue probado ofreció a Isaac; y el que había recibido las promesas ofrecía su unigénito, habiéndosele dicho: En Isaac te será llamada descendencia; pensando que Dios es poderoso para levantar aun de entre los muertos, de donde, en sentido figurado, también le volvió a recibir"* (Hebreos 11:17-19).

Éste es el pináculo de la fe de Abraham. La lógica de la fe es: si Dios lo quita, para cumplir con su palabra que no puede fallar, a Dios le

toca devolvérselo hasta por una resurrección física. Tal es el poder creativo de la fe.

Se pone más severa la prueba con la pregunta de Isaac (vv. 7, 8)

Podemos imaginarnos de la crisis de Abraham frente a la pregunta lógica de Isaac: *"He aquí el fuego y la leña; mas ¿dónde está el cordero para el holocausto?" (v.7)* La respuesta de Abraham, sin saber cómo, fue directa. *"Dios proveerá de cordero para el holocausto, hijo mío. E iban juntos"* (v. 8). Tal es una declaración de la fe ciega, pero puesta en Dios y la seguridad de su promesa. No podemos entrar en esta tierra sagrada porque ningún padre humano puede pisar por aquí sin la iluminación de Dios.

La intervención de Dios a tiempo con la mayor recomendación de la fe

Abraham al pie de la letra se dispuso a obedecer a Dios hasta la misma muerte física, con una fe ciega y robusta de que Dios lo levantaría. Pero en el último instante: *"Abraham, Abraham. Y él respondió: heme aquí. No extiendas tu mano sobre el muchacho, ni le hagas nada; porque ya conozco que temes a Dios. Por cuanto no me rehusaste tu hijo, tu único"* (vv. 11, 12).

Claro que Jehová conocía desde antes que Abraham entregaría a su hijo, pero Abraham llega a darse cuenta en carne propia que Dios puede pedir lo mejor, lo único suyo. Y no se rebela ni cuestiona. Dios tiene todo derecho de dar y quitar lo dado en gracia de acuerdo con su bendita voluntad (Job 1:21; 2:10). Dios no nos puede tentar (Santiago1:12-18), sino que nos pone a prueba para bendecirnos y enriquecernos como a Job (Job 42:12; Santiago 5:11).

La provisión milagrosa y la confirmación de la promesa en plenitud

En el mero momento del acto de la obediencia, Dios interviene y provee un sustituto, ni antes ni después. De acuerdo con la soberanía de Jehová y la fe de Abraham que coincide el cordero está al alcance de la mano. Abraham como de costumbre nombra el lugar Jehová-jireh, Dios proveerá. *"Por tanto se dice hoy: en el monte de Jehová será provisto"* (v.14).

Lo más significativo es que el Ángel de Jehová, claramente una teofanía, siendo Cristo preencarnado, se dirige a Abraham por segunda vez desde el cielo. La primera vez fue la orden dada en el versículo uno. Ahora Dios amplía la promesa original dada en Ur de los caldeos.

Es el colmo de todo: *"Por mí mismo he jurado, dice Jehová, que por cuanto has hecho esto, y no me has rehusado **tu hijo, tu único hijo**; de cierto te bendeciré, y multiplicaré tu descendencia como las estrellas del cielo y como la arena que está a la orilla del mar; y tu descendencia poseerá las puertas de sus enemigos"* (vv. 16, 17).

Implicaciones teológicas y cristológicas de esta prueba mayor

Es posible tratar este tremendo evento en la vida de Abraham como otro milagro del Antiguo Testamento, y lo fue, pero su enseñanza nos alcanza hasta hoy día. ***Sobre todo en términos teológicos Calvario y Gólgota es una nueva realización del ofrecimiento de Isaac.*** Calvario es un evento paradigmático que trasciende el monte de Moriah. La diferencia es que no habría ningún animal "trabado en la zarza" sino que El ***hijo unigénito*** de Dios moriría, el justo por los injustos (1 Pedro 3:18).

Él mismo fue el *"Cordero de Dios que quita el pecado del mundo"* (Juan 1:29). Se oye el eco de Juan 3:16 en Génesis 22:2. *"Porque de tal manera amó Dios al mundo que ha dado **su Hijo unigénito** para que todo aquel que en él cree, no se pierda mas tenga vida eterna"*. No es una casualidad que el término **"hijo único"** aparece tres veces en Génesis 22: 2, 12, 16. Alcanzamos a vislumbrar el corazón de Abraham, y más infinitamente el corazón de Dios al sacrificar a su unigénito Hijo por nosotros.

Lo que antes era inimaginable, nos llegó a ser historia de manera trascendental. La cruz estaba en el corazón de Dios como parte íntegra de su ser santo y misericordioso. No podemos conocer a Dios sin entrar cada día más hondamente en su corazón, en la Cruz de Cristo, en su amor ágape que es sacrificial, justo y disponible.

La vida carnal mía y tuya, querido lector, no puede coexistir con tal conocimiento de Dios. Con razón dijo Pablo, como su supremo anhelo: *"A fin de conocerle y el poder de su resurrección, y la participación de* sus padecimientos, llegando a ser semejante a él en su muerte" (Filipenses 3:10).

Cristo mismo fue el protagonista principal en todo esto. En Juan 8 cuando Jesús disputaba con los fariseos sobre su persona; les confundió con esta afirmación: *"Y conoceréis la verdad, y la verdad os hará libres. Le respondieron: Linaje de Abraham somos... Nuestro padre es Abraham. Jesús les dijo: Si fueseis hijos de Abraham, las obras de Abraham haríais... ¿Eres tú acaso mayor que nuestro padre Abraham, el cual murió? ¡Y los profetas murieron! ¿Quién te haces a ti mismo?... Abraham vuestro padre se gozó de que había de venir mi día; y lo vio, y se gozó. Entonces le dijeron los judíos; aún no tienes cincuenta años, ¿y has visto a Abraham? Jesús les dijo: De cierto, de cierto os digo: antes que Abraham fuese, yo soy"* (Juan 8:32, 33, 39, 53, 56-58).

La referencia a Abraham no es tanto de él sino de Cristo preencarnado que puso al Santo del Antiguo Testamento sólo como un tipo de sí mismo, siendo él el antitipo siempre mayor y mejor que el tipo. Lo de Abraham tiene verdadero valor cristológico.

A Abraham le confirió Dios el honor de ser tipo de Cristo. No hay mayor honor. La consumación del plan divino es la muerte del Cordero de Dios, precisamente lo que dice Romanos 3:21-31 y 6-8, tanto la justificación como la santificación. Y Romanos 6, capítulo al que nunca me canso de volver, nos enseña nuestra participación en su muerte al pecado (6:6), y a la ley (7:4) para vivir en el poder del Espíritu de Cristo resucitado (8:1-4) como Abraham recibió a Isaac en figura.

El ofrecimiento de Isaac es el cuadro práctico de entregar lo nuestro a Dios. La vida cristiana tiene en este cuadro de Abraham e Isaac la norma que Dios pide. Todo lo que es nuestro, lo debemos mantener en una mano abierta delante de Dios. Aun lo que Dios nos da nunca es nuestro; es lo prestado. No somos nunca dueños de nada sino mayordomos de lo suyo. Es fácil decirlo, pero si Dios nos quita al hijo, a la esposa, la salud, el ministerio que nos da valor y significado, está en su pleno derecho de hacerlo.

Al fin de cuentas lo que nos da Dios, él nos lo puede quitar. Hace unos años Dios me sacó del salón de clases. Había sido por tantos años mi "primer amor". Allí había servido en su nombre y con su bendición. Pero me di cuenta que el puesto de haber sido presidente del Seminario Río

Grande o ser maestro por 47 años no me confirió ningún derecho de seguir así. Encontré la gracia de Dios para aceptar la deposición bajo ataques personales.

En medio de todo, Dios llegó a ser mi valor y mi razón de vivir, no mi servicio aun en su nombre. Nuevas puertas se abrieron cuando las del seminario se me cerraron injustamente. Pero la victoria en Cristo nos es real. Nuestro verdadero valor está en Cristo, no en lo que podemos hacer por él. Lo que otros digan no cuenta sino sólo lo que Dios sabe y permite. Luego Dios me devolvió para continuar sirviendo en el salón de clases, pero ahora con una realización más profunda de que *"todo es de él, por él y para él"* (Romanos 11:36). A él sea la gloria.

Capitulo 5
El Triunfo de la Gracia de Dios en la Vida de Jacob

Introducción

Este estudio sobre los tratos de Dios con Jacob lo dividiremos en tres partes. En esta larga trayectoria, Dios irá transformando al suplantador en un verdadero príncipe del Señor. Es tan grande la obra que Dios hace en la vida de este santo del Antiguo Testamento que los salmistas llegan a referirse muchas veces a Jehová como el Dios de Jacob, no de Israel sino de Jacob.

Esto nos da ánimo a todos. Si Jacob puede llegar a luchar con Dios y ganar, hay plena esperanza para cualquiera de nosotros. En palabras de Jesús: *"El Espíritu es el que da vida; la carne para nada aprovecha; las palabras que yo os he hablado son espíritu y vida"* (Juan 6:63).

¿Por qué escogió Dios a Abram desde Ur de los Caldeos? ¿Por qué escogió a Isaac, un hombre pacífico? ¿Por qué escogió a Jacob, el suplantador? No hay respuestas para estas preguntas. Son inescrutables los caminos del Señor. Nos queda como un enigma.

Nunca podremos comprender plenamente la elección, ni de aquellos ni mucho menos la de nosotros. *"Porque irrevocables son los dones y el llamamiento de Dios"* (Romanos 11:29). La respuesta divina no nos dice absolutamente nada de nosotros ni de aquellos santos, sino que nos dice muchísimo de Dios mismo.

Cuando Dios escoge a los menos probables, aun a los más improbables —Jacob, por ejemplo, mentiroso, engañador, tramposo y fraudulento— Dios quiere magnificar su gracia y su gloria. Si tal escogimiento revela el triunfo de la gracia, también revela la humildad de Dios en dejarse identificar como el Dios de Abraham, de Isaac y aun de Jacob.

"Porque así dijo el Alto y Sublime, el que habita la eternidad, y cuyo nombre es el Santo: Yo habito en la altura y la santidad, y con el

33

quebrantado y humilde de espíritu, para hacer vivir el espíritu de los humildes, y para vivificar el corazón de los quebrantados" (Isaías 57:15). **En muy pocas palabras podemos resumir el principio de la cruz reduciendo a la nada lo humano para exaltar lo divino.** Cristo se hizo pobre para que en él fuésemos enriquecidos (2 Corintios 8:9). Desde la muerte emana la vida.

Otra verdad sacada a luz es que Dios se compromete a tomar la materia prima, la menos propia, para que triunfe la obra de su gracia. Pablo destaca este principio divino escribiéndoles a los corintios, la iglesia más carnal, más divisoria y más criticona.

"Pues, mirad, hermanos vuestra vocación, que no sois muchos sabios según la carne, ni muchos poderosos, ni muchos nobles; sino que lo necio del mundo escogió Dios, para avergonzar a los sabios; y lo débil del mundo escogió Dios, para avergonzar a lo fuerte; y lo vil del mundo y lo menospreciado escogió Dios, y lo que no es, para deshacer lo que es, a fin de que nadie se jacte en su presencia. Mas por él estáis vosotros en Cristo Jesús, el cual nos ha sido hecho por Dios sabiduría, justificación, santificación y redención; para que, como está escrito: el que se gloría, gloríese en el Señor" (1 Corintios 1:26-31; Jeremías 9:23, 24).

Otra verdad complementaria es que Dios emprende la marcha hacia nuestra santificación; no queda satisfecho con la mera declaración de hacernos justos (esto es la justificación), sino que no descansa hasta que nos vaya haciendo santos como él es santo. Examinemos esa marcha triunfal divina en la vida de Jacob, el menos probable de los tres patriarcas.

El Dios soberano escoge a Jacob desde antes de su nacimiento (Génesis 25:19-26)

*El **primer** encuentro con Dios.*

Dios siempre es el que mueve las cosas y asuntos de este mundo, el iniciador de sus planes. Empezamos siempre con Dios; de esa manera el ser humano nunca podrá jactarse de nada. Tanto en la salvación como en toda obra de Dios, tenemos que doblar la rodilla y reconocer que la obra es de él.

Pablo, después de trazar los principios grandiosos de la gracia y la misericordia de Dios, en la gran doxología de Romanos 11:33-36, nos

34

dice: *"Porque de él, y por él, y para él, son todas las cosas. A él sea la gloria por los siglos Amén"*. Dios no tiene que dar explicaciones de nada a nadie. Todo lo que él hace, al final de cuentas, es para lograr sus fines, de tal manera que viviremos para darle a él la gloria que merece sin que pensemos nada de nosotros. Nuestra competencia proviene de él.

Dios lanza su plan en contra de todo lo culturalmente probable (Génesis 25:22-23)

Como en el caso de Saraí, estéril hasta ya muy anciana, así también le sucedió a Rebeca. *"Y oró Isaac a Jehová por su mujer, que era estéril; y lo aceptó Jehová, y concibió Rebeca su mujer" (Génesis 25:21)*. Ni siquiera en el nacimiento de Jacob pudieron los padres participar. Además, en la gestación se vislumbraba la guerra prevista en el futuro lejano.

Se oye la declaración solemne de Jehová: *"Dos naciones hay en tu seno, y dos pueblos serán divididos desde tus entrañas; el un pueblo será más fuerte que el otro pueblo, y el mayor servirá al menor" (Génesis 25:22-23)*.

Una vez más Dios va en contra de la cultura que le da al primogénito las ventajas y las bendiciones. Esto, por su puesto, no justifica los medios turbios de los cuales se aprovechó Jacob para obtener el favor de su padre, pero sí indica que los propósitos de Dios triunfarán al final de cuentas. Y en el triunfo divino, Dios transformará al más feo y fraudulento. Jacob, el suplantador, llegará a ser Príncipe con Dios. ¡Qué triunfo de la gracia!

Ahora entendemos algo más del dicho enigmático de Malaquías 1:2, 3: *"Yo os he amado, dice Jehová; y dijisteis: ¿en qué nos amaste? ¡No era Esaú hermano de Jacob? Dice Jehová. Y amé a Jacob y a Esaú aborrecí"*. Y el argumento de Pablo es: *"y no sólo esto, sino también cuando Rebeca concibió de uno, de Isaac nuestro padre (pues no habían nacido, ni habían hecho aún ni bien ni mal, para que el propósito de Dios conforme a la elección permaneciese, no por las obras sino por el que llama), se le dijo: el mayor servirá al menor. Como está escrito: a Jacob amé, mas a Esaú aborrecí"* (Romanos 9:10-13).

La elección de Dios es inescrutable. Nos corresponde guardar silencio y no juzgar a Dios según nuestra limitadísima perspectiva. Cuando

35

dejamos que Dios sea Dios, libre para forjar sus propósitos de bendecir al mundo, podremos dejarle a él los resultados. Siempre será como en la vida de Jacob, una transformación de carácter cambiando todas nuestras fealdades espirituales hasta hacernos fieles.

Jacob, deseoso de obtener la primogenitura (Génesis 25:27-34)

El segundo encuentro con Dios

Ya crecidos los dos: Esaú, el mayor, y Jacob, el menor, los vemos en un momento de crisis moral y de coincidencia. Pero tales momentos revelan profundamente el carácter espiritual de ellos. Ahora podemos ver quizá en Jacob lo que Dios podía ver y que transformaría mediante largos y dolorosos tratos personales.

En este encuentro vemos lo negativo de Esaú, quien en un momento de supuesta hambre menospreció su primogenitura. En Jacob, por el contrario, vemos un ardiente deseo --por motivos buenos o malos-- de obtener lo que Dios, en su elección, le iba a dar.

La familia era disfuncional. Isaac favorecía a Esaú, el cazador, porque le preparaba sabrosos guisos. Rebeca, por su parte, tendía a favorecer a Jacob, hombre quieto y tranquilo. Y el momento crucial llegó. Esaú, regresando de la caza, tenía un hambre feroz y la reacción sintomática de su carácter dijo: *"Te ruego que me des a comer de ese guiso rojo, pues estoy muy cansado"*. Aprovechando la petición, Jacob le propuso, astutamente, que le vendiera su primogenitura. La reacción de Esaú fue inmediata: *"He aquí yo voy a morir, ¿para qué, pues, me servirá la primogenitura"* (Génesis 25:32).

Pero más alarmante es el comentario inspirado de Moisés: *"Entonces Jacob dio a Esaú pan y del guisado de las lentejas; y él comió, bebió, y se levantó y se fue. Así menospreció Esaú la primogenitura"* (Génesis 25:34). Luego, en Hebreos 12:15-17, tenemos el comentario del Nuevo Testamento que es de aplicación hoy día: *"Mirad bien, no sea que alguno deje de alcanzar la gracia de Dios; que brotando alguna raíz de amargura, os estorbe, y por ella muchos sean contaminados; No sea que haya algún fornicario, o profano como Esaú, que por una sola comida vendió su primogenitura"*.

Este encuentro revela mucho más del carácter de Esaú que el de Jacob. Esaú no valoró para nada la primogenitura que pudiera haberle traído ricas posibilidades espirituales. Más bien pensó sólo en el estómago y tuvo en poco lo que era suyo. ¡Cuántas veces una decisión momentánea, en un momento crítico, puede descalificarnos! David, en el momento menos esperado de tentación frente a Betsabé, trajo sobre él y sobre otros inocentes las tristes consecuencias de su pecado (2 Samuel 11, 12). ¡Cómo debemos guardarnos de la carne en esos momentos!

Hay otro comentario sobre la vida rebelde de Esaú en agudo contraste con la de Jacob. Tiene que ver con su matrimonio con una hetea: *"Y cuando Esaú era de cuarenta años, tomó por mujer a Judit, hija de Beeri heteo... y fueron amargura de espíritu para Isaac y Rebeca"* (Génesis 26:34, 35; 27:46; 28:1).

En cambio después del engaño en el que se hizo pasar por Esaú, Jacob obedeció a sus padres y salió para la casa de Labán, hermano de Rebeca. Puede parecer algo insignificante, pero no lo era; Dios había prohibido el matrimonio con las canaanitas. Una vez más, a quienes Dios no escoge se descalifican por su desobediencia. A quienes Dios escoge andan bien aunque a veces tropezando frecuentemente. Tal era el caso de Jacob.

¿Qué se puede decir a favor del engaño cometido por Jacob? Por lo menos Jacob, cualquiera que haya sido la razón, apreció la primogenitura. Podemos discutir el modo problemático de quitársela a Esaú. No obstante, Jacob quería lo que Dios en su soberanía le había prometido. Tales son los imponderables de la vida. Sólo Dios puede resolverlos a largo plazo.

La mala jugada de Rebeca y Jacob contra Isaac y Esaú (Génesis 27:1-46)
El *tercer* encuentro con Dios

Lo que sigue no es recomendable, pero una vez más a pesar de la carnalidad del engaño, Jacob buscaba la bendición divina. Debió haber sabido Jacob de la profecía al nacer, pero Dios iba a tornar en bendición este pecado. Otra vez se ve la familia disfuncional: Isaac listo para darle la bendición al mayor; según la cultura oriental; Rebeca, mientras tanto, está a favor de Jacob y lista para promover una estrategia peligrosa.

Dios no defiende estas acciones carnales, pero las va a tornar en bendición, no sin que Jacob tuviera que pagar un alto precio para tal

37

pecado. Eso vendrá después; entretanto Dios sigue obrando su voluntad en Jacob para producir en él la finalidad divina. *"Ciertamente la ira del hombre te alabará; Tú reprimirás el resto de las iras"* (Salmo 76:10). Nada puede tomar por sorpresa a Dios. Él iba a cumplir con su profecía, estando los dos aún en el seno de Rebeca. (Génesis 25:23).

La historia es bien conocida. Rebeca junto con Jacob trama una treta con el fin de engañar a Isaac y robarle a Esaú la bendición que traería futuras consecuencias. Dios interviene a favor de su plan eterno sin aprobar los medios tramposos de Rebeca y Jacob. Una vez más Dios es soberano y lleva a cabo su plan a pesar de la carnalidad de Jacob.

Sin embargo, Dios había amado a Jacob; tenía para él grandes propósitos incluso escatológicos. Dios sería el Dios de Abraham, de Isaac y, sí, aun de Jacob. Dios no había terminado con Jacob, apenas había empezado y lograría su plan. Dios no se limita a la materia prima que el ser humano le provee. ¡Qué lección para nosotros: todavía nos queda mucho por aprender y Dios está dispuesto a enseñárnoslo en su misericordia!

La historia está llena de las maquinaciones y maniobras carnales. En lugar de dejar en manos de Dios el futuro, ellos lo toman en las suyas. Pero al fin de cuentas no frustrarán a Dios. Aunque Isaac tiene sus dudas en cuanto a este supuesto "Esaú," pronunció la bendición que tendría largas consecuencias. *"Sírvante pueblos, y naciones se inclinen a ti; Sé señor de tus hermanos, y se inclinen ante ti los hijos de tu madre. Malditos lo que te maldijeren, y benditos los que te bendijeren"* (Génesis 27:29). Se pueden oír los ecos del Pacto Abrahámico.

De veras sería una línea directa desde Abraham a este intrigante Jacob. ¿Pone Dios el futuro de su pacto en manos de éste? Así como Dios puso a Job en manos de Satanás, sabiendo que su gracia al final triunfaría. Esto es lo que Dios hace cada vez que nos llama, contándonos fieles al ponernos en el ministerio (1 Timoteo 1:12-14). Su gracia nos debe animar grandemente en medio de las tretas del orgullo que nos arrastran.

Esaú se queja con su padre pero inútilmente porque la bendición de Dios se reserva para quien Dios escoge. Esaú se identifica como indigno de ser el escogido. *"Vio asimismo Esaú que las hijas de Canaán parecían mal a Isaac su padre, y se fue Esaú a Ismael, y tomó para sí por mujer a*

38

Mahalat, hija de Ismael, hijo de Abraham... además de sus otras mujeres" (Génesis 28:8-9). No oímos más de Esaú.

En cambio *"Jacob obedeció a su padre y a su madre y se había ido a Padan-aram"* (Génesis 28:7). Otra consecuencia de esta intriga fue que Jacob llegaría a tener mucho miedo de Esaú, lo cual le conduciría al encuentro final con Dios (Génesis 32:22-32). Pero aquí también triunfa Dios, aun sobre el rebelde Esaú. Jacob aprendería que su mayor enemigo no era su hermano, sino su propia carnalidad dada a la intriga y el egoísmo

Dios ahora pone en marcha algunas consecuencias en la vida de Jacob. Pagaría un precio alto para sus ardides. *"Y aborreció Esaú a Jacob por la bendición con que su padre le había bendecido, y dijo en su corazón: Llegarán los días del luto de' mi padre, y yo mataré a mi hermano Jacob"* (Génesis 27:41). Al oír tales palabras Rebeca urge a Jacob que salga inmediatamente para la casa de Labán, su hermano en Harán. Isaac está de acuerdo y confirma que no debe casarse con una canaanita.

Jacob, pues, obedece y al salir recibe la bendición de su padre: *"y el Dios omnipotente te bendiga, y te haga fructificar y te multiplique, hasta llegar a ser multitud de pueblos y te dé la bendición de Abraham, y a tu descendencia contigo para que heredes la tierra en que moras, que Dios dio a Abraham"* (Génesis 28:3, 4).

Jacob emprende la marcha no sabiendo que el cuarto encuentro le espera en camino a Harán. Ahora Dios tomará cartas en la vida de su siervo fraudulento e intrigante. Jacob pagaría un precio, pero saldría por fin como oro refinado.

Conclusión

En los tratos de Dios con nosotros, todo esto no nos debe sorprender. ¿Quién no ha dado lugar a la carne, al viejo hombre, en defensa de su egoísmo? ¿Quién no tiene de que estar avergonzado por las obras de la carne, aun en el servicio del Señor? ¿Quién no ha visto en otros, y aun en su propio corazón, los pecados secretos?

David también pide a Dios: *"¿Quién podrá entender sus propios errores? Líbrame de los que me son ocultos. Preserva también a tu siervo de las soberbias; que no se enseñoreen de mí; entonces seré íntegro, y estaré limpio de gran rebelión"* (Salmo 19:12, 13).

Más adelante David reitera lo mismo: *"Examíname, oh Dios, y conoce mi corazón; pruébame y conoce mis pensamientos; y ve si hay en mí caminos de perversidad, y guíame en el camino eterno"* (Salmo 139: 23, 24).

Capítulo 6
El proceso del triunfo de la gracia de Dios en la vida de Jacob

Introducción

En el primer estudio vimos la gracia de Dios operando en la elección de Jacob. Desde el vientre de Rebeca, Dios había escogido a Jacob (el primer encuentro con Dios Génesis 25:21-26). Nosotros no hubiéramos escogido al tramposo e intrigante, pero Dios proponía una obra profunda de gracia, ése el mensaje de la Cruz en el Antiguo Testamento. A pesar de sus tretas, Jacob valoraba la primogenitura. No olvidemos que Esaú, el mayor, la tuvo en poco y Jacob la obtuvo por un potaje de lentejas (Génesis 25: 27-34; Hebreos 12:15, 16).

La compra de la primogenitura por un plato de lentejas se convierte en el segundo encuentro que Jacob tiene con Dios. Más allá de los medios usados para obtenerla, Jacob muestra gran valor espiritual al desearla. El tercer encuentro con Dios resultó en la mentira, el engaño y una treta para defraudar a Esaú. Claro que Rebeca instigó la ardid, pero Jacob participó activamente. De ninguna manera aprueba Dios semejante mal. Jacob pagaría caro más adelante cuando Labán lo engañase de manera similar.

Jacob, el fugitivo, abandona la casa en busca de una esposa aprobada (Génesis 28)

Jacob complace a sus padres y cumple con la voluntad de Dios. La vida de Jacob estaba impregnada por un deseo de obediencia a Dios; lo motivaba el anhelo de tener la bendición de Dios. Pero lo triste es que había tanta evidencia de su vieja manera de vivir. Practicaba la mentira, el engaño y el egoísmo que se manifestaban como manchas en su vida. Su caminar con Dios representa, de manera semejante, los altibajos nuestros en la lucha contra los vicios del orgullo y la vieja naturaleza.

Pero Dios se prepara para tratar con Jacob. Dios va a empezar con el *"des-aprendizaje"* de *"la pasada manera de andar"* (Efesios 4:22) en la

41

vida de Jacob. Lo meritorio era que obedecía a sus padres al buscar casarse con una israelita. En cambio, Esaú mostró su rebeldía por casarse varias veces, primero con una hetea (Génesis 26:34), y luego con las hijas de Canaán, actuando en contra de la voluntad de sus padres (Génesis 28:7-9).

Dios guarda a Jacob con el fin de bendecirlo, reanudando el pacto Abrahámico

Si antes no hemos alcanzado a percibir la gracia de Dios a favor de alguien tan necesitado como Jacob, la podremos apreciar con claridad en el cuarto encuentro que él tiene con Dios. Esta vez es Dios mismo quien da el primer paso. No es que no tomara en cuenta las tretas y las intrigas de Jacob, sino que Dios se compromete a enseñarle las lecciones más profundas de su vida, tratando con su carnalidad. No obstante, antes de empezar el castigo y la prueba fuerte que le esperaba en Harán, en casa de Labán, Dios se le aparece con unas promesas escatológicas.

Aquí veo la maravillosa gracia de nuestro Dios. No hay nada de venganza hacia Jacob en el corazón de Dios a pesar de la vida de este suplantador. Dios no nos abandona cuando ve nuestro orgullo y rebeldía. Al contrario, se apresura a edificarnos y bendecirnos. Vendrá la prueba fuerte, pero antes nos tocan la gracia y la paciencia del Señor. ¡Qué maravilloso es nuestro Dios!

Jacob sale solo anticipando quién sabe qué, pero Dios le tiene una buena sorpresa

El cuarto encuentro con Dios

Puedo imaginarme la ansiedad y el temor que llenaban el corazón de Jacob, el fugitivo. Tal vez en su memoria rondaba la idea de venganza futura de Esaú. Su mente, quizás, estaba atascada por la preocupación de la vejez de sus padres, lo incierto del futuro y el sentido de culpa producto de su dudoso pasado. Dios aun le tiene una sorpresa.

Jacob, cansado y solitario, se acuesta en un lugar desierto. Sumido en sus pensamientos, pone una piedra por cabecera y se duerme profundamente hasta envolverse en el mundo de los sueños. "Y *he aquí una escalera que estaba apoyada en tierra, y su extremo tocaba en el*

42

cielo; y he aquí ángeles de Dios que subían y descendían por ella" (Génesis 28:12). Tenga en cuenta el orden, subían y descendían. No tenía por qué temer nada, rodeado de ángeles como estaba.

Pero mejor aún Jacob oyó una voz que decía: *"Yo soy Jehová, el Dios de Abraham, tu padre* (nótese tal descripción), *y el Dios de Isaac* (pasa por encima de Isaac quien no era tan notablemente fiel); *la tierra en que estás acostado te la daré a ti y a tu descendencia".*

Y ahora Dios confirma el Pacto Abrahámico con todas las futuras bendiciones implícitas del Mesías. Luego vienen palabras aún más consoladoras para Jacob: *"He aquí, yo estoy contigo, y te guardaré por dondequiera que fueres, y volveré a traerte a esta tierra; porque no te dejaré hasta que haya hecho lo que te he dicho"* (Génesis 28:13-15).

Todo esto no es más que la pura gracia de Dios. Esa gracia anticipa el futuro seguro que tenemos en sus manos. A Jacob, sin embargo, todavía le faltaba tanto en su andar, pero Dios lo venía transformando. La vida cristiana es Dios obrando en nosotros. Sólo traemos las negativas, pero Dios pone las positivas. Ánimo hermano (a), Dios se compromete a moldear tu vida. Espera en el Señor, en el proceso que Él aún está desarrollando en ti, tal como lo hizo en la vida de Jacob.

Jacob responde con "temor y temblor", pero todavía está presente el viejo hombre (Génesis 28: 16-22)

Es muy significativo cómo responde Jacob: *"Ciertamente Jehová está en este lugar y yo no lo sabía".* Así en presencia de Dios nos conviene una confesión. *"Y tuvo miedo y dijo: "¡Cuán terrible es este lugar! No es otra cosa que casa de Dios, y puerta del cielo!".* Y llamó a aquel lugar la casa de Dios, Bet-el (Génesis 28:16-19).

Cuando Dios se revela, inspira temor y temblor. La carne no puede estar tranquila. *"E hizo Jacob voto, diciendo: si fuere Dios conmigo, y me guardare en este viaje en que voy, y me diere pan para comer y vestido para vestir, y si volviere en paz a casa de mi padre, Jehová será mi Dios y esta piedra que he puesto por señal, será casa de Dios; y de todo lo que me dieres, el diezmo apartaré para ti"* (Génesis 28:20-22).

Es evidente que Jacob trata de regatear con Dios. Parece que Dios no le reprende en tal momento, pero en su paciencia no exige una perfecta respuesta. Jacob va pensando en lo material, comer, vestir, venir en paz.

43

Le pone a Dios condiciones para serle fiel. No nos corresponde a nosotros hacer eso, pero Dios permite la inmadurez de Jacob. Es notable que el verso 22 cambie el diálogo de lo formal a lo personal. Jacob se dirige a Dios haciendo una promesa personal. Dios acepta el progreso que ve en el corazón de este siervo todavía en proceso de perfección. Cuántas veces Dios aguanta nuestras reacciones medio carnales. Dios sabe a dónde va el proceso --al triunfo de la gracia-- y puede pasar por alto lo que es inmaduro y muy humano.

A estas alturas, vale la pena destacar la promesa y la afirmación de Dios mismo cuando dice: *"No te dejaré hasta que haya hecho yo lo que te he dicho"* (v. 15). ¡Qué garantía de parte del Dios todo soberano!

Dios empieza el "des-aprendizaje" de Jacob, preparándole para el final encuentro

*El **quinto** encuentro con Dios*

El fugitivo va para la casa de Labán, su tío, sin conocer lo que le espera. Jacob parte de su cuarto encuentro con Dios en Bet-el con la expectativa de la presencia y la bendición de Dios, a pesar de las tretas pasadas. Quizá pensaba que Dios no las tomaba muy en cuenta. Tantas veces pensamos que podemos sembrar para la carne y, de alguna manera, no cosechar las consecuencias.

Dios iba delante con el fin de refinar el carácter y la fe de Jacob. Únicamente Dios podría hacerlo por medio de las pruebas y los golpes divinos. Jacob iba a hallar en su tío, Labán, el mismo tipo que él era. Esta vez Jacob saldría defraudado así mismo como había defraudado a su hermano Esaú.

Dios espera el momento oportuno para tratar con nuestros males. A primera vista empezó muy bien el viaje. Llegando a Harán, Jacob se encontró con la hija de Labán, su propia prima, la pastora Raquel. No fue coincidencia que Jacob llegó a la hora de dar de beber al ganado y que les hiciera el favor de remover la piedra del pozo.

Este encuentro resultó en lo menos esperado: *"Así que oyó Labán las nuevas de Jacob, hijo de su hermana, corrió a recibirlo, y lo abrazó, lo besó, y lo trajo a su casa; y él contó a Labán todas estas cosas"* (Génesis 29:1-13). Poco sabía Jacob que acababa de conocer a otro igual que él en cuanto a sus tretas.

44

Labán lo recibe con el fin de engañarlo como Jacob había engañado a Esaú

Labán le propuso un arreglo que le cayó muy bien a Jacob, no sabiendo cómo le resultaría. Inmediatamente Labán vio el provecho de un nuevo trabajador sin tener que pagarle mucho. Este tipo tenía el ojo para su propio bien, tanto como Jacob para con su propio hermano, Esaú. No fue coincidencia que Dios arregló la situación. La oferta sonaba muy bien: *"Ciertamente hueso mío y carne mía eres...* Entonces dijo Labán a Jacob: *¿Por ser tú mi hermano (sobrino), me servirás de balde? Dime cuál será tu sueldo".*

¡Qué maravilla poder exigir tu propio sueldo! Cómo no aprovechar este momento para sí mismo, pensó tal vez Jacob. *"Y Jacob amó a Raquel y dijo: Te serviré siete años por Raquel, tu hija menor".* Labán, astuto como era, le dijo: *"Mejor es que te la dé a ti, y no que la dé a otro hombre; quédate conmigo"* (Génesis 29:14-19). Y el trato fue hecho.

Tan emocionado estaba Jacob por el prospecto de su matrimonio con su amor que los siete años pasaron como unos pocos días (v.20). El amor le hizo corto el tiempo. Cuando llegó el día le dijo a Labán: "Dame mi mujer, porque mi tiempo se ha cumplido para unirme a ella". Anticipando el gran día, Jacob no podía contener su amor. *"Entonces Labán juntó a todos los varones de aquel lugar, e hizo banquete".*

Ahora viene la treta más cruel. En lugar de recibir a Raquel, su amor, Labán lo engañó y le dio a Lea, la mayor, pero no la que Jacob amaba. Habiéndose ya unido a Lea, ¿qué podía ahora hacer? Podemos sentir la tremenda decepción de ser defraudado de esta manera. *"¿Qué es esto que me has hecho? ¿No te he servido por Raquel? ¿Por qué, pues, me has engañado? "* (Génesis 29:21-25).

Ni modo. Labán tenía ahora a Jacob siete años más trabajando para poder unirse a Raquel. Esto no sería la última treta hecha por Labán. Parece que le sirvió unos siete años más por el ganado, el medio de sustento en aquel tiempo. Veinte años le costaron a Jacob los engaños de su tío, además de la profunda decepción que tenía que vivir. ¿No crees tú que todo esto le haya traído a la memoria de Jacob sus propias tretas con Esaú? Dios tiene sus maneras para hablarnos y hacernos pagar el costo alto de la carnalidad.

45

Había todavía otra espina en la vida de Jacob
Una vez más no era coincidencia de que Lea era muy fructífera, al igual que criada Zilpa. Y le nacieron a Jacob tres hijos de parte de Lea: Rubén, Simeón y Leví. Y cuatro más por Zilpa: Gad, Aser, Isacar, Zabulón y una hija, Dina. Entretanto, Raquel era estéril en la voluntad de Dios y peleaba con Jacob por su esterilidad.

Otra fuerte prueba para Jacob. Raquel le reclamaba: *"Dame hijos, o si no, me muero"* (Génesis 30:1). Raquel le entregó a su criada Bilha, y ella le dio a Jacob dos hijos: Dan y Neftalí. La vida de Jacob iba de mal en peor. Pero todavía quedaban unas tretas entre los dos intrigantes. No entiendo todo lo del engaño mutuo con respecto al ganado. Tratan de defraudarse el uno al otro (Génesis 30:25-43).

Lo que aparentemente empezó bien termina en pleito. *"Y oía Jacob las palabra de los hijos de Labán, que decían; Jacob ha tomado todo lo que era de nuestros padres, y de lo que era de nuestro padre, y de lo que era de nuestro padre ha adquirido toda esta riqueza. Miraba también Jacob el semblante de Labán, y veía que no era para con él como había sido antes"* (Génesis 31:1, 2).

Lo interesante es que durante todo este tiempo no hay mención de una intervención de Jehová en la vida de Jacob. Tanto silencio doloroso. Pero luego de que había sufrido bastante por su propio mal, *"Jehová le dijo a Jacob: Vuélvete a la tierra de tus padre, y a tu parentela, y yo estaré contigo"* (Génesis 31:1-3).

¡Cuánto silencio de Dios a través de los veintiún años. Pero Dios no se había olvidado de Jacob. Queda todavía el clímax de los tratos de Dios con su siervo. Dios ya le tenía preparado el sexto encuentro con Esaú mismo. Esto será el tema del próximo estudio.

Jacob ahora está huyendo de Labán hacia Esaú
Génesis 31 se dedica a la huida peligrosa de Jacob, dejando a su tío Labán. Jacob consulta con las dos esposas y ellas están de acuerdo en salir. Además Dios interviene, recordando la promesa dada en Bet-el a pesar de las calamidades de los últimos veinte años (Génesis 31:38).

Iban a salir con cierta riqueza. *"Yo soy el Dios de Bet-el, donde tú ungiste la piedra, y donde me hiciste un voto. Levántate ahora y sal de*
46

esta tierra, y vuélvete a la tierra de tu nacimiento" (Génesis 31:3). Jacob sale súbitamente y Labán, al saber de su huida, se levanta tras ellos con ganas de castigarlos. Pero Dios se apareció a Labán y le dijo:*"Guárdate que no hables a Jacob descomedidamente" (v.24).*

Lo que sigue en esta historia es un gran lío entre dos hombres acusándose mutuamente del engaño, lo cual era cierto. Pero Dios puso límites a Labán para que no hiciese daño a su siervo, todavía no perfecto, pero por lo menos habiendo cumplido con lo que Dios había puesto en su camino.

¿Cuáles son las lecciones que nos corresponden en el "des-aprendizaje" de Jacob?

¿Qué quiere decir "des-aprendizaje"? Es el proceso hacia el quebrantamiento ante Dios. Todo creyente quiere ser más como Cristo. El anhelo es uniforme en la vida de cada cristiano, si no, no es creyente. Pero la gran pregunta es ¿Cómo? ¿Es por nuestros esfuerzos, fidelidad en el servicio, la imitación lo mejor posible de las virtudes de él? Todos hemos tratado esos medios sin éxito alguno. Al contrario se aumenta la frustración cuánto más tratamos de ser como el perfecto. Romanos siete viene siendo la experiencia, finalmente, de cada uno que se esfuerza "poniendo su parte".

Para mí esto nos lleva al corazón del Mensaje de la Cruz. Antes de vivir la vida resucitada de Cristo, tenemos que morir al "yo". Pero la gran verdad es que ya morimos al pecado (Romanos 6:1, 2). *"¿Qué, pues, diremos? ¿Perseveraremos en pecado para que la gracia abunde? De ninguna manera. Porque los que hemos muerto al pecado, ¿cómo viviremos aún en él?".* Ésta es la gran Magna Carta de la libertad del creyente. No es lo que hacemos sino lo que él ya hizo en la Cruz. Nos toca creerlo.

¿Cómo llegamos a experimentar una vida de victoria?

Lo dicho arriba es la teología de la victoria. Pero ¿cómo la vivimos? La vivimos por un andar en la fe y la obediencia. Así empezó Jacob la caminata con todo el bagaje de la carnalidad que tenía: la mentira, el engaño, el egoísmo, las tretas y los mejores esfuerzos. Dios, en su pura gracia, lo aceptó como él era.

47

Dios no pasó por encima de ningún pecado ni carnalidad. Todo lo contrario, lo iba preparando en su providencia mediante las pruebas, los sufrimientos y las decepciones que iba a destacar en la vida de Jacob muchos pecados y malas actitudes. Por lo tanto, Dios le iba preparando varios encuentros.

La Cruz es la pérdida de la vida vieja, el cancelar el poder del mal genio que persiste aun en el creyente. Así es el proceso de hacer frente a nuestros males, confesarlos y llevarlos a la Cruz. La Sangre de Cristo nos limpia y la Cruz de Cristo nos da esta posición única de estar en Cristo, *"muertos al pecado y vivos para Dios en Cristo Jesús"* (Romanos 6:11). A partir de esta gran verdad libertadora andamos diariamente. A este proceso es el que llamo el des-aprendizaje del viejo "yo".

Para Jacob era doloroso pero tan necesario, sí que indispensable. Pronto viene su encuentro final con el Ángel de Jehová, el mismo Cristo pre-encarnado. Desde su salida como fugitivo de la casa de sus padres Dios había venido quebrantando a Jacob, tratando profunda y precisamente con sus pecados. Antes de producir fruto viene el trabajo de podar del jardinero (Juan 15). Antes de la resurrección y la novedad de vida en Cristo (Romanos 6:4) viene la muerte.

En el siguiente estudio veremos la finalidad de estos tratos profundos por parte de Cristo. Jacob lucha con el Ángel de Jehová y el triunfo trae como resultado un nuevo nombre, ahora se llamará Israel, y después de esa lucha, Jacob cojearía por el resto de su vida.

Capítulo 7
El colmo del triunfo de la gracia de Dios en la vida de Jacob

Introducción

En los dos estudios previos hemos visto los tratos o los encuentros de Dios con Jacob. Todo esto nos revela la misericordia y la paciencia de Dios para con él, a pesar de sus engaños y fraudes. Pero Dios en su gracia lo había llamado, comprometiéndose a transformarlo en un patriarca y un ejemplo ilustre del Antiguo Testamento. ¡Qué trayectoria de gracia!, pero al mismo tiempo ¡cuánto dolor en la vida de Jacob!

Hemos trazado estos seis encuentros:

1. En el vientre de Rebeca, Dios soberanamente lo llama (Génesis 25: 21-26).
2. La compra de la primogenitura a Esaú (Génesis 25: 27-34).
3. El engaño contra Isaac y Esaú al robarle la bendición (Génesis.27:1-40).
4. Huyendo de Esaú, Jehová se le aparece en visión (Génesis 28: 10-22).
5. Los líos con su tío Labán, quien lo engañó tres veces (Génesis 29:13-30).
6. Al escapar de Labán, Dios no permitió que sufriera daño (Génesis 31:17-55).

Dios venía probando a Jacob. Siempre desde el principio había en él un buen deseo de conseguir la aprobación y la bendición del Señor. Obedecía a veces, pero más frecuentemente usaba el engaño, las tretas y mentiras para lograr sus fines. Dios no lo perdonaba ni pasaba por encima de ello, sino que venía animándolo como en la visión de Betel (Génesis 28:11-22). *"He aquí, yo estoy contigo, y te guardaré por dondequiera que fueres, y volveré a traerte a esta tierra; porque no te dejaré hasta que haya hecho lo que te he dicho"* (v.15). ¡Qué maravillosa gracia!

49

Sin embargo, Dios iba enseñando a Jacob por medio de sus circunstancias. Así como había engañado a su padre Isaac y a su hermano Esaú, Labán engañaría ahora a Jacob. Tendría que esperar 20 largos años antes de poder volver bajo circunstancias que le infundirían mucho temor. Se dirigía a un encuentro final con Esaú, quien había prometido matarlo.

Recordemos las palabras de Esaú: *"Y aborreció Esaú a Jacob por la bendición con que su padre le había bendecido, y dijo en su corazón: Llegarán los días del luto de mi padre y yo mataré a mi hermano Jacob"* (Génesis 27:41). Jacob regresaba con esa amenaza de muerte sobre su cabeza.

Los preparativos cuidadosos para el encuentro final con Esaú (Génesis 32:1-21)

En gracia, Dios, por medio de los ángeles, fue al encuentro de Jacob (Génesis 32:1, 2). La bondad de Dios se manifestó al encontrarse con Jacob, mientras iniciaba su viaje a la tierra prometida. *"Jacob siguió su camino, y le salieron al encuentro ángeles de Dios. Y dijo Jacob cuando los vio: campamento de Dios es éste; y llamó el nombre de aquel lugar Mahanaim"* o majano del testimonio—montón de piedras en las encrucijadas y división de términos.

En la cultura hebrea tal montón de piedras hablaba de un monumento a algo muy especial. Sin duda se le ocurrió a Jacob recordar la promesa que había recibido en gracia en Betel antes de hacer su voto. *"Tomó la piedra que había puesto de cabecera, y la alzó por señal, y derramó aceite sobre ella"* (Génesis 28:18). Este encuentro fue reconfortante para Jacob, asegurándole la presencia de Dios en los días venideros.

Esto me recalca que cuando Dios nos disciplina, no lo hace con el fin de castigarnos o atemorizarnos, sino siempre con el fin de moldear nuestro carácter. Está lejos de Dios el castigarnos solamente. Tantas veces, en medio de nuestro dolor, atribuimos a Dios el castigo cuando nos toca la disciplina del Señor. En realidad es su amor que tiene la finalidad de bendecirnos y hacernos más a la imagen divina.

Isaías describe el castigo divino como una obra extraña: *"Porque Jehová se levantará como el monte Perazim... para hacer su obra, su extraña obra, y para hacer su operación, su extraña operación"* (Isaías 28:21).

Dios bien sabía lo que vendría, no tanto el encuentro con su hermano Esaú, aunque lo temía en gran manera, sino consigo mismo. Su solución final no sería en encontrarse con Esaú, tratando de persuadirlo o apaciguarlo por medio de regalos, sino el encontrarse con Dios mismo en su justicia y gracia.

El esperado encuentro con su enemigo, Esaú (Génesis 32: 3-21)

Aunque Dios le había dado evidencia de su fidelidad a su pacto anterior, Jacob --tan dado a los planes y las maniobras-- empieza a trazar una estrategia para apaciguar a Esaú. Jacob intenta su mejor esfuerzo. *"Y envió Jacob mensajeros delante de sí a Esaú su hermano... les mandó diciendo: Así diréis a mi señor Esaú: Así dice tu siervo Jacob: Con Labán he morado, y me he detenido hasta ahora; tengo vacas, asnos, ovejas y siervos y siervas; y envío a decirlo a mi señor para hallar gracia en tus ojos"* (vv. 3, 4, 5).

Nótese como llega incluso a poner las palabras en boca de sus mensajeros, haciendo uso de gran cortesía llama a Esaú *"mi señor"* dos veces, y él se autodenomina *"tu siervo"* una vez. Luego remata con la frase *"hallar gracia en tus ojos"*. Usa todas las palabras suaves para ablandar el corazón de su enemigo más temido.

Nos recuerda como en el mero momento tantas veces usamos de los medios de la carne. Jacob se veía con la necesidad de hacer cambiar de parecer a Esaú. Veremos más medios astutos después, pero por ahora no deja de hacer todo lo posible.

La respuesta de parte de los mensajeros llenaría el corazón de Jacob de más miedo. *"Y los mensajeros volvieron a Jacob, diciendo: Vimos a tu hermano Esaú, y él también viene a recibirte, y **cuatrocientos hombres con él"*** (v.6).

La noticia no hubiera sido tan horrenda si no hubiera agregado y con él cuatrocientos hombres. Lógicamente no se necesita a tantos para recibir a un querido hermano de carne y sangre. No podría haber otra posibilidad sino la de llevar a cabo su voto de matarlo (Génesis 27:41). No cabe duda de que Jacob se llenó de espanto. ¿Qué haría con todo su cortejo y más aún consigo mismo ante este momento ominoso?

Al oír esta mala noticia se puso a dividir la caravana de la manera más ventajosa posible. En los arreglos minuciosos podemos ver el valor relativo de sus animales, sus esposas, sus hijos, y por fin el valor supremo de sí mismo. ¡Qué revelación de sus prioridades y valores! *"Entonces Jacob tuvo gran temor, y se angustió; y distribuyó el pueblo que tenía consigo, y las ovejas y las vacas y los camellos, en dos campamentos".* Su razonamiento revela el viejo Jacob, el suplantador: *"Si viene Esaú contra un campamento y lo ataca, el otro campamento escapará"* (vv.7, 8).

Jacob ahora acude a Jehová. Su teología era bastante buena pero... No cabe duda de que era sincero porque estaba en un gran aprieto, entre la espada y la pared. En tales situaciones acudimos a Dios así como apelando al último recurso nuestro. Dios aun lo escucha, pero tiene mucho más que hacer en Jacob que escatimarle las consecuencias de su carnalidad todavía presente. No obstante, Dios lo sacaría adelante, pero no sin que Jacob pagara un precio alto --su egoísmo y auto amor.

Ahora, lleno de miedo, Jacob ora a Dios y le recuerda su promesa en Betel. Esto es la fe en acción, pero la fe mezclada con sus propios esfuerzos. Con razón dice: *"Dios de mi padre Abraham, y Dios de mi padre Isaac, Jehová, que me dijiste: vuélvete a tu tierra y a tu parentela, y yo te haré bien. Menor soy que todas las misericordias y que toda la verdad que has usado para con tu siervo... líbrame ahora de la mano de mi hermano, porque le temo, no venga acaso y me hiera la madre con los hijos"* (vv.9-11).

Jacob piensa que su mayor problema es su hermano y lo de mañana. Dios sabía que el mayor problema era Jacob mismo. Otra vez Jehová le recordó de la promesa de unas generaciones futuras innumerables. Debido a la gravedad de la situación, Jacob decide combinar la oración con sus propios planes.

Jacob durmió intranquilo esa noche. Pero todavía tenía unas maniobras que sobraban. Calculó un presente como si a Esaú le faltara algo: *"doscientas cabras, veinte machos cabríos, doscientas ovejas y veinte carneros, treinta camellas paridas con sus crías, cuarenta vacas y diez novillos, veinte asnas y diez borricos"* (vv.14, 15).

Luego les dijo a sus siervos: *"Pasad delante de mí, y poned espacio entre manada y manada"* (v.16). Además Jacob separó las manadas una de la otra para que al encontrarse con Esaú les diera oportunidad de prepararse si no venían en paz. Hasta les dijo a sus siervos lo que debían decir a los de Esaú.

Jacob revela su plan detallado al decir: *"He aquí tu siervo Jacob viene tras nosotros. Porque dijo: apaciguaré su ira con el presente que va delante de mí, y veré su rostro; quizá le será acepto"* (v.20). No podía dejar las cosas en manos de Dios. Todavía no había aprendido a caminar por fe, dejando el control a Dios. Con todos los planes en pie, los hizo pasar delante de él y durmió la noche en el campamento (v.21).

"Y se levantó aquella noche, y tomó sus dos mujeres (Raquel y Lea), *y sus dos siervas* (Bilha y Zilpa) *y sus once hijos, y pasó el vado de Jaboc. Los tomó, pues, e hizo pasar el arroyo a ellos y a todo lo que tenía"* (vv.22, 23). Ahora quedan las palabras más críticas: ***Así se quedó Jacob solo*** (v.24). Este hombre tan valiente hace pasar primero que él a sus mujeres y a sus hijos, sacrificándolos a la esperada ira de Esaú. Esto revela de manera palpable que Jacob pensaba aún en sí mismo y estaba dispuesto a ser el último en enfrentar a su hermano enojado.

Jacob estaba todavía dado a planear las cosas a su manera. ***Éste es el egocentrismo de la carne, el creyente que no sabe aceptar su posición ya crucificado con Cristo, sepultado y resucitado. No debemos juzgar demasiado duro a Jacob porque nosotros hacemos lo mismo, a menos que el Espíritu nos lleve a la cruz.*** Toda la cultura, aun cristiana, no acepta esta posición de crucificada; prefiere sus derechos, sus demandas y su propia defensa frente a lo injusto, a su manera de pensar.

El verdadero encuentro con Dios; no hay otro que valga la pena (Génesis 32:22-33)

El último y final encuentro con Dios mismo

El varón divino espera que Jacob acabe con todas sus tretas (Génesis 32:24-30). Dios sabe la manera de hallarnos solos, sin la defensa nuestra. Durante toda su vida Jacob había podido arreglar las cosas a su favor. A veces le salieron bien, a veces le salieron mal, pero parecía que tenía una fuente inagotable de razones, defensas y justificaciones. Pero

53

ya frente a lo inevitable, la llegada el próximo día de su hermano Esaú con los cuatrocientos soldados, no habría ninguna salida. A Jacob le había llegado la hora decisiva.

Dios esperó el momento oportuno para hallar a Jacob sin más maniobras. Dice el texto secamente: *"y luchó con él un varón hasta que rayaba el sol"* (v.24). Es cierto que Jacob pudo con el varón. Jacob no se rendía fácilmente. Sin duda pasaba por su mente la visión de Betel y las promesas de Jehová. No pudo resolver lo prometido y su situación crítica ante lo de mañana. Pero Jacob ponía su parte al grado que el varón –quien no cabe duda fue Cristo encarnado (vv.28, 29)– *"tocó el sitio del encaje de su muslo, y se descoyuntó el muslo de Jacob mientras con él luchaba"* (v.25).

Veo en esto que Cristo pre-encarnado tuvo que tocar el músculo más fuerte de su cuerpo, el muslo, antes de dejarlo. En el diálogo con el Ángel de Jehová, Jacob no quiso soltarse del varón sin que éste le diese una bendición.

Se dio cuenta Jacob, ahora, de que luchaba con Dios y aquel deseo profetizado de él en el vientre de su madre, reforzado en la visión de Betel y en la promesa de Jehová en casa de Labán, todo resultó en un fuerte deseo de estar bien con Dios a pesar de sus antecedentes tristes del pasado. Esto es lo que Dios puso en gracia y vio en Jacob a través de las muchas tretas y engaños que nunca aprobaba. Pero el plan de Dios era refinar y purificar a Jacob por medio de los golpes providenciales. Del mismo modo es el plan de Dios en tu vida y en la mía.

En el momento preciso surge la pregunta que destrozaría a Jacob. Dios no pasa nunca por encima la vida vieja; no importa cuán sutiles pueden ser sus formas. Si el paciente se muere de cáncer fatal, el médico divino no va a prescribir una aspirina sino que va a exigir una cirugía total. Dios conocía a Jacob como no se conocía él mismo.

Con una sola pregunta el Ángel de Jehová requiere una respuesta de corazón: *"¿Cuál es tu nombre?"* (v.27). No cabe la menor duda de que conocía bien a Jacob, sobre todo su nombre y la definición de él. Pero quería que Jacob mismo con toda honestidad le dijese de manera absoluta, llegando a ser dueño de su mal—suplantador, engañador, mentiroso, egoísta.

Por fin agotado y humillado, Jacob responde simplemente: **Jacob.** Pero ¡**qué mundo de mal hay en esa sola palabra de la boca y más aun del corazón de Jacob!** Esperó el Ángel de Jehová tal confesión equivalente a: *"Sé propicio a mí pecador* (Lucas 18:13); equivalente a lo que dijo Pablo*: "¡Miserable de mí! ¿Quién me librará de este cuerpo de muerte?* (Romanos 7:24).

Éste es el momento del verdadero quebramiento que trae de inmediato la solución. Es una verdadera muerte al yo y una resurrección de la vida nueva en Cristo Jesús Señor nuestro. Le costó a Jacob su reputación, su todo, pero la recompensa vendría en breve.

Al oír tal confesión, sin excusa ni pretexto, el Ángel de Jehová dijo: *"No se dirá más tu nombre Jacob, sino Israel; porque has luchado con Dios y con los hombres, y has vencido"* (v.28). **Éste fue el séptimo encuentro con Dios y el decisivo.** De esta manera el cambio del nombre significaba un cambio de posición, cambio de carácter.

Como Jesús cambió el nombre de Simón a Pedro, así el cambio de Jacob a Israel significaba un mundo de cambio ante Dios, una verdadera transformación en principio. Claro esto no quiere decir que llegara a la perfección, sino una nueva posición práctica ante Dios mismo.

En el quebrantamiento de Jacob, emergió Israel, *"el que lucha con Dios o Dios lucha".* El comentario del Ángel de Jehová es que había luchado con Dios y con los hombres y había vencido. En esta última palabra lo que Jacob con todas sus tretas no pudo lograr, Dios lo logró, conquistó su naturaleza carnal, su viejo hombre y le dio una victoria que permanecería.

Aquí vemos la preciosa verdad de la Cruz: quien pierde, gana; quien ama su vida, pierde su vida; quien aborrece su vida, la guardará. Lo que parece imposible viene siendo el camino de la Cruz. *"El grano de trigo que cae, que muere, lleva mucho fruto"* (Juan 12:24). Los caminos de Dios son tan diferentes de los nuestros. Somos tan dados a laborar en nuestras propias energías y luego nos afanamos, nos cansamos, no dándonos cuenta de que entramos en la vida victoriosa por medio de la muerte del viejo hombre.

Lo más hermoso es que el viejo hombre fue ya definitivamente juzgado una vez y para siempre. No hay por qué atenderle a él. Nos corresponde tomar la posición nuestra y vivir agradecidos por la fe en la vida resucitada y la nuestra en Cristo Jesús.

Éste es el mensaje de Romanos 6: *"¿Qué, pues, diremos? ¿Perseveraremos en pecado para la gracia abunde? En ninguna manera. Porque los que hemos muerto al pecado, ¿cómo viviremos aún en él?... Sabiendo esto, que nuestro viejo hombre fue crucificado juntamente con él, para que el cuerpo del pecado sea cancelado* (es decir, su poder y tiranía), *a fin de que no sirvamos más el pecado"* (Romanos 6:1, 2, 6).

Pero para que esta verdad libertadora opere en nosotros, se nos requiere hacer, precisamente, lo que hizo Jacob. ¿Cuál es tu nombre? ¿Cuál es tu carácter? ¿Eres mentiroso, auto compasivo, arrogante, impuro, impaciente, amargo, rebelde, tienes una lengua criticona, chismosa, etc.?

Al hacer frente a nosotros mismos con toda honestidad de una vez, esto permite que el Espíritu Santo trate con ese pecado y la dinámica de la vida en Cristo nos libera. Así sucesivamente andamos a la luz de estas verdades libertadoras. Es un andar por fe, no por experiencias. *"El justo por la fe vivirá"* (Romanos 1:17*).*

Pero quedan unos detalles más. Jacob a pesar de sus trampas y mentiras siempre quería la bendición de Jehová. En esta lucha agarrado del ángel, no lo suelta por nada del mundo. La valentía de Jacob y la honestidad al hacer frente a su mal le permite demandar una bendición. Con bastante osadía pregunta el nombre del varón. Dios no tiene que dar su nombre, ni tampoco el Ángel de Jehová. Pero le dio lo que valía mucho más, **la bendición.**

Jacob antes había robado a Esaú la bendición y eso resultó en su huida. Ahora Dios le da gratuitamente la bendición que buscaba, pero bajo las condiciones del quebrantamiento y la humillación. Así es la vida victoriosa, bendecida, pero siempre a costo nuestro y bajo las condiciones del principio de la Cruz. Es decir, a través de la muerte le llega la verdadera vida.

Jacob reconoce su encuentro decisivo. *"Y llamó Jacob el nombre de aquel lugar, Peniel; porque dijo: Vi a Dios cara a cara, y fue librada mi alma"* (v.30). No hay mayor bendición que ver a Dios. En el lenguaje del Nuevo Testamento quiere decir: *"Porque Dios, que mandó que de las tinieblas resplandeciese la luz, es el que resplandeció en nuestros*

56

corazones, para iluminación del conocimiento de la gloria de Dios en la faz de Jesucristo" (2 Corintios 4:6).

Queda mucho más por decir, pero en el último estudio que sigue voy a concluir con el impacto de todo esto en la vida de Jacob, su feliz encuentro con Esaú y el tremendo honor que Jehová le dio por dejarse nombrar el **Dios de Jacob.** ¡Qué gran honor de que Dios se asocia a sí mismo con este fraude original que llegó a ser el Príncipe de Dios!

El triunfo de la gracia de Dios en la vida de Jacob

Capitulo 8
Los resultados del triunfo de la gracia en la vida de Jacob

Introducción

En los tres estudios previos hemos visto la paciencia de Dios cuando llama a Jacob. Luego, empieza el doloroso proceso que busca reducir su corazón intrigante hasta convertirlo en un corazón quebrantado y humilde. Tal proceso sigue constantemente en nuestros propios corazones. No nos debe sorprender que Dios busque el corazón contrito y sumiso para bendecirnos.

Ésta es una lista de los siete encuentros de Jacob, el último de ellos con Dios mismo:

1. En el vientre de Rebeca Dios lo escoge en pura gracia, a pesar de su carácter futuro.
2. En la compra de la primogenitura a Esaú aprovechando su desprecio de lo espiritual.
3. En el tremendo engaño de Isaac y Esaú al robarle la bendición mediante mentira.
4. En la huida ante la inminente venganza de su hermano defraudado.
5. En los líos con su tío Labán, quien engañó a Jacob tres veces.
6. En el escape de Labán, Dios no le permitió que su tío le hiciese daño porque faltaba el último y final encuentro con Dios mismo.
7. En la lucha con el Ángel de Jehová y la confesión de su nombre - Jacob suplantador.

Mirando atrás, Dios lo escogió sabiendo muy bien las características feas y egoístas de Jacob, pero a la vez comprometiéndose a moldear a este mentiroso en un patriarca ejemplar. De alguna manera Dios vio en Jacob un deseo de buscar la bendición, pero casi siempre a su propia manera carnal. Hasta el final Jacob venía haciendo sus planes de persuadir a Esaú a recibirle pacíficamente, pero antes de que pudiera hacerle frente, Dios lo iba a interceptar y exigir una franca confesión de su mal.

¿Cuál es tu nombre? *Él respondió: Jacob, suplantador.* Con tal confesión y agarrado del Ángel, Dios le cambia su nombre de Jacob a Israel. Como consecuencia, el Ángel le tocó el muslo, pero Jacob aun demandaba una bendición. De ese día en adelante, Jacob llevaría tal cojera por el resto de su vida, siendo el recuerdo presente de su vieja naturaleza, la marca de la Cruz.

Después del quebrantamiento, reconciliado con Esaú, lo no esperado (Génesis 33)

Dios sabe arreglar los temores de Jacob. Esaú aparece, pero Dios ya le había cambiado su pensamiento de venganza. Jacob, no cabe duda, esperaba lo peor. Inmediatamente después del encuentro con el Ángel, mientras cojeaba: *"Alzando Jacob sus ojos, miró, y he aquí venía Esaú, y los cuatrocientos hombres con él"* (Génesis 33:1).

Preparándose para este fatídico encuentro, sin duda el peor de su vida, dividió a los niños y a sus madres, Lea y Raquel y a las dos siervas. Luego pone a Raquel y a José al final; pero ahora, a diferencia de antes, tiene la valentía de ir por delante *"y él pasó delante de ellos y se inclinó a tierra siete veces, hasta que llegó a su hermano"* (v.3).

La sorpresa de Jacob debió haber sido grande porque el texto dice: *"Pero Esaú corrió a su encuentro y le abrazó, y se echó sobre su cuello, y le besó; y lloraron"* (v.4). A Jacob se le desapareció de repente el temor más grande de su vida. En lugar de tener que volver a echar mano de las maquinaciones del pasado, Dios había cambiado el corazón de Esaú. Lejos de matarlo, quería abrazarlo.

No puedo probarlo, pero creo firmemente que Dios efectuó este tremendo cambio en Esaú, un viraje de ciento ochenta grados, después de la lucha de Jacob con el Ángel y el quebrantamiento del corazón del suplantador. Él sabía muy bien que Esaú había salido con cuatrocientos hombres no para felicitar y saludar a su hermano, a quien estaba comprometido a matar. En cambio, Dios hizo lo que Jacob con todas sus maquinaciones nunca pudiera haber hecho. ¡Qué tremenda lección para nosotros! Dios tiene los medios de aliviarnos de los temores más fuertes cuando nos humillamos y le permitimos descubrir nuestra carnalidad.

60

Esaú le pregunta por qué tanto regalo. Jacob responde: para hallar gracia delante de tus ojos. No era malo los regalos en sí, pero semejantes presentes no cambiarían el corazón de Esaú. Dios sí podía cambiarlo; sin embargo, eso sucede sólo cuando confesamos nuestro mal y nos sometemos a Dios. Jacob insiste: *"No, yo te ruego; si he hallado ahora gracia en tus ojos, acepta mi presente, porque he visto tu rostro, como si hubiera visto el **rostro de Dios**, pues que con tanto favor me has recibido"* (v.10).

Veo algo muy importante en este simple dicho. Antes, mientras luchaba con el Ángel en Peniel (que quiere decir, **el rostro de Dios**), Jacob dijo: *"Vi a Dios cara a cara, y fue librada mi alma"* (Génesis 32:30). La cara de Dios le había cambiado y ahora la de Esaú era como la de Dios mismo para él. Después de ver a Dios, no tenía por qué temer a nadie ni a nada. La cara más espantosa se volvió como la cara de Dios.

Muchas veces tratamos de cambiar nuestras circunstancias por nuestros planes o intentamos cambiar el carácter rudo de quien se opone a nosotros y fallamos. Pero cuando Dios obra profundamente en nuestro propio ser, a Dios le es cosa pequeña transformar al otro.

Otra vez es el principio de la Cruz, al morir hay resurrección y vida nueva. En el acto de morir al viejo hombre, la prueba que nos pone en crisis es ver de nuevo el rostro de Dios. Y es que Dios sabe tornar cada prueba en una nueva visión. Así andamos y así crecemos.

Jacob aliviado grandemente vuelve a edificar el altar – el papel de la adoración

De nuevo en la Tierra prometida, lo primero que hace, después de establecerse y plantar a allí su tienda, es levantar altar a Dios. *"Y erigió allí un altar, y lo llamó El Elohe Israel"* (Génesis 33:20). Se debe notar que el altar vuelve a ser el eje de su vida. Abram al llegar a la tierra prometida edificó un altar, y así hacía sucesivamente después de cada salida. (Génesis 12:7; 13:18; 22:9). Isaac también erigió altar (26:25). Jacob ahora recuerda la visión de Betel (28:18). No puede menos que adorar a quien le había tratado con tanta misericordia, a pesar de su vergüenza pasada. La verdadera adoración vuelve al altar, el lugar de muerte y después la vida.

Debe notar también el nombre que le da al lugar. No es insignificante que sea **El Elohe Israel**. Quiere decir Dios, el Dios de Israel. Éste es el primer uso de Israel, el nuevo nombre dado a Jacob después de su quebrantamiento. Una vez llega el quebrantamiento, la Cruz trae la transformación del carácter y Dios, nuestro Elohim, cobra un nuevo significado íntimo. Cuando Dios nos toca el corazón por el "radio"- *radium*- de la Cruz (como solía decir el Dr. F J. Huegel, mi mentor), no podemos volver a ser los mismos nunca más.

Aclaro que Jacob, ahora Israel, no llega a ser una persona perfecta sino una persona transformada hondamente ante Dios. Jacob no puede volver a ser el mismo. En cierto sentido podemos volver a entregarnos a la carne, esa posibilidad existe siempre hasta que estemos en la presencia de Dios.

Pero al fin y al cabo, la obra de Dios teniendo como base la Cruz aplicada a nuestra vida nos separa de manera cualitativa del pasado. Romanos 7 nos deja con la posibilidad de volver a andar en la carne, pero en nuestro andar por fe no es tan probable. Cuando entendemos la debilidad de la carne recurrimos más directo a la Cruz.

Jacob/Israel vive las consecuencias del triunfo y las fallas pasadas

Lo que sembramos eso cosechamos, una ley inexorable e implacable. Me gustaría decir que un verdadero encuentro con la Cruz nos garantiza una vida de tranquilidad, exento de las consecuencias de la vida carnal ya pasada, pero no es cierto. No cabe duda de que Dios perdona, transforma, da victorias muy grandes, pero tendremos que vivir las consecuencias de nuestras decisiones malas, mitigadas por la gracia de Dios.

Las consecuencias de lo que sembramos a veces están presentes en la vida nuestra, otras veces lo vemos en la vida de nuestras familias. Así fue para el pobre Israel. Dios nos enseña esta ley: *"No os engañéis; Dios no puede ser burlado: pues todo lo que el hombre sembrare, eso también segará. Porque el que siembra para su carne, de la carne segará corrupción; mas el que siembra para el Espíritu, del Espíritu segará vida eterna"* (Gálatas 6:7, 8).

Vamos a trazar la vida de Israel de manera breve. Se ve en él el cambio de vida tal como el cambio de nombre, pasando de ser el

62

suplantador hasta ser un príncipe quien ha luchado con Dios. Jacob tiene un nuevo rumbo de vida, pero Dios le recuerda de su pasado para mantenerlo alerta y vigilante siempre. Claro las pruebas y los dolores que le llegaron a causa de sus hijos no es directamente culpa suya. Sin embargo, Dios le recuerda que sus hijos vivían en el mismo ambiente de su vida pasada. Nos es motivo de humillación recordar el pasado, pero es muy saludable que se nos recuerde el pasado ya perdonado para que no lo repitamos.

1. En Génesis 34, el capítulo entero se dedica a la violación de Dina, hija de Lea, por Siquem, el heveo. Fue una vergüenza para la familia, pero añadida fueron la traición y las mentiras de los hijos de Jacob en general (v.13) y Simeón y Leví en particular (v.25). Después de ponerles a los del pueblo la trampa, los dos hijos de Jacob los mataron a todos y saquearon el pueblo. Esta mentira y trampa pudieran haberle recordado a Jacob de su propia mentira y engaño de Esaú.

2. Para animarlo, en Génesis 35, Dios vuelve a reconfirmar el pacto que le dio en Betel en su viaje rumbo a la casa de Labán. Bajo órdenes de Dios, Jacob le quitó a su familia los dioses y edificó un altar y volvió a nombrar el lugar Betel (Génesis 35:7). Dios vuelve a recalcar el cambio de nombre: *"Y le dijo Dios: Tu nombre es Jacob, no se llamará más tu nombre Jacob, sino Israel será tu nombre; y llamó su nombre Israel"*. Jacob ahora andaba más como Israel y Dios le recompensa. Israel responde con un altar y una libación (Génesis 35:14, 15).

3. Israel como todo ser humano vive la vida humana. Muere Raquel (vv.16-21). Sus hijos se portan mal. Durmió Rubén con Bilha, la concubina de su padre (v.22). Muere Isaac (vv.27-29). Sigue en Génesis 36 los descendientes de Esaú, mostrada cierta gracia aun a Esaú. En Génesis 37-47, Israel vive por muchos años la tristeza por José, su hijo más amado, quien fue vendido por sus hermanos a los ismaelitas. Por fin sigue toda la historia de mentiras, traición, engaños que le hicieron sus hijos a Jacob en parte como Jacob había engañado a su hermano y a su padre, Isaac. En medio de esta larga historia de José, está el triste

relato del pecado grosero de Judá contra su propia nuera, Tamar (Génesis 38). ¡Qué triste y vergonzosa la realidad! Claro en todo esto no podemos echarle la culpa a Jacob, pero de alguna manera Dios le hacía que cosechara los propios pecados del pasado. No podemos nunca pecar impunemente pensando que la gracia de Dios nos va a librar de toda consecuencia. Si sembramos para la carne, segaremos corrupción. Con Dios no hay excepciones.

La vida de Israel termina bien, bendecido por José y honrado por Dios

Quien sirve a Dios, a pesar de sus fallas, realizará la bendición y verá la provisión de Dios. Aunque Jacob sufrió tanto por sus hijos rudos, los padres de las tribus, Dios le proveyó a Israel los últimos días de su vida en paz y tranquilidad. Cuando perdió por algún tiempo a Benjamín, su hijo de vejez, se resignó ante la providencia de Dios.

Antes de enviarlos a Egipto, Jacob les dijo: *"Tomad también a vuestro hermano, y levantaos; quizá fue equivocación. Y el Dios Omnipotente os dé misericordia delante de aquel varón, y os suelte al otro vuestro hermano, y a este Benjamín. Y si he de ser privado de mis hijos, séalo"* (Génesis 43:14). Allí está la madurez y la sumisión a la voluntad de Dios.

Cuando Jacob estaba en presencia de Faraón, éste le preguntó: *"¿Cuántos son los días de tu vida?... los días de mi peregrinación son ciento treinta años; pocos y malos han sido los días de los años de mi vida... Y Jacob bendijo a Faraón y salió de la presencia de Faraón"* (Génesis 47:8-10). ¡Qué cuadro, Jacob el suplantador, quien ahora es Israel, bendice al rey pagano del mundo de aquel entonces!

Antes de su muerte Israel, quería bendecir a los hijos de José, a Manasés, el mayor y a Efraín, el menor. Sin duda esto le recordó a Jacob de la bendición que le robó a su hermano, aunque era la bendición que Dios le iba a dar a pesar de sus tretas. A la vez le recordó que Dios lo había escogido a él siendo el menor y no a Esaú el mayor. Esto es evidencia patente de que Dios escoge a quien quiere y no sigue el plan cultural.

Dios es soberano en su escoger y en tal se compromete a hacer la obra transformadora. Lo hizo en Jacob y lo haría en Efraín, el menor, demostrando la preferencia sobre Manasés. Así resultó la historia de Efraín entre las tribus.

Antes de morir en paz, Israel da las bendiciones a sus hijos rudos pero que, aun así, serían los líderes del pueblo de Dios. No tenemos tiempo de examinar los detalles tan ciertos que iban a pasar en la historia de las 12 tribus. Una verdad es que Dios recuerda los pecados de los hijos de Jacob y no les da ciertos privilegios (en el caso de Rubén 49:3; Simeón y Leví 49:5-7; Dan [omitido en Apocalipsis 7] 49:16-18). Pero en el caso de Leví quien es esparramado entre las tribus por su valentía, vivirían en las Ciudades de Refugio. Una maldición tornada en bendición.

Pero lo más notable es que le da a José doble bendición por ser tan fiel a pesar de tantos padecimientos causados por sus propios hermanos. Resultan dos tribus, Efraín y Manasés. Al fin de la vida de Jacob, ahora Israel, deja una abundante bendición para las generaciones futuras. Dios se justifica en haberle escogido y por haber obrado tan profundamente en este suplantador que por fin luchó con Dios y Dios ganó. ¿Cuál pudiera haber sido la mayor bendición de luchar con Dios? Dios merece y recibe la honra y la gloria.

El honor cumbre: Dios es el Dios de Jacob

El mayor honor se lo da a Jacob Dios al dejarse llamar más de treinta veces, en el Antiguo y el Nuevo Testamento, el **Dios de Jacob**. A veces se representa como el Dios de Abraham, Isaac y Jacob. Pero más de veinte veces, mayormente en los Salmos y en Isaías, Dios se llama el Dios de Jacob. Muchas veces también se llama el Dios de Israel que en algunos contextos quiere decir del patriarca Jacob y otras veces el nombre del pueblo de Dios. De todos modos Jacob, que empezó tan mal, por la gracia de Dios llegó a ser llamado con el mismo nombre del pueblo de Dios. Ahora, el mismo Dios digna llamarse Dios de Jacob.

Para mí esto es estupendo, maravilloso e increíble. ¡Qué trayectoria tan maravillosa, el triunfo de Jehová en la vida de un pobre hombre que dejó que Dios lo humillara y luego lo exaltara de tal manera! **Esto es la obra de la Cruz en el Antiguo Testamento.** Y está en pie en el día de hoy, el siglo veintiuno. Dios nos ayude a conocerlo de esta manera.

El triunfo de la gracia de Dios en la vida de José

Capítulo 9
Empieza la trayectoria de gracia

Introducción

Este nuevo estudio es sobre la vida de José. De manera sorprendente la vida de Job, José y Daniel (Ezequiel 14:14, 20) son muy semejantes, tanto en las pruebas divinas que purificaron el carácter de cada uno de ellos como en los benditos resultados que corrían a su cuenta. Esta semejanza no es casualidad sino el producto de los principios del quebrantamiento que Dios usó en cada caso.

Los tres, Job, José y Daniel, han sido ejemplares en su andar fiel; sin embargo, Dios los sujetó "al horno siete veces más caliente". Pero ellos salieron como oro más puro y con su ejemplo y obediencia bendijeron a las multitudes hasta el día de hoy. En este estudio trazaremos esos principios de la Cruz en la vida de José, hijo de Jacob y Raquel.

José nace en un hogar medio disfuncional (Gén. 35:22-26, Gén. 37)

Dios establece las circunstancias en las cuales nacemos. Dios ordena tanto nuestro principio como nuestro fin. A veces nos quejamos o pensamos que las desventajas de casa y de padres son tales que no podremos nunca superarlas. En lugar de poner los ojos en el Soberano, vemos tan sólo el abuso, ya sea generacional, verbal o sexual.

La vida de José nos da nueva esperanza, él no nació en un hogar ideal. No importa cómo empezamos nuestra vida en la tierra, lo realmente importante es cómo terminamos la carrera puesta por delante. Nadie hereda el comienzo ideal.

Aquí hago un comentario que espero que se tome en cuenta. Reconozco el valor de la consejería y el bien que nos puede traer al tratar con algunos problemas bien arraigados del pasado. Sin embargo, la sangre de Cristo y el poder libertador de la Cruz sobrepasan infinitamente el análisis de nuestro triste pasado. En algunas ocasiones, el pasado tiene sus repercusiones en el presente. Tiene que haber franqueza y confrontación bíblica.

Pero, a veces, hay métodos de la consejería que casi nos atan al pasado, como si fuera una cadena que no se puede romper. Tomemos nuestra posición en Cristo *"muertos al pecado* (el pasado del "Yo") *y vivos para Dios en Cristo Jesús"* (Romanos 6:11, 14), y dejemos que el Espíritu Santo nos libere de lo que Cristo ya conquistó de una vez para siempre en la cruz (Romanos 8:1-13).

Es cierto que José nació en la vejez de su padre (Génesis 37:3), en la época de la transformación de Jacob, después del encuentro con el Ángel de Jehová y el cambio de nombre de Jacob (suplantador) a Israel (El que lucha con Dios, Génesis 32:22-32). De esa manera observó, sin duda, los cambios progresivos en su padre.

Aun un gran encuentro con Dios, como en la vida de Jacob, no nos da la perfección. Parece que había en Jacob favoritismo hacia José. Dice el texto bíblico que Jacob le dio una túnica de diversos colores a José, lo cual provocaba aun más a los demás hermanos (Génesis 37:3). Como había favoritismo en la casa de Jacob --Rebeca amaba más a Jacob e Isaac a Esaú (Génesis 25:28)-- así también sucedía en la relación entre Jacob y José. No es fácil condenar cierta preferencia dada a un hijo obediente, en contraste con los demás que se muestran rebeldes y crudos.

Pero aun con los cambios que Dios había hecho en Jacob, no hay ninguna vida que no sufra las consecuencias del pasado. *"No os engañéis; Dios no puede ser burlado: pues todo lo que el hombre sembrare, eso también segará. Porque el que siembra para su carne, de la carne segará corrupción; mas el que siembra para el Espíritu, del Espíritu segará vida eterna"* (Gálatas 6:7, 8). Sin duda Jacob lamentaba las mentiras y las malas jugadas que hizo a su hermano Esaú, a Labán y a sus mujeres. La gracia de Dios puede mitigar las consecuencias, pero nunca las borra.

A pesar de la elección de Jacob y sus hijos como los futuros patriarcas de Israel, el pueblo de Jehová, él tiene que hacer frente al hecho de que ellos eran bastante crudos y crueles. Su siguiente trato con José, vendiéndolo a los ismaelitas, no fue nada extraordinario. Lo que sigue es una lista de las acciones reprochables de los hermanos de José:

1.) *"Aconteció que cuando moraba Israel en aquella tierra, fue Rubén y durmió con Bilha, la concubina de su padre; lo cual llegó a saber Israel (Génesis 35:22).*

2.) Dina, la hija de Lea, fue a visitar a las hijas del país y fue violada por Siquem, quien le profesaba su amor y quería casarse con ella. *"Y los hijos de Jacob vinieron del campo cuando lo supieron, y se entristecieron los varones, y se enojaron mucho, porque hizo vileza en Israel"* (Génesis 34:7). Lo que sigue es una trama de mentira, enojo, venganza y, por fin, desgracia para Jacob ante los habitantes de la tierra. El complot fue que los varones de la tierra se circuncidaran para poder vivir con los de Jacob.

"Pero sucedió que al tercer día, cuando sentían ellos el mayor dolor, dos de los hijos de Jacob, Simeón y Leví, hermanos de Dina, tomaron cada uno su espada, y vinieron contra la ciudad, que estaba desprevenida, mataron a todo varón. Y a Hamor y a Siquem su hijo los mataron a filo de espada; y tomaron a Dina de casa de Siquem y se fueron... Entonces dijo Jacob a Simeón y a Leví: 'Me habéis turbado con hacerme abominable a los moradores de esta tierra, el cananeo y el ferezeo; y teniendo yo pocos hombres, se juntarán contra mí y me atacarán, y seré destruido yo y mi casa. Pero ellos respondieron: ¿Había él de tratar a nuestra hermana como a una ramera?" (Génesis 34: 25, 26, 30, 31).

3.) Ahora sigue la triste historia de Judá y Tamar, relatada en Génesis 38. Sin entrar en detalle, Judá se apartó de sus hermanos y tomó a una cananea, Súa, por mujer. De esta unión fueron Er y Onán. Dios los mató por su pecado vil y luego Judá se acostó con una aparente prostituta que estaba por el camino, quien no era otra que su nuera disfrazada. De allí la vergüenza del patriarca, toda una historia sórdida. Quizá el lector se pregunta por qué la Biblia nos da tanto detalle del mal. Dios lo incluye para hacernos conocer la debilidad del ser humano y, a la vez, mostrarnos la gracia de Dios al tomar aquella materia prima tan mala y, a pesar de ello, lograr su propósito.

No es posible estar seguro de la cronología precisa de todos estos eventos tan tristes. No sabemos si José presenció estos hechos, pero basta decir que en ese ambiente vivía y se desarrollaba su juventud. En este hogar medio disfuncional, Dios haría su obra milagrosa. La trayectoria sería larga y penosa para José, pero rendiría abundante fruto para el futuro.

Dios en misericordia escoge a José y empieza la trayectoria de gracia en su vida

A pesar de alguna inmadurez, José comparte sus dos visiones con sus hermanos. No podemos, de ninguna manera, negar la elección soberana de Dios al escoger a quienes va a usar. Como Dios había escogido a Abraham al hallarse en Ur de los caldeos, como había escogido a Jacob, el fraudulento en lugar de Esaú, el primogénito, Dios escoge también a José para recibir una doble porción de su bendición. Así como Job, el "perfecto" de Uz, sufrió para recibir la doble bendición, así ocurriría con José. Pero ¡qué gran precio tendría que pagar antes de poder bendecir a los mismos hermanos que lo traicionarían!

La historia de José comienza con el descubrimiento de las dos visiones que hizo a sus hermanos celosos. Estas señales evidentemente eran de Dios. Pero las visiones, que iban a cumplirse más adelante, serían ocasión para su traición. Se puede cuestionar si José tenía razón en revelárselas a todos, pero en la juventud y aun después hay tales momentos en la vida. Sin duda no fue motivado por la arrogancia sino la rareza de las visiones. Si hubiera habido algo de orgullo, Dios pronto lo iba a tratar.

¡Qué bueno es saber que Dios conoce nuestro corazón y no nos condena por la fragilidad de ser humano! Las visiones en forma doble tenían un solo mensaje que tanto los hermanos celosos como Jacob entendían bien. Tomaron la forma de manojos que se inclinaban ante el manojo de José (Génesis 37:7) y luego la del sol y la luna que se inclinaban ante él (v.9).

La respuesta ocurrió tal y como era de esperarse: *"¿Reinarás tú sobre nosotros, o señorearás sobre nosotros? Y le aborrecieron aun más a causa de sus sueños y sus palabras"* (v.8). Luego Jacob dijo: *"¿Acaso vendremos yo y tu madre y tus hermanos a postrarnos en tierra ante ti?"* (v.10). *"Y sus hermanos le tenían envidia, **mas su padre meditaba en esto**"* (v.11).

La envidia es un pecado tremendo con consecuencias profundas y de ilimitadas extensiones. Pronto la veremos en sus hermanos tan crudos. La envidia o los celos es una obra de la carne. *"Manifiestas son las obras de la carne, que son adulterio... celos... envidias, homicidios, borracheras..."* (Gálatas 5:19-21). Nótense el orden y los pecados asociados con los celos y las envidias.

La prueba del origen de la envidia es que Lucero tuvo celos y su orgullo hizo que se levantase contra Dios mismo (Isaías 14:12-15; Ezequiel 28: 12-19). También *"Porque sabía (Jesús) que por envidia le habían entregado"* (Mateo 27:18). Nada menos que la crucifixión de Jesús es consecuencia de la envidia. Pero lo triste es que toleramos los celos ministeriales y familiares sin sentir nada de culpa. Al contrario, los encubrimos o los defendemos mediante medios muy turbios.

Uno pudiera decir que los hermanos de José así eran desde aquel entonces y por eso ¿qué podríamos esperar? No obstante, Pablo reprende a los Gálatas: *"Si os mordéis y os coméis unos a otros, mirad que también no consumáis unos a otros... No nos hagamos vanagloriosos, irritándonos unos a otros, envidiándonos unos a otros"* (Gálatas 5:15, 26). ¡Qué difícilmente alabamos a nuestros hermanos que nos superan en áreas del ministerio por sus dones y sus éxitos que Dios les permite! Es la envidia la que nos motiva a cuestionarlos.

Dios tenía un trabajo profundo que hacer en José y lo amaba suficientemente para ponerlo en marcha bajo el disfraz de una tremenda traición a la tierna edad de diecisiete años. Igual sucedió con el joven Daniel más tarde. A la vez iba a tratar con disciplina y misericordia a los hermanos tan crudos y crueles. Lo difícil es que ninguno de ellos sabía del camino que les esperaba hacia el quebrantamiento.

Dios sí sabía el camino penoso por venir. Dios iba a desarrollar su plan con una paciencia y amor que resultaría en "mantener en vida a mucho pueblo". Si brincamos hacia el fin de la historia, sabemos el gran por qué: *"Vosotros pensasteis mal contra mí, mas Dios lo encaminó a bien, para hacer lo que vemos hoy, para mantener en vida a mucho pueblo"* (Génesis 50: 20).

Dios en gracia mide los pasos hacia abajo para el quebrantamiento

Paso primero. La muerte es el plan A y la ganga afortunada se convierte en el plan B. La historia se desarrolla como un simple encargo que un padre hace a su hijo obediente. *"Y dijo Israel a José: Tus hermanos apacientan las ovejas en Siquem, ven, y te enviaré a ellos. Y él respondió: Heme aquí. E Israel le dijo: Ve ahora, mira cómo están tus hermanos y cómo están las ovejas de su padre en Siquem"* (Génesis 37:13, 14).

Sabemos bien la historia. Al verlo de lejos, conspiraron contra él para matarlo. No había otra intención. *"He aquí viene el soñador. Ahora pues, venid, y matémosle y echémosle en una cisterna y diremos: Alguna mala bestia lo devoró; y veremos qué será de sus sueños"* (vv.19, 20).

La crueldad de sus hermanos tomó primero la forma de matarlo, pero por la intervención de Rubén, aquel que antes durmió con la concubina de su padre, convinieron en echarlo en una cisterna que en la providencia de Dios estaba vacía (v.24). **Éstos son los detalles que resplandecen de la soberanía de Dios al proteger al escogido.** La crueldad de los hermanos se ve aun más en lo que sigue en el texto: *"Y se sentaron a comer pan"* (v.25), sin la conciencia compungida de ninguna manera por haberle echado en la cisterna minutos antes.

Luego, Judá sugiere venderlo para no tener que matar a su hermano y, así, salvar al padre de más dolor (vv.26, 27). Judá fue el que se había llegado a su nuera, pero estos dos mostraron algo de misericordia, como harían en el futuro. **Dios sabe restringir aun a los malhechores.** Vemos en todo esto la mano de Dios. Hubo algún remordimiento de Rubén al regresar y no hallarlo en la cisterna. Su intención había sido salvarlo (v.22).

Los hermanos de José llevaron a cabo su complot vendiéndolo a los madianitas, y así buscaban librarse de este soñador de una vez por todas. Se sintieron mejor por no haberlo matado. De acuerdo con su plan mataron a un chivo y metieron la famosa túnica en la sangre del animal. Luego la llevaron a Jacob quien reconoció de inmediato la túnica de su hijo favorito. Una vez más Dios le permite a Jacob que enfrente las consecuencias de su pasado. Él había engañado a su padre y ahora lo engañaron a él.

No se puede quebrar la ley de Dios; más bien nos quiebra tal ley. *"Y se levantaron todos sus hijos y todas sus hijas para consolarlo: mas él no* *quiso recibir consuelo, y dijo: Descenderé enlutado a mi hijo hasta el Seol. Y lo lloró su padre" (v.35).* Pero aún no sería el fin ni de José ni de Jacob.

Luego viene una nota casi como post data a una carta: *"Y los madianitas lo vendieron en Egipto a Potifar, oficial de Faraón, capitán de la guardia"* (v.36). Pobre de José, no sabía de ninguna manera a lo que iba. Nosotros ya sabemos la historia que la soberanía de Dios le iba marcando a su paso.

Podemos imaginarnos el pánico que debió haber invadido el alma de José, al pasar por semejante experiencia cruel a manos de sus propios hermanos. Bien pudiera haberle dicho a Dios: "Esto es demasiado; no aguanto más". El texto bíblico guarda completo silencio. Sólo podemos sentir la desesperación y el sentido de abandono. Pero Dios no lo había abandonado. Él nunca nos abandona.

Mientras empezamos a trazar el camino al quebrantamiento, éstas son algunas lecciones para nosotros:

1. No podemos juzgar mal a Dios; sin importar lo que él permita que entre en nuestra vida.
2. Las injusticias de un hogar disfuncional no determinan, al fin de cuentas, el rumbo de nuestra vida. Dios es más grande y poderoso que las desventajas del pasado, las cuales no podemos cambiar de ninguna manera.
3. No cometió José ningún pecado que ocasionase este trato tan cruel. Dios no aflige a los suyos sin tener en mente una bendición a la altura del mal que nos acosa.
4. Así Job, José y Daniel son tres de los santos del Antiguo Testamento a quienes Dios no les atribuye ningún pecado recordado. Los tres llegaron al nadir y al cenit de los planes de Dios.
5. El quebrantamiento ante Dios es el objetivo principal, y esto viene a ser posible por la participación de los padecimientos de Cristo, llegando a ser semejante a él en su muerte. (Filipenses 3:10).

6. Dios tiene todo el derecho de tratar con nosotros en amor. Él nos compró con su sangre (1 Corintios 6:19, 20) y no nos pertenecemos a nosotros mismos. Debemos abrazar su providencia sin dudar de su carácter.

7. Vienen más pasos hacia abajo para José en el descenso del quebrantamiento, pero en todo *"Dios estaba con él"*. Así está contigo ahora mismo.

Capitulo 10
Un quebrantamiento total
Génesis 37, 39, 40

Introducción

En el primer estudio vimos a José traicionado por sus hermanos, echado en un pozo seco y luego vendido a unos comerciantes madianitas que iban rumbo a Egipto. Dos de los hermanos, Rubén y Judá, no estuvieron de total acuerdo. Con un fraude propuesto de antemano, los hermanos le darían la mala noticia a Jacob.

Jacob no pudo más que lamentar la tragedia; no cabe duda de que recordaba algo de su propia vida pasada con sus engaños y tretas. Sus palabras son de resignación: *"Descenderé enlutado a mi hijo hasta el Seol. Y lo lloró su padre"* (Génesis 37:35). El siguiente versículo dice secamente que José fue vendido como "un pedazo de carne" a la casa de Potifar, oficial de Faraón, capitán de la guardia (v.36).

Acto uno en el drama de José: Desciende al anonimato, es un quebrantamiento total

A primera vista parece que el futuro de la vida de José no llevaba ni ton ni son. Para los que conocemos ya la historia de José, nos cuesta ponernos en sus zapatos. A la tierna edad de diecisiete años (Génesis 37:2), este joven bastante ejemplar en casa frente a sus padre y a sus hermanos se encuentra en un mundo "ancho y ajeno". No podemos identificarnos con toda la desesperación que debió haber llenado su mente. ¿Por qué a mí? ¿Qué he hecho de malo? A él le hubiera sido inútil buscar la respuesta.

Dios iba tramando su plan: el de descomponer la vida de José para componerla a fin de hacerle de múltiples bendiciones aun para los mismos ingratos que le traicionaron. Además, Dios colmaría de bendición a Jacob quien ahora llevaba el nombre de Israel. A la vez Dios iba a darnos un ejemplo sin par de la misma vida de Jesús, vendido por treinta piezas de plata y quien daría su vida en rescate por muchos.

Isaías explica el principio de la cruz, setecientos años antes de ella: *"Porque mis pensamientos no son vuestros pensamientos, ni vuestros caminos mis caminos, dijo Jehová. Como son más altos los cielos que la tierra, así son mis caminos más altos que vuestros pensamientos... Así será mi palabra de sale de mi boca; no volverá a mí vacía, sino que hará lo que yo quiero, y será prosperada en aquello para que la envíe"* (Isaías 55: 8, 9, 11).

A veces limitamos este versículo sólo a la Palabra escrita e inspirada, y con buena razón. Pero lo que Dios hace en nosotros a través de la obediencia a tal Palabra también resultará en la obra magnífica de Dios. Así resultará la vida de José, desde de los trece largos años de quebrantamiento en la casa de Potifar y en la cárcel en Egipto.

No existe el camino corto hacia la plena bendición de Dios. Queremos vivir en victoria sin morir a nosotros mismos; queremos servir a Dios sin sufrir con él primero; queremos agregar a lo nuestro lo divino. Pero Dios no comparte nunca su gloria con la carne. *"Yo Jehová; éste es mi nombre; y a otro no daré mi gloria, ni mi alabanza a esculturas"* (Isaías 42:8). Tiene que haber resta antes de sumar o aun de multiplicar. Dios nunca entra en contratos con nuestro orgullo, nuestra "espiritualidad ficticia".

Dios sí sabía lo que José tendría que pasar. No lo metió en este trance sin tener en mente el buen fin: su propia gloria, el logro de su propósito para una nación entera y por fin sacar adelante a José, dándole una doble bendición como lo hizo con Job. Dos tribus iban a resultar a la memoria de José, Efraín y Manasés (Génesis 48:1-22). Decía mi propia madre tan espiritual: "Dios no ara la arena sino espera una cosecha. Siempre planea una cosecha después del arar".

José va al anonimato. Los hermanos salieron ilesos de su complot y Jacob se quedó triste. En la familia, José ya no existiría más. Así parecía, pero Dios empezó a mover las piezas de su voluntad. Nadie podía en tal momento descifrar lo que Dios estaba haciendo, mucho menos el joven de diecisiete años, la víctima de tantas injusticias.

Para dar más peso al anonimato o al silencio profundo de los años, Génesis 38 interviene y vemos la triste historia de Judá, primero la muerte de sus dos hijos malvados, Er y Onán, y luego el adulterio de Judá con su nuera, Tamar. Otra historia triste.

Acto dos en el drama de José: integridad y moral son puestas a prueba en casa de Potifar

José es vendido a Potifar, pero pronto se destaca su integridad. A continuación Moisés, quien relata la historia de José, retoma el hilo de Génesis 37:36 cuando José fue vendido al oficial de Faraón. Génesis 39:1 agrega de inmediato una frase que se repetirá tantas veces en la historia de José: *"Mas Jehová estaba con José"* (39:2, 3, 5, 21, 23). Siete veces la misma afirmación en un solo capítulo. Esta frase encierra la presencia de Dios en y con José porque no lo entristecía. Su andar era irreprochable.

Más adelante este concepto aparecerá en el mismo nombre que Dios le dio a la virgen por profecía en Isaías 7:14: *"He aquí que una virgen concebirá, y dará a luz un hijo, y llamará su nombre Emanuel"*. La cumbre de este concepto se dio a José en Mateo 1:23: *"Y llamarás su nombre Emanuel, que traducido es: Dios con nosotros"*. Juan lo dice de otra manera: *"Y aquel Verbo fue hecho carne, y habitó entre nosotros (y vimos su gloria, gloria como del unigénito del Padre), lleno de gracia y verdad"* (Juan 1:14).

Nunca ceso de maravillarme de los conceptos veterotestamentarios que anticipan las realidades del santo hoy día. No despreciemos nunca la riqueza del Antiguo Testamento. La vida de José da evidencia que el santo del Antiguo Testamento gozaba de la presencia de Dios acompañándolo en medio de sus tribulaciones.

Tarde o temprano la bendición de Dios trae el ataque del enemigo. Es claro que la integridad de José se veía en la obediencia a su padre y su separación de sus hermanos carnales. *"Las bendiciones... serán sobre la cabeza de José, y sobre la frente del que fue apartado de entre sus hermanos"* (Génesis 49:26). Se veía la misma integridad en los negocios para su amo egipcio, Potifar. *"Vio su amo que Jehová estaba con él, y que todo lo que él hacía, Jehová lo hacía prosperar en su mano"* (Génesis 39:3).

Potifar llegó a confiar en José de tal manera que le hizo mayordomo de todos sus bienes. La sola presencia de José en tal ambiente resultó en bendición para la casa del egipcio (Génesis 39:4-6). Dios estaba a gusto con el testimonio del joven. Pero José vivía en un ambiente inmoral. Al seguir José llevando a cabo sus trabajos, la mujer de Potifar se propuso seducirlo.

Debemos reconocer que *"José era de hermoso semblante y bella presencia"* (v.6). Tenía a su disposición todo lo que cualquier joven pudiera desear, estaba solo, nadie lo conocía, ¿por qué no sucumbir a los gestos seductores de la mujer? Pero a pesar de todo eso, vemos la integridad y la valentía de él en resistir sus constantes avances. Él no quiso responder (v.8). Al contrario revela la motivación de su total rechazo a sus insistencias. *"¿Cómo, pues, haré yo este grande mal, y pecaría contra Dios?"* (v.9).

Sabemos bien la historia. Ella, al ser descubierta en su mal, mintió y trajo alegaciones falsas contra José tanto ante los de la casa y como más tarde delante de su esposo. Potifar, al creer a su mujer, mandó echar a José en la cárcel. Note que Potifar tenía todo el derecho de condenarlo a muerte, ya que estaba a cargo del ahorcamiento de los enemigos de Faraón.

Dios iba elaborando su plan de algún día subir a José. Otra vez sin darle a José ninguna indicación, lejos de mandarlo ahorcar, Potifar lo metió en la cárcel donde estaban los enemigos del rey. Este detalle, sería una parte clave en la subida de José.

Allí en la cárcel, José es reconocido como hombre singular entre los malvados. De nuevo Moisés dice: *"Pero Jehová estaba con José y le extendió su misericordia y le dio gracia en los ojos del jefe de la cárcel"* (v.21). José confronta otro segundo abandono y humillación de ser juzgado injustamente; pero Dios le iba a premiar y lo acompañaría. La presencia de Dios era tan real tanto en la casa de Potifar como en la cárcel y, aun luego, en el palacio de Faraón.

No es por demás llamar la atención a una acechanza del diablo frente a los siervos de Dios. El diablo sabe tentar a los hijos e hijas de Dios en el área de los afectos, las pasiones sexuales humanas ¡**Cuántos siervos de**

Dios llamados, equipados, bendecidos por Dios han perdido su llamado por "un potaje de lentejas"!

La exhortación de Hebreos 12:15-17 llega al mismo punto de la aplicación práctica: *"Mirad bien, no sea que alguno deje de alcanzar la gracia de Dios; que brotando alguna raíz de amargura, os estorbe, y por ella muchos sean contaminados; no sea que haya algún fornicario, o profano, como Esaú que por una sola comida vendió su primogenitura. Porque ya sabéis que aun después, deseando heredar la bendición, fue desechado, y no hubo oportunidad para el arrepentimiento, aunque la procuró con lágrimas".*

Pablo exhortó a Timoteo conociendo muy bien esta área tan delicada de la vida: *"Ten cuidado de ti mismo..."* (1 Timoteo 4:16). *"No reprendas al anciano, sino exhórtale... a las jovencitas, como a hermanas, con toda pureza... Consérvate puro"* (1 Timoteo 5:1, 2, 22). *"Huye también de las pasiones juveniles"* (2 Timoteo 2: 22).

En medio de Corinto, una ciudad notable por la lascivia e inmoralidad, Pablo dice: *"No sabéis que vuestros cuerpos son miembros de Cristo, ¿Quitaré, pues, los miembros de Cristo y los haré miembros de una ramera? De ningún modo. ¿O no sabéis que el que se une con una ramera, es un cuerpo con ella? Porque dice: los dos serán una sola carne... Huid de la fornicación"* (1 Corintios 6:15-18). *"No forniquemos, como algunos de ellos fornicaron, y cayeron en un día veintitrés mil"* (1 Corintios 10:8).

La integridad de José sale intacta por amor a Dios. *El siervo de Dios debe tomar precauciones antes de la tentación a la inmoralidad y lo turbio.* No debemos ponernos en tal situación bajo el pretexto de decir o engañarse: "sólo le doy consejos a ella". "Ya tengo tanta edad que pudiera ser su padre". "Estoy casado y por eso nada puede pasar". Muy al contrario, en el momento débil cualquiera puede caer en tentación. Y no existe una salida sin ocasionar tremendos daños a la causa del Señor (1 Corintios 10:12).

En tales casos, después de caer en la inmoralidad, en el abuso sexual --aun hacia la misma familia-- o en la pedofilia / pederastia o en el homosexualismo y el lesbianismo, el nombre del Señor queda irremediablemente dañado para siempre. Tristemente estos pecados,

79

como los de los días de Lot, se ponen de moda en nuestro mundo perdido, o por lo menos son tolerados.

Así pasó en Corinto (1 Corintios 5:1-5) y hoy en día también. Si uno se escandaliza frente a tales pecados, sólo tiene que vivir unos años más. Conozco unos casos concretos de todos estos pecados entre los mismos siervos de Dios.

Lo más triste es que a veces el caído piensa que por sólo pedir perdón, eso le va a dar el derecho de volver a tomar parte en el ministerio. No basta pedir perdón verbal solamente, porque pedir perdón a uno no quiere decir que Dios ya le haya perdonado. Estos pecados son adicciones y volverán a traer vergüenza al nombre de Dios.

Debe haber frutos del arrepentimiento. Más vale que nunca vuelva a entrar en el ministerio. Las consecuencias son tales que no se borra el estigma de este pecado. *"Mas el que comete adulterio es falto de entendimiento; corrompe su alma el que tal hace. Heridas y vergüenza hallará, y su afrenta nunca será borrada"* (Proverbios 6:32, 33).

Otra trampa relacionada con este mal de la inmoralidad es el uso del Internet. No cabe duda que el Internet puede rendir sus beneficios, pero tenemos que estar sobre aviso; muchos siervos de Dios, hasta pastores de experiencia, han sido seducidos por la pornografía que abunda por todas partes en el Internet. Nuestro mundo está afligido con este cáncer dañino.

Acto tres en el drama de José: Interpreta los sueños

Los años pasan en la cárcel y pareciera que nada más aconteciera. Siempre es bien difícil esperar. No cabe duda de que José debió haberse preguntado: ¿Señor, cuál será mi fin? Primero la traición de sus hermanos, el pozo seco, la venta a los madianitas, y luego comprado por Potifar. A esto se le suma otra traición e injusticia de parte de la mujer del egipcio, y para completar el panorama vienen los años de influencia en la cárcel. Pero la cárcel sigue siendo la cárcel. Parecía que sus virtudes le abandonaron en un callejón.

Como a veces pasa, algo aparentemente insignificante resulta en un evento importante. José no pudiera haber imaginado tal cosa, pero así sería. Al azar soñaron la misma noche el copero y el panadero. Los sueños eran muy semejantes, pero nadie podría interpretarlos. Al ver sus caras tan tristes, se le ocurrió a José preguntarles, siendo sensible a los afanes de sus compañeros. Al oír la triste noticia, José se ofreció a darles el significado. No fue casualidad que a los tres días pasó exactamente a los dos como les había dicho.

No podemos echarle la culpa a José que le pidiera al copero que recordase el pequeño favorcito: *"Acuérdate, pues, de mí cuando tengas ese bien, y te ruego que uses conmigo de misericordia, y hagas mención de mí a Faraón, y me saques de esta casa. Porque fui hurtado de la tierra de los hebreos; y tampoco he hecho aquí por qué me pusiesen en la cárcel"* (Génesis 40:14-15). Cualquiera hubiera dicho lo mismo, pero para Dios no fue el momento oportuno.

Dios tiene su horario y no lo sabemos. *"Y el jefe de los coperos no se acordó de José, sino que lo olvidó"* (v.23). ¡Qué decepción tan grande para el pobre joven de veinte y ocho años. El siguiente capítulo 41 subraya que no era el momento oportuno. *"Aconteció que pasados dos años tuvo Faraón un sueño"* (Génesis 41:1). Cuántas veces nos quejamos con Dios por su tardanza según nuestro parecer y nuestros planes. Pero Dios no se mueve ni antes ni después del momento preciso. Se requiere la fe para someterse uno a las tardanzas de Dios.

Después de otra decepción de dos años vendría el momento esperado. Pero José no tenía idea alguna de tal horario preciso. Esto nos enseña una lección muy importante. Tenemos prisa casi siempre, pero Dios tiene su plan.

Como ha dicho Evan Hopkins: **"El tiempo de Dios está inseparable de su voluntad"**. Pensamos nosotros en lograr algo, terminar un proyecto, llevar a cabo algo importante. Pero Dios tiene otro plan, llevar a cabo en nosotros la paciencia, la sumisión y la buena voluntad de dejarlo a él tomar la iniciativa. No cabe la energía de la carne, ni el mejor plan nuestro. Él es quien mueve las cosas a su manera y para su propia gloria.

¿Qué lecciones podemos aprender?

1. Dios busca más la integridad personal. La única manera de forjar tal integridad es por medio de las pruebas y las injusticias. **Para**

81

Dios más vale el proceso que el producto. El producto saldrá pulido cuando se haya sometido el siervo sin reserva.

2. Un área que Dios tiene que probar es el área de los afectos, los deseo de la carne. *"He aquí, tú amas la verdad en lo íntimo, y en lo secreto me has hecho comprender sabiduría... Crea en mí, Oh Dios, un corazón limpio y renueva un espíritu recto dentro de mí"* (Salmo 51:6, 10). David lo dice después de su caída en adulterio.

3. Dios se mueve según el desarrollo de su propio plan. Nos toca esperarlo con humildad y paciencia.

4. Dios usa el tiempo para forjar bien las cualidades que más adelante él podrá bendecir. El tiempo requerido garantiza el producto que será portador de su bendición. No crea Dios un árbol roble en un dos por tres. Más vale esperar en Dios y su voluntad buena y perfecta.

Capitulo 11
Una resucitación sobrenatural
Génesis 40-43

Introducción

En el primer estudio vimos que Dios en su gracia soberana le dio unos sueños a José, sueños que le revelaban un plan inescrutable. Tal plan exigía de parte de José un quebrantamiento inexplicable futuro. Ese quebrantamiento iba a involucrar a José en una serie de pasos hacia abajo que no podría entender. Pero Dios sabía a dónde lo llevaba. Cada paso era necesario. El tenía que morir a tales sueños. **Primero muere la visión y Dios la puede resucitar a su tiempo.**

En el segundo estudio vimos el plan en desarrollo, todavía incomprensible para José. Pero en el proceso Dios iba haciendo una obra cada vez más profunda en la vida del joven. De la edad de trece y ahora a la de treinta años, desde el pozo seco, la casa de Potifar y la cárcel, hasta el ascenso al trono. Pero antes de que fuera un trono para José, tendría que morir, morir a sí mismo. ***Tal es el Mensaje de la Cruz.***

El plan de Dios en marcha después de trece largos años (Gén. 41:1-57)

Desde la cárcel hasta el trono en un solo salto. Dios sabe sincronizar los eventos que antes nos eran imponderables. Hace dos años que José hizo el favor a los dos presos, al copero y al panadero. No fue un evento muy grande en sí. ¿Cómo podrían estos dos presos ser los instrumentos de Dios para la elevación del esclavo judío?

Lo más imposible para el hombre viene siendo en las manos de Dios la clave a una vida nueva para José, y no sólo para él sino que impactaría a una futura nación. Pero pasaron dos años: *"Aconteció que pasados dos años tuvo Faraón un sueño. Le parecía que...."* (Génesis 41:1). Nunca debemos subestimar la maravilla de la providencia de Dios. Ni tampoco debemos interpretar un insignificante evento como aislado y sin valor.

Pero lo interesante fue que José les hubiera rogado a tales presos que le recordasen en su triste condición en la cárcel, preso aún pero el mayordomo de todo lo de la cárcel. *"Acuérdate, pues, de mí cuando tengas ese bien, y te ruego que uses conmigo de misericordia, y hagas mención de mí a Faraón, y me saques de esta casa. Porque fui hurtado de la tierra de los hebreos; y tampoco he hecho aquí por qué me pusiesen en la cárcel"* (Génesis 40:14, 15). Todo esto era verdad y le pareció bueno a José pedirles este favorcito. Pero Dios le permitió al copero que se le olvidase del pobre José.

En el momento oportuno cuando marcó la hora divina fue recordado José. Tras el sueño enigmático de Faraón para el cual no había quien interpretase, le compungió la conciencia al copero: *"Entonces el jefe de los coperos habló a Faraón, diciendo: me acuerdo hoy de mis faltas"* (Génesis 41:9). Sólo Dios puede moverse con tanta precisión. Llama Faraón a José quien al oír el doble sueño de las vacas y las espigas respondió con la humildad efectuada en los trece años de andar con Dios hacia abajo en el descenso del quebrantamiento: *"Respondió José a Faraón, diciendo: No está en mí; mi Dios será el que dé respuesta propicia a Faraón"* (v.16).

Como Daniel frente a Nabucodonosor, siglos más tarde (Daniel 2:27-30; 5:17, 18), no había en José nada de orgullo ni confianza en sí mismo. Y resulta que cuando Dios se mueve, se mueve rapidísimo. Nos impacientamos cuando estamos en la "cárcel" de nuestras circunstancias. Pero todavía no nos ha llegado la hora para la intervención de Dios. **Por eso la vida del creyente es la vida de fe y fidelidad en la "cárcel", sea lo que sea.**

Me gusta como Moisés relata la subida tan de repente: *"Entonces Faraón envió y llamó a José. Y lo sacaron apresuradamente de la cárcel, y se afeitó, y mudó sus vestidos, y vino a Faraón"* (Génesis 41:14). El creyente debe vivir de tal manera que cuando Dios lo libere la gloria total sea para él, el Dios altísimo.

Tal fue la sabiduría de José en no sólo interpretar el sueño sino también en dar tan sabio consejo a Faraón sobre cómo manejar la situación política y económica, que Faraón lo instaló como el segundo en el mando de todo Egipto. *"Y dijo Faraón a sus siervos: ¿Acaso*

hallaremos a otro hombre como éste, en quien esté el espíritu de Dios?...
Pues que Dios te ha hecho saber todo esto, no hay entendido ni sabio
como tú. Tú estarás sobre mi casa, y por tu palabra se gobernará todo
mi pueblo; solamente en el trono seré yo mayor que tú" (vv.38-40).

Además, los versos que siguen nos dan a entender que le dio su anillo,
signo de autoridad; le puso la ropa correspondiente a su alto puesto; lo
dejó seguir en el segundo carro y todos doblaban la rodilla ante este
esclavo judío quien recientemente había estado preso. Sólo Dios puede
exaltar a los suyos que han sido quebrantados y permanecen fieles *"en*
la participación de sus padecimientos" (Filipenses 3:10).

Esto es más que una bonita historia. **En este relato se establece el**
principio de la Cruz. Primero una pérdida, luego una negación a amar su
propia vida, un rechazo de lástima para sí mismo y, por último, un
eterno amén a la voluntad de Dios en los pasos hacia abajo rumbo al
quebrantamiento.

Una vez que se ha pasado por el proceso de descenso, Dios puede en
el momento oportuno subir a los suyos. En cierto sentido, los levanta en
alto porque puede confiar en ellos, sabiendo que no se enorgullecerán
ni se independizarán de él en el uso de la autoridad divina. Quien ha
pasado por el quebrantamiento, ahora tiene un corazón libre del orgullo
y del mal manejo de la autoridad. De esa manera, Dios recibe toda la
honra y toda la gloria.

Ya nos conoce Dios tal como conoció a Abraham después de ofrecido
su hijo Isaac: *"Y dijo: No extiendas tu mano sobre el muchacho, ni le*
hagas nada; porque ya conozco que temes a Dios, por cuanto no me
rehusaste tu hijo, tu único" (Génesis 22:12). El creyente tiene que andar
por la vía de la cruz y sólo entonces Dios le puede sorprender cuando le
complazca y lo glorifique.

Pero la historia de José sólo está a medio camino. Lo más maravilloso
está por desarrollarse delante de nuestros ojos. Dios propone no tan
sólo vindicar a José sino hacer algo mucho más grande: salvar a una
nación y darle a Jacob, el suplantador, la mayor bendición de su larga
vida. ¡Qué maravilloso es nuestro Dios en orquestar sus planes divinos!

José llega a ser un tipo de Cristo al relacionarse con sus hermanos (Génesis 42-45)

Ahora le corresponde a José hacer frente al otro lado de la moneda. José, originalmente, había desafiado a sus hermanos con esos sueños. No vieron con buenos ojos al soñador y eso resultó en la envidia que produjo la traición y los pasos hacia abajo. Ahora José tendría que hacer frente a ellos cuando menos esperaba. La gran pregunta sería: ¿cómo los recibiría? Sin duda no esperaba José tal encuentro.

Entretanto Dios venía preparando el corazón de José para recibirlos con el amor de Dios. Ahora veremos cómo el quebrantamiento produjo en él un espíritu de perdón, de aceptación y de amor. No sale de ninguna teología ni de ningún acto de la voluntad, sino sólo de un andar que venía abrazando de corazón los profundos tratos divinos de Dios. Hubiera sido tan fácil en ese momento acudir a la venganza, hacer uso de la recriminación y la justificación, pudiera José haberles pagado mal por mal.

Aparte de José y su reacción ante sus hermanos que habían de venir, el relato nos muestra otro cuadro: Dios tratando con los mismos hermanos tan rudos y crudos. Recordamos bien el trasfondo de ellos: llenos de odio, celos, envidia, enojo, asesinato y adulterio. Éstos no eran santos sino, al contrario, tendrían que hacer frente a esos pecados del pasado. José como tipo de Cristo en su trato con ellos sería el instrumento de su arrepentimiento.

Al fin de cuentas éstos serían los patriarcas de la nueva nación llamados a ser santos. No tan sólo había obrado Dios en José mismo, sino que lo usaría para que fuese el instrumento del arrepentimiento sincero de sus hermanos. Dios siempre busca la reconciliación mutua, pero esa reconciliación tiene que estar bien basada en la verdad. Dios tiene los medios para lograr múltiples metas, tanto en José como en sus hermanos: tal es su gracia. Pero veremos como Dios dirigiría a José para convencerles de su mal. En todo esto José no se dejaría llevar por la venganza personal.

Se desarrolla la trama de este encuentro. Se ve la mano de Dios en todo. Empieza la situación económica fuera del control de las manos de los hermanos de José y de su padre Jacob, pero muy en las manos de

Dios. Dice Jacob a sus diez hijos: *"He aquí, yo he oído que hay víveres en Egipto; descended allá, y comprad de allí para nosotros, para que podamos vivir, y no muramos"* (Génesis 42:2).

Esta situación reflejaba el segundo año de la escasez según la visión de Faraón. Jacob, siempre listo para protegerse, no quería perder a su hijo más tierno, Benjamín. Y tomó las medidas del caso cuando dijo: *"No sea que le acontezca algún desastre"* (v.4). La memoria de la pérdida de José quedaba aún en su corazón.

El proceso lento del arrepentimiento de los hermanos de José (Génesis 42:6-38)

Los hermanos de José emprenden camino a Egipto tranquilos, su encargo es tan simple como comprar víveres. Pero más los esperaba, sus pecados y las consecuencias de ellos. *"Y José era el señor de la tierra, quien le vendía a todo el pueblo de la tierra; Y llegaron los hermanos de José, y se inclinaron a él rostro a tierra"* (Génesis 42:6). Fue un simple acto de reverencia pidiendo un favor grande al extranjero.

"José, cuando vio a sus hermanos, los conoció; más hizo como que no los conocía, y les habló ásperamente, y les dijo: ¿De dónde habéis venido?... Espías sois; por ver lo descubierto del país habéis venido... No, señor nuestro, sino que tus siervos han venido a comprar alimentos" (vv.7-10). ¿Puedes sentir el drama de tal encuentro?

Los hermanos en un deseo vano de justificarse empezaron a sacar a la luz la triste historia de su familia. *"Tus siervos somos doce hermanos, hijos de un varón en la tierra de Canaán; y he aquí el menor está hoy con nuestro padre, y otro no parece"* (42:13).

Como Dios trata ásperamente con el pecado, así José sin rencor de corazón, hablando por Dios mismo, los reprendió duramente. Era necesario que sintiesen su mal. Al decir "otro no parece" admiten sin darse cuenta de su pecado porque se quedaba siempre en su conciencia. José, en cierto sentido, juega con ellos amenazándolos de espías y con la cárcel, exigiendo que trajesen al hermano menor, Benjamín, su único hermano de carne por Raquel, la esposa favorita de Jacob.

87

José les pone el ultimátum: debían traer a Benjamín si no que querían morir. Dios usa a José al ponerles en este apuro justo. *"Pero traeréis a vuestro hermano menor, y serán verificados vuestras palabras, y no moriréis. Y ellos lo hicieron así"* (v.20). Ahora viene la confesión que sólo puede Dios sacar de corazones tan empedernidos. *"Y decían el uno al otro: Verdaderamente hemos pecado contra nuestro hermano, pues vimos la angustia de su alma, cuando nos rogaba, no le escuchamos; por eso ha venido sobre nosotros esta angustia." (v.*21).

Rubén los acusó abiertamente de su pecado mutuo: *"He aquí también se nos demanda su sangre"* (v.22)   Esto no es nada más que la convicción de Dios a través del trato justo de José, aún habiéndoles perdonado a sus hermanos. El pecado nunca es algo pequeño; siempre trae sus consecuencias. Dios es santo y justo y no pasa por encima del mal, ni en el más santo ni en el más carnal.

Como evidencia del perdón de José, a pesar de su cara tan fuerte es lo que sigue: *"pero ellos no sabían que los entendía José, porque había un intérprete entre ellos. Y se apartó José de ellos y lloró"* (vv.23, 24). Pero no era la hora de pasar por alto su pecado. Echó en la cárcel a Simeón, mientras en los sacos puso el dinero para darles un recuerdo de su afecto y a la vez un gancho para reprenderlos luego. Aquí vemos tanto la severidad de Dios como la bondad de Dios (Romanos 11:22).

Es interesante oír la historia que le dieron a Jacob al regresar. *"Y nosotros le dijimos; Somos hombres honrados, nunca fuimos espías. Somos doce hermanos, hijos de nuestro padres; **uno no parece**, y el menor está hoy con nuestro padre en la tierra de Canaán"* (vv.31, 32). Trataron de poner a la mejor luz posible la demanda del egipcio para que trajeran a Benjamín. Esto hizo agonizar más a Jacob, reviviendo la pérdida de su hijo más amado, José. Jacob no podría aguantar otra pérdida.

La providencia de Dios se mueve inexorablemente: a Egipto otra vez (Génesis 43). Nada ni nadie puede detener la mano de Dios. Iba a sacar un arrepentimiento de los hermanos, darle a José la bendición de perdonar y restaurarlos. Junto con todo esto, Dios iba a reunir a Jacob con su amado hijo José. ¡Qué bondadoso es Dios, haciéndolo todo sin perjudicar en nada su justicia! Juzgará el pecado, producirá en José el corazón de Cristo y bendecirá a su pueblo. De golpe Dios lo hará todo. Regresan con regalos y doble dinero todo con el fin de aplacar a este egipcio tan duro. Pero, sobre todo, Jacob está ahora dispuesto por fin a soltar a Benjamín; no habría alternativa: *"tomad también a vuestro hermano, y levantaos, y volved a aquel varón. Y el Dios omnipotente os dé misericordia delante de aquel varón, y os suelte al otro vuestro hermano, y a este Benjamín. Y si he de ser privado de mis hijos, séalo"* (Génesis 43:13, 14).

A esta altura de la historia se puede apreciar la resignación de Jacob, pero también es visible, juntamente, su confianza en Dios. No se daba cuenta de que trataría con José mismo. Éste es el humor de Dios que rompe con todos nuestros esquemas. No tenía nada que temer Jacob; Dios estaba para bendecirlo. Así tampoco tenemos nada que temer cuando andamos en la voluntad de Dios.

Otra sorpresa los espera. Al llegar son recibidos en la misma casa de José, aunque no comía con ellos porque era una abominación que los egipcios comiesen con ellos (v.32). Al llegar trataron de explicar al mayordomo lo del dinero hallado en los costales y el doble dinero que habían traído. Pero lejos de ser regañados, el mayordomo bajo órdenes de José dijo: *"Paz a vosotros, no temáis, vuestro Dios y el Dios de vuestro padre os dio el tesoro en vuestros costales; y recibí vuestro dinero. Y sacó a Simeón a ellos"* (v.23).

Lo curioso fue que se fijaran en que sentados en la mesa real en el justo orden de su edad (v.33). ¡Cómo pudiera alguien haberlo sabido! Al llegar José, *"ellos le trajeron el presente que tenían en su mano dentro de la casa, y se inclinaron ante él hasta la tierra"* (v.26) ¡La segunda realización de aquellos sueños! De nuevo se quedó tan emocionado José que tuvo que salir para hallar lugar para llorar y luego lavarse la cara y regresar. Más drama continúa, pero el clímax lo veremos en el último estudio.

¿Qué lecciones nos corresponden?

1. A su tiempo divino Dios se mueve, no según nuestro horario sino el suyo.

2. Se requiere fe de parte nuestra. No podemos apresurarnos ni mucho menos apresurar a Dios.
3. Hasta el evento más insignificante puede ser el eje que pone en marcha lo divino.
4. Le corresponde a José serle fiel y constante, a Dios le tocará mover las cosas.
5. Ahora hay otro factor. Dios tenía mucho que hacer en los hermanos y usaría a José como el medio para convencerlos de su mal. Ésta es obra única de Dios.
6. Aun cuando José los trató duro, su corazón estaba lleno de amor y emoción a favor de los que le hicieron mucho mal. No había nada de venganza, lejos de ella, el perdón. Ésta es la obra transformadora de la cruz.
7. Sólo la obra de la Cruz en José lo capacitó para recibir a sus hermanos de esta manera, sin pasar por alto que Dios tuvo que tratar con sus pecados pasados.

Capítulo 12
El triunfo final
Génesis 44-50

Introducción

Caminar por la prueba y la aflicción no es tarea fácil, pero Dios siempre tiene un plan para cumplir su propósito en nosotros. En los primeros estudios José aparece como un joven "separado de sus hermanos" (Génesis 49:26), pero con mucho más por aprender y sufrir. Dios sabe poner en marcha el proceso hacia el triunfo: la caminata de la Cruz. Con las dos visiones descritas a sus hermanos y a su padre surgieron los celos que conducirían a José a su quebrantamiento.

En este recorrido por el quebrantamiento vemos a José echado por sus hermanos en el pozo seco, vendido como esclavo a los Ismaelitas, luego comprado por Potifar. Y como si esto no fuera poco, debido a su integridad moral, lo vemos después en la cárcel. Allí, en la soledad, fueron largos años de anonimato. En todo esto Dios iba calentando el horno de aflicciones. Pero sobre todo, *Jehová estaba con José*. ¿Qué más necesitaría José?

La trama de esta historia se pone cada vez más intrigante. La casualidad de la visión del copero, su falla de memoria hasta que tuviera el sueño Faraón, el súbito ascenso de José al llegar a ser el segundo tras Faraón mismo, y la autoridad dada sobre todo Egipto. Pero allá en Canaán continuaba la escasez.

Después de dos viajes de los hermanos traicioneros de José a Egipto para sobrevivir, del encuentro con aquel egipcio duro, del truco de la moneda en los costales, de la represión dura, después del segundo retorno con Benjamín, detalles misteriosos y, sobre todo, un creciente sentido de su culpa sin saber por qué, Dios iba quebrantando la dureza de los hermanos traidores.

En todo esto no hay absolutamente nada de la fatalidad, de mala suerte. Dios movía las piezas para conceder el arrepentimiento a los

91

hermanos, recompensar a José y bendecir finalmente a Jacob. Al mismo tiempo, José se tornaba en tipo de Cristo. ¡Qué maravillosa gracia que culminaría en el triunfo soberano del plan original de Dios! Dios sí sabe a dónde va él y a dónde nos lleva.

La última prueba y la confesión del mal perpetuado contra José (Génesis 44)

Dios venía logrando dos propósitos: el quebrantamiento de los hermanos de José y el dar el último toque de gracia a José para con sus hermanos. Realmente Dios sabe lograr múltiples propósitos al tratar cualquier problema. No debemos nunca juzgar a Dios con base en nuestro limitadísimo conocimiento. Sin embargo, lo hacemos tan seguido.

Sobre todo, creo que Dios primero quería sacar de los hermanos de José una verdadera confesión, sintiéndose ellos tan culpables por el pecado escondido y olvidado por tantos años. Sólo Dios, al fin de cuentas, nos convence del mal nuestro y somos tan tardos y torpes en reconocerlo. Dios usaba a José con su aparente dureza para producir este arrepentimiento en los mismos hermanos.

Después del banquete ofrecido, los hermanos se levantaron para salir (Génesis 43:34; 44:3). Pero José tenía preparada otra "trampa". No fue trampa en el sentido de engañarlos, sino más bien una maniobra que les daría "el tiro de gracia" en cuanto a su pecado por descubrir. Ya afuera, el mayordomo de José los alcanza en el camino y los reprende por haberle robado a su señor la copa de plata (Génesis 44:5-8).

Claro que no fueron culpables de tal robo y se defendieron, pero eran culpables de algo mucho más grande que ellos todavía no admitían. Estaban tan seguros de que no habían robado nada que se atrevieron a jurar diciendo que aquel en cuyo costal se encontrase la copa, el tal moriría.

Y no sólo eso, dijeron también que los demás serían siervos de José si acaso ellos eran hallados culpables del robo (v.9). Se condenaban a sí mismos. De su propia boca venía la confesión. Pero el mayordomo suavizó la cosa al decir que aquel en cuyo costal se encontrara la copa de plata sería el siervo de José —no era otro que su propio hermano querido Benjamín.

Judá, el vocero de los hermanos, intercede por Benjamín. Podemos imaginarnos el *'shock'* y escándalo que sintieron los demás. Habiendo despachado mucho antes a su hermano "santucho", el soñador, ahora estaban por perder al único hijo consentido de Jacob y serían culpables de dos pecados contra su padre ya moribundo. *"Entonces Judá se acercó a él, y dijo, Ay, señor mío, te ruego que permitas que hable tu siervo una palabra en oídos de mi señor, y no se encienda tu enojo contra tu siervo, pues tú eres como Faraón"* (v.18).

¡Qué confesión tan abyecta del vocero por los hermanos! Sólo Dios puede sacar tal sujeción a José. Judá no se daba cuenta que él cumplía precisamente la visión original de José. Con una larga y apasionada explicación recuenta el triste pasado: *"Entonces tu siervo mi padre nos dijo: Vosotros sabéis que dos hijos me dio a luz mi mujer; y **el uno salió de mi presencia, y pienso de cierto que fue despedazado,** y hasta ahora no lo he visto. Si tomáis también a éste de delante de mí y le acontece algún desastre, haréis descender mis canas con dolor al Seol* (vv.27-29).

Sigue Judá rogándole a José, mostrando una verdadera pasión y amor para con su padre y temiendo la pérdida inminente de Benjamín, recordando a la vez su culpa colectiva para con el otro hermano ya "despedazado". Judá siguió intercediendo: *"Como tu siervo salió por fiador del joven con mi padre, diciendo: Si no te lo vuelvo a traer, entonces yo seré culpable ante mi padre para siempre.... Te ruego, por tanto, que quede ahora tu siervo en lugar del joven por siervo de mi señor, y que el joven vaya con sus hermanos. Porque ¿cómo volveré yo a mi padre sin el joven? No podré, por no ver el mal que sobrevendrá a mi padre"* (vv.32, 34).

Ya se ve no tan sólo el profundo sentir de culpa de Judá, representante de los demás hermanos culpables, sino también la confesión verbal y su amor y su pena ante su padre Jacob. Dios ya había llevado a cabo uno de los grandes propósitos de esta larga historia. Los hermanos estaban humillados y la visión de José realizada, su plan divino vindicado en escoger a José como salvador de su pueblo, y sobre todo, como tipo de Cristo mismo. Sólo resta ver la conducta de José frente a esta confesión, una expresión sincera del perdón de José, tal cual nos perdona tan libremente Jesús a nosotros.

José perdona a sus hermanos tal como Cristo a nosotros (Génesis 45)

Llegó el momento del triunfo del principio de la Cruz —poder perdonar con un corazón puro sin pensar en sí mismo. El texto habla más elocuentemente que cualquier comentario: *"No podía ya José contenerse delante de todos los que estaban al lado suyo, y clamó: haced salir de mi presencia a todos. Y no quedó nadie con él, al darse a conocer José a sus hermanos. Entonces se dio a llorar a gritos; y oyeron los egipcios, y oyó también la casa de Faraón. Y dijo José a sus hermanos: Yo soy José; ¿vive aún mi padre?* **Y sus hermanos no pudieron responderle, porque estaban turbados delante de él"** (Génesis 45:1-3).

¿Qué emociones y reacciones habrán inundado el ser de cada uno de ellos? Están en presencia de su hermano: lo de las visiones, la traición, las mentiras, el suprimir de la conciencia que recientemente les volvían. ¿Qué de su futuro?

Había llegado el momento de la verdad. Toda la vida de José pasó por delante de él. Su memoria viajó por los recovecos de los recuerdos. Tan profunda había sido la obra de la cruz en José, muriendo a sí mismo y a sus derechos, que esta oportunidad perfecta para la venganza, sólo mostró el metal refinado que Dios había sacado al pasarlo por el fuego de la prueba. No había en José ni el deseo ni la inclinación de aprovecharse del momento.

En cambio José empieza a consolar a los hermanos. Salen palabras de su boca que no pudieron entender ni creer los hermanos ya arrepentidos.

"Ahora no os entristezcáis, ni os pese de haberme vendido acá porque para preservación de vida me envió Dios delante de vosotros... Dios me envió delante de vosotros, para **preservaros posteridad** *sobre la tierra, y para daros vida por medio de* **gran liberación.** *Así, pues, no me enviasteis acá vosotros sino Dios, que me ha puesto por padre de Faraón, y por señor de toda su casa, y por gobernador en toda la tierra de Egipto. Daos prisa, id a mi padre y decidle: Así dice tu hijo José: Dios me ha puesto por señor de Egipto; ven a mí, y no te detengas"* (vv.5-9).

Lo imposible ya se hizo realidad. Confundidos los hermanos, José altamente conmovido no pudo más que ver la mano de Dios a través de ese camino tan sinuoso y largo, pero todo se veía con la claridad del mediodía. La obra del Espíritu Santo en la vida de José resplandece en todo su fulgor.

No hubo ni remordimiento ni lamento por lo pasado, mucho menos afloró la amargura para con sus hermanos. Ahora veía el paisaje que antes le desafiaba. No se hallaba en José el ego, el orgullo. Su posición de "ser puesto por padre de Faraón" no significaba nada; más bien era provisión de Dios para **preservar posteridad** a los patriarcas de Israel. Él era la salvación de su pueblo. Aunque no lo sabía, José había preservado el linaje al Mesías. Él les dio una **gran liberación.**

Cuando nos sometemos a la obra de la cruz, anulando el "yo", Dios logra grandísimas cosas. No podemos nunca valorizar todo lo que Dios está haciendo en nosotros. Así, *"si el grano de trigo no cae en la tierra y muere, queda solo, pero si muere, lleva mucho fruto"* (Juan 12: 24). Es cierto que tú y yo no estamos a la altura de un José en Egipto, pero en la voluntad de Dios no hay niveles de grandeza. Cuando Cristo reina en el más humilde siervo, Dios es glorificado y logramos lo óptimo ante nuestro Dios.

Un comentario teológico muy importante, resultado de años de estudio propio

Hay quienes no ven la misma obra del Espíritu Santo en el Antiguo Testamento (AT), diciendo que el Espíritu Santo sólo venía y salía de los santos del AT. Admito que hay una plenitud del Espíritu Santo a través de la iglesia, el cuerpo de Cristo que no vemos en el AT ya que tiene otro rumbo para Israel. Pero no puedo aceptar la inferioridad de la obra del Espíritu Santo en santos tales como José, Abraham y David, el salmista.

Las doctrinas de la Trinidad, la resurrección de los muertos y la morada del Espíritu Santo son la plena enseñanza del Nuevo Testamento (NT). Pero todo eso fue después de la encarnación, la muerte y la resurrección de Cristo. Ya las doctrinas implícitas del AT llegan a ser bien explícitas en el NT. No obstante, el fruto de las doctrinas está en la conducta y la realidad de una salvación que deja huella en su vida y ministerio.

No ceso de ver en el AT los principios del NT. Diferencias las puede haber, pero no a nivel de la salvación personal, es decir, la justificación y la santificación. No puede haber dos salvaciones, una inferior y otra superior. Que Dios me dé el discernimiento de observar las diferencias de vista y la realidad espiritual basada siempre en la misma obra redentora de una vez de Cristo Jesús.

Para mí estas verdades espirituales ilustradas están en el AT como las mismísimas verdades reveladas en el NT, tales como la morada del Espíritu Santo, el mensaje de la Cruz, etc. La única diferencia es que están implícitas en el AT y explícitas en el NT. En el AT vienen en forma de narración, historia y proverbios, y no tanto en forma de doctrina y proposiciones como en el NT. Como dijo Agustín: *"El Testamento Nuevo está en el Antiguo encubierto y el Antiguo en el Nuevo descubierto"*.

En el resto de Génesis 45, José se compromete a proveer abundantemente para sus hermanos, asegurándoles de que no tendrían ningún problema al regresar y traer a Jacob para vivir bajo su cuidado y protección. Hay una nota chistosa que José les dijo a sus hermanos al prometer cuidarlos de regreso: *"Y despidió a sus hermanos, y se fueron. Y él les dijo: no riñáis por el camino"* (v.24).

Le anunciaron las buenas noticias a Jacob quien dijo: *"Basta; José mi hijo vive todavía; iré, y le veré antes que yo muera"* (v.28). En camino de regreso y en Betel, "la casa de Dios", ofreció sacrificios. El Dios de Abraham apareció a Jacob para asegurarle: *"Yo soy Dios, el Dios de tu padre, no temas de descender a Egipto, porque allí yo haré de ti una gran nación"* (vv.3 ,4).

José participa en la cumbre de la vida de Jacob, triunfo final de padre e hijo (Génesis 47-50)

Tanto Jacob como José realizan el fruto de la voluntad de Dios. Pocas veces nos enfocamos en la realidad de que José le dio a su padre el momento más rico de su vida. Cuando uno triunfa en Cristo, otros comparten en la bendición; no puede ser de otra manera. Podemos imaginarnos la satisfacción que le debió haber dado a José al presentar a Jacob a Faraón. *"También José introdujo a Jacob, su padre y lo presentó delante de Faraón; y Jacob bendijo a Faraón"* (Génesis 47:7).

¡Qué rico es ese momento cuando el patriarca bendice al hombre más poderoso de los gentiles, primicias del cumplimiento del Pacto de Abraham! Responde Jacob a Faraón: *"Los días de mi peregrinación son ciento treinta años; pocos y malos han sido los días de los años de mi vida..." (v. 9).* Y lo bendijo otra vez.

Quien hubiera pensado que ese fraudulento suplantador terminaría su vida de esta manera. Pero no hay límite en cuanto a lo que Dios puede hacer en transformarnos y usarnos más allá de lo pensado. Nos hace pensar en Efesios 3:20, 21: *"Y a aquel que es poderoso para hacer todas las cosas mucho más abundantemente de lo pedimos o entendemos, según el poder que actúa en nosotros, a él sea gloria en la iglesia en Cristo Jesús por todas las edades, por los siglos de los siglos. Amén".*

Pero si vemos la cumbre de Jacob, le queda una bendición más, la bendición de los hijos de José, Manasés y Efraín. A la manera de los patriarcas de antaño, antes de morir Jacob quiso pasar la bendición de Dios a los suyos. Una vez más vemos la soberanía de Dios que había actuado en el escogimiento de Jacob en lugar de Esaú. La historia ha revelado lo sabio de esa escogencia, no según la cultura o la tradición sino según la gracia de Dios que bendijo al más joven antes que al mayor.

Sin poder ver bien Jacob a quien iba a bendecir, Dios guió su mano y dio su bendición a Efraín, el menor, aunque José quiso impedirlo y guiar la acción de su padre hacia el mayor. Pero triunfa siempre la voluntad de Dios (Génesis 48:14-20*). "Y bendijo a José, diciendo: El Dios en cuya presencia anduvieron mis padres Abraham e Isaac, el Dios que me mantiene desde que yo soy hasta este día, **el Ángel que me liberta de todo mal***, bendiga a estos jóvenes, y sea perpetuado en ellos mi nombre, y el nombre de mis padres Abraham e Isaac, y multiplíquense en gran manera en medio de la tierra"* (vv.15, 16).

Para mí es tan interesante que Jacob haya vuelto al encuentro con el Ángel de Jehová con quien luchó en ese encuentro transformador cuando Dios le cambió de carácter y le dio el nombre de Israel (Génesis

97

32: 22-32). Ése fue el momento preciso de la muerte del viejo Jacob y la resurrección del nuevo Israel. Desde ese día quedó transformado Jacob, tal que Dios se complace en llamarse el Dios de (Jacob) Israel.

Queda un incidente más. Muerto Jacob, de regreso en Egipto los hermanos tenían temor de que lo de José fuera nada más algo para complacer a su padre. *"Viendo los hermanos de José que su padre era muerto, dijeron: Quizá nos aborrecerá José, nos dará el pago de todo el mal que le hicimos"* (Génesis 50:15).

Llegaron, entonces, y se postraron ante José: *"Henos aquí por siervos tuyo.".* Responde José en el espíritu de Jesús: *"No temáis; ¿acaso estoy yo en lugar de Dios? Vosotros pensasteis mal contra mí, mas Dios lo encaminó a bien, para hacer lo que vemos hoy, para mantener en vida a mucho pueblo. Ahora, pues, no tengáis miedo, yo os sustentaré a vosotros y a vuestros hijos. Así los consoló, y les habló al corazón"* (vv.18-21).

Aquí termina la historia más preciosa. El triunfo de la gracia de Dios tanto en Jacob, tan mentiroso y fraudulento, y en su hijo tan obediente y fiel. Tanto en uno como en el otro todo era de la pura gracia de Dios. A Dios sean las gracias y el honor.

Capítulo 13
Moisés, varón de Dios llamado a aprender los caminos del Señor
Éxodo 1-2, Hechos 7:20-29 y Hebreos 11:23-29

Introducción

Nunca ceso de maravillarme de la gracia de Dios y la obra del Espíritu Santo en el Antiguo Testamento. Claro que la obra del Espíritu no está tan explícita en el Antiguo como en el Nuevo. Sin embargo, no puede haber ninguna espiritualidad sin el reconocimiento de la presencia del Espíritu Santo en los santos de ese tiempo. El libro de los Salmos es un testimonio vívido de la obra de la gracia de Dios a través de la tercera persona de la Trinidad.

Lo cierto es que encuentro la verdad o el mensaje de la Cruz en todos los santos de todas las edades. El mismo Dios del Nuevo Testamento es el del Antiguo. Como dice Agustín: *"El Nuevo Testamento está en el Antiguo latente y el Antiguo en el Nuevo patente."* Veámoslo en la vida del Moisés, el gran caudillo del Antiguo Testamento.

Hemos estudiado en esta serie la vida de Abraham, Jacob, y José. En todos éstos vemos el principio de la Cruz: el des-aprendizaje de la confianza en la carne y el aprendizaje de los *caminos de Jehová*; es decir, primero para abajo y luego para arriba: un andar por fe y un proceso siempre con resultados bien ciertos. *"Sus caminos notificó a Moisés, y a los hijos de Israel sus obras"* (Salmo 103:7). Se puede notar el contraste entre Moisés y los israelitas.

Moisés, protegido por Dios para ser usado en un liderazgo futuro (Éxodo 1, 2:1-10)

La descendencia de Jacob ahora se encuentra en una triste situación en Egipto. Sabemos bien la historia. *"Entretanto, se levantó sobre Egipto un nuevo rey que no conocía a José; y dijo a su pueblo: he aquí, el pueblo de los hijos de Israel es mayor y más fuerte que nosotros"* (Éxodo 1:8, 9). Era la hora para que se cumpliese la profecía de Abraham: *"Ten por* cierto que tu descendencia morará en tierra ajena, y será esclava allí, y será oprimida cuatrocientos años. *Mas también a la nación a la cual servirán, juzgaré yo; y después de esto saldrán con gran riqueza"* (Génesis 15:13, 14).

El reloj de Dios daba la hora. Él los sacaría de Egipto y Moisés sería su caudillo. Pero mucho tendría que aprender, vivir y desaprender antes de que Dios lo pudiera usar como lo quería usar. Pero Dios haría la obra. Dios al que llama capacita, él entrena a los suyos. Moisés tenía mucho que aprender acerca de los caminos de Jehová, primero para abajo y luego para arriba. Primero la humillación para luego ser exaltado.

Vemos la protección soberana de Dios para con Jocabed y Amran (Éxodo 2:1-10). Desde la escuela dominical conocemos bien la milagrosa intervención de Dios para con el niño Moisés. En todo esto no podemos menos que reconocer el plan y la protección de Dios. Quizá algunos podríamos pensar que sólo para los grandes héroes de la fe Dios tiene tal plan perfecto. No es así. Dios tiene un plan tan perfecto para cada uno de sus hijos.

"Pero a cada uno le es dada la manifestación del Espíritu para provecho... Pero todas estas cosas las hace uno y el mismo Espíritu, repartiendo a cada uno en particular como él quiere" (1 Corintios 12:7, 11). A pesar de que el plan de Dios para ti y para mí no será con la misma notoriedad que la de Moisés, Dios no hace acepción de personas. Si pudiéramos echar mano de esta preciosa verdad, tendríamos muchos motivos para servir a Dios de todo corazón. El Señor planea nuestra vida con la misma precisión y propósito que la de Moisés.

Los detalles sobresalen: el odio de los egipcios contra los hijos de Israel, la fe de Jocabed y Amran para arriesgar la vida de su hijo (merecen un lugar en el capítulo de los héroes de la fe, Hebreos 11:23); la presencia oportuna de la criada de la reina, la decisión de la reina de entregarlo al cuidado de su propia mamá.

Resguardado por la mano de Dios, el niño crece en el palacio del Faraón. Sólo Dios puede hacer esta 'jugada' magistral en tiempos tan peligrosos, haciendo que el mismo Faraón cuidara y le salvará la vida al futuro líder de Israel. *"Ciertamente la ira del hombre te alabará; tú reprimirás el resto de las iras"* (Salmo 76:10).

Es muy significativo que Moisés, el autor inspirado por el Espíritu Santo, no diga absolutamente nada sobre su niñez y su juventud --los cuarenta años en los círculos más altos del reino de Faraón. Esta omisión llamativa, que viene en el texto inspirado, fue durante la época de mayor fama histórica de Egipto.

¿Qué podemos sacar de este silencio divino? Una profunda verdad que nos dice que esos años no aportaron a Moisés ninguna herramienta para lograr el propósito divino de su vida, la liberación de su pueblo. *"La carne para nada aprovecha"*, dice Jesús (Juan 6:63). Pablo agrega lo mismo: *"(...) en espíritu servimos a Dios y nos gloriamos en Cristo Jesús, no teniendo confianza en la carne"* (Filipenses 3:3).

Cuántas veces pensamos que un poco más educación, otro título, nos va a capacitar para servir mejor a Dios. ¡Qué ilusión! Como si la carne, la educción, pudiera de por sí aportarnos lo que hace falta. Nos corresponde sólo lo más espiritual. Tengo un doctorado que me costó años de estudio, pero no me *"añade a mi estatura un codo"* (Mateo 6:27).

No hay nada malo en equiparnos con más conocimiento de las herramientas humanas, pero el gran peligro es que sin el Espíritu de Dios *"el conocimiento envanece"*, no obstante, *"el amor edifica"* (1 Corintios 8:1). **Al considerar más a fondo podemos ver que esto fue lo que logró Moisés sacar durante esos años en Egipto, años que él tuvo que abandonar y desaprender, hasta dejar a un lado la confianza en la carne.**

Mientras en Egipto fueron cuarenta años aprendiendo a depender de sí mismo, en el desierto fueron cuarenta años aprendiendo a caminar con Dios en muerte a su auto confianza. Sólo entonces vemos los cuarenta años de liderazgo espiritual y efectivo. Más adelante veremos esa verdad en mayor detalle.

Moisés fracasa al tratar de liberar a su pueblo por medios carnales (Éxodo 2: 11-22)

Moisés confiando en él mismo abogó por el pueblo, pero no era ni el modo ni el tiempo de la liberación. De repente en Éxodo 2:11, el texto nos muestra el primer esfuerzo de Moisés para defender a los suyos. No dice nada de sus ventajas ni privilegios en Egipto; sólo se nos presentó a Moisés como el auto nombrado defensor de ellos. Hay algo de bueno en quererse identificarse con sus hermanos, pero su auto confianza y su total ignorancia de cómo Dios los iba a liberar, lo dejó derrotado y confuso en gran manera. **La carne nunca logra lo espiritual.**

Los detalles de su inútil esfuerzo son interesantes: viendo que un hebreo era golpeado por un egipcio, Moisés sale en su defensa, mata al hombre y lo esconde. Luego regresa y ve peleándose a dos israelitas quienes habían presenciado el asesinato. Al reprender a los dos, le echan en cara esta acusación: *"¿Quién te ha puesto a ti por príncipe y juez sobre nosotros? ¿Piensas matarme como mataste al egipcio?"* (v.14). Lejos de ser bien recibido como el hábil defensor, lo vieron peor que al egipcio. El egipcio les pegaba, pero no los mataba.

Moisés tuvo que fracasar primero para poder dejar seguir a Dios con el proceso de hacerle menguar (Juan 3:30), el proceso de la Cruz. Moisés se había nombrado, se había llamado y había establecido el horario de la liberación. ¡Qué ironía! Pero tendría que aprender que sólo Dios establece la estrategia y el horario. ¡Liberar a los israelitas matando a un egipcio no sería el mejor plan! Aprendemos con golpes que a Dios le corresponde la obra, y no a nosotros.

Ante su fracaso no le queda más que huir de Egipto. No hubo ni siquiera tiempo para inquirir a Jehová. *"Ciertamente esto ha sido descubierto"* (v.14). Además Moisés responde con temor e impetuosa acción, ante una prematura y fracasada liberación. Moisés se llenó de temor, otra señal de la carne. Así fue la primera reacción de Adán al oír la voz de Jehová en el Huerto de Edén (Génesis 3:7, 8).

Para hacer la cosa peor, sí que Faraón supo de la traición de su hijo adoptado. Lo peor siempre sigue la acción de la carne. *"Oyendo esto Faraón acerca de este hecho, procuró matar a Moisés, pero Moisés huyó de delante de Faraón, y habitó en la tierra de Madián"* (v.15). Así empieza el auto exilio de Moisés.

La primera lección que tenemos que aprender es que la carne no libera de la carne. Toda la pericia de Moisés en su educación egipcia, toda la confianza de él en sus medios y su mejor intención no servirían para nada. Pero sí le ayudarían en el des-aprendizaje de lo humano en la esfera de lo divino. Le quedaban muchas más lecciones por aprender. Pero estaba en camino y eso es progreso. Dios estaba trabajando y continuaría haciéndolo.

Ahora Dios compone algo en la nueva triste vida de Moisés (vv.16-22). La maravilla de la gracia de Dios es que sabe tornar nuestros pasos falsos con cierta protección y provisión. **La disciplina de Dios de ninguna manera busca quebrar nuestro espíritu.** Siempre busca la manera de aliviar nuestro mal y enseñarnos a seguir adelante. *"Porque el Señor no desecha para siempre; antes si aflige, también se compadece según la multitud de sus misericordias; porque no aflige ni entristece voluntariamente a los hijos de los hombres"* (Lamentaciones 3:31-33).

Cuando tú y yo damos un paso falso, Dios está ahí para acompañarnos con fines de enseñarnos que no nos abandona. A pesar de que seamos infieles él permanece fiel. Esto no es con el fin de que presumamos que todo esté bien. Al contrario es para levantar nuestro espíritu caído y darnos nuevas fuerzas.

Podemos imaginarnos la montaña rusa emocional por la que viajaba Moisés, desde el palacio de Egipto hasta sentarse solo junto al pozo en Madián en tierra ajena. Pero Dios sabía donde estaba y mandó a las siete hijas de Reuel / Jetro (v.16), el sacerdote de Madián. Mientras Moisés salía en defensa de las siete mujeres contra los pastores machistas, resultó la invitación del sacerdote de que viniera Moisés a vivir con tal familia. (vv.16-20). Dios le provee un hogar y algún descanso.

Estando en Madián, Moisés se casa con Séfora, hija de Jetro y les llegan dos hijos (Hechos 7:29). El nombre del primero nos habla abundantemente de su estado de ánimo. *"El le puso por nombre Gersón, porque dijo: Forastero soy en tierra ajena"* (v.22). Por ahora dejamos a Moisés solo, deprimido y abatido. El libertador está abandonado, sin posible esperanza de defender a su pueblo. Los años pasan y Dios lo pone a prueba. Éste es el camino de la Cruz, pero que conduce a la bendición futura de Dios.

Hay otros relatos de los tratos de Dios con Moisés: Esteban y Hebreos 11

Nos complace Dios al hacernos correr el telón de la vida interior de Moisés. Sin esta información no pudiéramos comprender la lucha que debió haber pasado en el corazón de Moisés. A primera vista lo relatado en Éxodo no nos da ninguna perspectiva de la vida íntima de Moisés con Dios. Pero Dios hacía mucho; había empezado a atraer a este gran caudillo hacia sí mismo. Esto me es tan consolador.

Y es que a pesar de las contradicciones de la vida de Moisés relatadas en Éxodo, Dios había empezado a darle un nuevo rumbo a sus pasos. Moisés fracasó, sí eso es cierto, pero de tal fracaso y quebrantamiento Dios lo iba a sacar adelante. Sin embargo, pasarían muchos años de purificación para despojarse de su auto confianza.

A través de Esteban Dios nos permite ver cómo él trataba a Moisés (Hechos 7:20-29). Lo maravilloso es que tras los golpes y las decepciones que sufrimos, Dios está logrando su propósito espiritual. El relato de Éxodo nos da sólo lo visible, pero Esteban y luego el autor de Hebreos (11:23-28) nos muestran la fidelidad de Dios moldeando a Moisés. **Nunca debemos juzgar a Dios por lo visto. Lo visto no refleja para nada la meta final que tiene nuestro Señor.**

Esteban nos abre la vida de los cuarenta años en el palacio de Faraón. Escribe: *"Y fue enseñado Moisés en toda la sabiduría de los egipcios; y era poderoso en sus palabras y obras"* (Hechos 7:22). Tome nota de esto por que más adelante Moisés pondrá por pretexto que tartamudea (Éxodo 4:10, 11). Con tantos privilegios del palacio y el conocimiento de la política del Faraón, Moisés debió haber agarrado el espíritu del mundo egipcio. Moisés debió haber sido saturado por los medios del mundo. En su fracaso rotundo al matar al egipcio, Moisés actuaba por el espíritu de este mundo.

Esteban nos da la motivación de Moisés en defender a sus hermanos. *"Cuando hubo cumplido la edad de cuarenta años, le vino al corazón visitar a sus hermanos, los hijos de Israel... pero pensaba que sus hermanos comprendían que Dios les daría libertad por mano suya; mas ellos no lo habían entendido así"* (Hechos 7:23, 25). Es evidente que la motivación de Moisés era buena y hasta sincera, pero él actuaba independiente de Dios, tanto de su tiempo (del griego "kairos" - ocasión única) como de su modo espiritual, es decir, por medios espirituales y no carnales.

Dios no puede aceptar nuestro servicio, aun hecho en su bendito nombre, si todo no procede de él en todo sentido. Por eso Pablo dice en Romanos 8, el capítulo de la victoria: *"Por cuanto los designios de la carne son enemistad contra Dios: porque no se sujetan a la ley de Dios, ni tampoco pueden; y los que viven según la carne no pueden agradar a Dios"* (8:7, 8).

Esto nos parece muy exigente de parte de Dios. **Pero sólo él puede hacer su obra.** No permite que ningún ser humano, por sincero que sea, ponga la mano en su plan de liberación. ¡Qué lección tan fuerte y a la vez tan práctica! Hace tantos años que recuerdo lo que leí de Stuart Holden: *"La voluntad de Dios queda inseparable de su tiempo".*

Moisés pensó: "Ya puedo hacer la obra; los hermanos me van a recibir por ser del palacio y me hago su gran defensor". ¡Qué error! Sobre esta base de orgullo y auto confianza Moisés tuvo que fracasar ¿Cómo habría salido Moisés, si hubiera triunfado en este primer encuentro? Dios mismo habría salido por demás. *"No desecho la gracia de Dios; pues si por la ley fuese la justicia, entonces por demás murió Cristo"*, dice Pablo (Gálatas 2:21).

La carne invalida la obra de Dios. Por eso Pablo dice: *"Con Cristo estoy juntamente crucificado, y ya no vivo yo, mas vive Cristo en mí; y lo que ahora vivo en la carne, lo vivo en la fe del Hijo de Dios, el cual me amó y se entregó a sí mismo por mí"* (Gálatas 2:20). Regresemos de nuevo a la Cruz. De ahí parte la obra de Dios que resulta en victoria ya que la obra y la gloria pertenecen sólo y siempre a Él.

105

El triunfo de la gracia de Dios en la vida de Moisés

Capitulo 14
Moisés, el varón de Dios, reducido primero y luego aprobado
Éxodo 3, 4

Introducción

En estos estudios previos hemos visto el proceso, a veces doloroso, de reducir lo humano, lo carnal, para dejar lugar a lo divino, lo espiritual. Juan el Bautista lo resumió de manera muy clara y magistral: *"Es necesario que él crezca, pero que yo mengüe"* (Juan 3:30). En el Antiguo Testamento viene la misma verdad en voz de Jehová. El impacto de las palabras dadas a Jeremías, quien se halla en mucha aflicción, resuenan con poder.

Jeremías confiesa: *"Fueron halladas tus palabras, y yo las comí; y tu palabra me fue por gozo y por alegría de mi corazón; porque tu nombre se invocó sobre mí, oh Jehová Dios de los ejércitos".* Y Dios responde: *"Por tanto, así dijo Jehová, Si te convirtieres, yo te restauraré, y delante de mí estarás; y **si entresacares lo precioso de lo vil (todo lo que es inútil), serás como mi boca.** Conviértanse ellas a ti, y tú no te conviertas a ellos. Y te pondré en este pueblo por muro fortificado de bronce, y pelearán contra ti, pero no te vencerán; porque yo estoy contigo para guardarte y para defenderte, dice Jehová. Y te libraré de la mano de los malos, y te redimiré de la manos de los fuertes"* (Jeremías 15:16, 19-21).

En este estudio veremos a Moisés reduciendo su plena confianza sólo en Jehová, dándose cuenta de lo vil, lo totalmente inútil de Egipto, lo inútil de Moisés mismo. El Diccionario de la Real Académica Española define entresacar: "Aclarar un monte, cortando algunos árboles, o espaciar las plantas que han nacido muy juntas en un sembrado". Así en la vida de Moisés había plantas naturales por entresacar y Dios lo iba hacer. Dios estaba usando los cuarenta largos años que Moisés estuvo cuidando las ovejas de su suegro.

107

Dios capta la atención de Moisés por símbolo y fuego (Éxodo 3: 1-10)

La zarza ardiente simboliza la energía divina a punto de liberar a Israel. No cabe duda que la vida de Moisés era aburrida, monótona. No podemos imaginar el aburrimiento que sufría por los cuarenta años, nada más mortífero que cuidar ovejas por más de una generación.

Llegó la hora de la intervención divina. Lo que resta está lleno de significado: un viaje a Horeb, más adelante llamado Sinaí donde vería a Dios; una planta que se quemaba pero sin consumirse; el mismo Ángel de Jehová, Cristo mismo pre-encarnado, una teofanía singular. No pudo resistir Moisés y se acercó. Ahora la voz de Jehová dice: *"Moisés, Moisés"*. No se había oído antes en cuarenta años de silencio. Su respuesta fue inmediata: *"Heme aquí"*. Fue llamado por su nombre, el llamado personalizado.

Sobresale el llamado. Fue una planta común y corriente, nada que llamara la atención ni mereciera un segundo vistazo. Pero fue lo común en llamas, su fuerza, calor, energía extraordinaria lo que dejaba la huella divina. La tierra hecha santa de tal manera que ningún ser humano pudiera pisar el área, todavía desierta pero vibrando con la presencia del Dios Trino. ¡Qué cuadro de lo que Dios haría para que Moisés llegara a ver la faz de Jehová!

No obstante, Moisés tendría que desaprender más y luego aprender a dejar que Dios fuera Dios en todo sentido. El cuándo, el cómo, el dónde y el para qué fin eran asunto de Dios. Lo primordial era la santidad de Dios. *"Quita tu calzado de tus pies, porque el lugar en que tú estás, tierra santa es"* (Éxodo 3:5). No hay lección más básica que ésta. Dios no se invierte en lo carnal, ante todo requiere la santidad.

Ahora, en este momento, Dios toma la iniciativa. Jehová se identifica en términos de los pactos con sus antepasados: *"Yo soy el Dios de tus padres, Dios de Abraham, Dios de Isaac, y Dios de Jacob"*. Hace años que no oía semejante palabra: *"cubrió su rostro porque tenía miedo de mirar a Dios"* (v.6).

Dios le dio órdenes a Moisés y nueve veces enfatiza el pronombre "yo", "mí". *"Bien he visto.... he oído... he descendido... he visto... te enviaré"* (vv.7-10). Son claras las órdenes de marchar. Dios mismo se encargaba de hacerse responsable de esta liberación. No era la carga de

Moisés. En Egipto, antes, Moisés había tergiversado el plan de Dios. Ahora no pudo menos que hacerle frente. Pero lo hizo primero con preguntas, algunas válidas y otras no tanto.

Cinco argumentos presentados ante Dios, unos lógicos y otros no (Éxodo 3:11- 4:17)

La *primera* pregunta de Moisés se entendía bien después de su temprano fracaso en Egipto (Éxodo 2:11-14). *"¿Quién soy yo para que vaya a Faraón, y saque de Egipto a los hijos de Israel?"* (v.11). Vemos la paciencia de Dios. No critica a Moisés a causa de la pregunta. Dios recordaba muy bien su fracaso en Egipto. Ya fracasó una vez, la segunda vez se le hace imposible.

Moisés tenía razón en descalificarse. Esta desconfianza está bien puesta. Pero nada procede de la carne, ni la educación, ni mucho menos el orgullo. La respuesta de Dios es sencilla: *"Ve, porque yo estaré contigo; y esto será por señal de que yo te he enviado: cuando hayas sacado de Egipto al pueblo, serviréis en este monte"* (v.12).

La simple afirmación de la presencia de Dios debe bastar para el siervo verdadero. Dios no nos abandona en ningún encargo. Tenlo por fe. Dios hasta le dio a Moisés una señal: *"Me servirás en el este monte de Horeb (Sinaí)"*. Esta pregunta suena bien: *"¿Quién soy yo?"* Suena como si no tuviera ninguna confianza en la carne, pero tras ella estaba, como veremos, un desánimo, una humildad falsa que no complacía a Dios.

La *segunda* pregunta es realista y por eso no es mala en sí. *"He aquí que llego yo a los hijos de Israel, y les digo: El Dios de vuestros padres me ha enviado a vosotros. Si ellos me preguntaren: ¿Cuál es su nombre?, ¿qué les responderé?"* (v.13). Dios con mucha paciencia y comprensión dice: *"YO SOY EL QUE SOY. Y dijo: Así dirás a los hijos de Israel: YO SOY me envió a vosotros"* (v.14). Dios usa ocho versos para contestar a fondo el valor y el poder de su nombre (3:14-22). Me impresiona mucho que Dios sea muy comprensivo para contestar las preguntas nuestras de modo que nos ubiquemos en su voluntad y que no nos sintamos forzados por la voluntad de Dios.

El nombre de Jehová, YO SOY EL QUE SOY, elocuentemente expresa la independencia de Dios, su inmutabilidad; nunca conoce lo inesperado, lo difícil, lo imposible. Serenamente hace su voluntad en todo momento para lograr sus propios fines infinitos. Desde el punto de vista de Dios, Moisés no tiene por qué preocuparse por lo imposible de la tarea que tiene por delante. Recursos sobreabundarán. De esta manera el Señor consuela a Moisés dándole la oportunidad de confiar sólo en Dios, dejando a un lado toda duda. Como le dijo a Pablo: *"Bástate mi gracia"* (2 Corintios 12: 9).

La respuesta de Dios a esta pregunta está completa. Le informa a Moisés qué decir, qué explicar a los ancianos y aun cuál serán las consecuencias finales. Dios le explica en detalle, diciendo: *"Mas yo sé que el rey de Egipto no os dejará ir sino por mano fuerte. Pero yo extenderé mi mano, y heriré a Egipto con todas mis maravillas que haré en él, y entonces os dejará ir. Y yo daré a este pueblo gracia en los ojos de los egipcios, para que cuando salgáis, no vayáis con las manos vacías"* (vv.19-21). ¿Qué más pudiera pedirle Moisés? Pero todavía falta la plena sumisión. Ese encuentro viene pronto.

La **tercera** pregunta agrega algo de la duda que persiste en Moisés (Éxodo 4:1-10). Ahora se pone la cosa más difícil, Moisés es más resistente. Otra vez Dios responde con dos fuertes señales para fortalecer la poca fe y la obstinación creciente.

Dios le ha asegurado a Moisés que él mismo se encargará de este proyecto, difícil pero finalmente triunfante. Pero Moisés responde con la duda. *"He aquí que ellos no me creerán, no oirán; porque dirán: No te ha aparecido Jehová"* (v.1). A pesar de lo negativo de Moisés, Dios le hace una simple pregunta: *"¿Qué es eso que tienes en tu mano?"* (v.2). No fue para nada una pregunta difícil. La vara del pastor había acompañado a Moisés por cuarenta años.

La vara representaba su manera de ganarse la vida, nada espectacular, sólo una vara común y corriente. Pero Dios había usado una zarza ardiente para llamarle la atención. Usaría una vara nada grande para mostrar su poder. En otro sentido, Dios quería que Moisés le entregara su manera de ganarse la vida. Era todo lo que Moisés tenía, pero sólo en las manos de Dios tendría éxito.

110

La sorpresa fue grande cuando Moisés obedeció a Dios. Echó la vara al suelo y la vio convertida en culebra. *"Y huía Moisés delante de la culebra"*. No cabía duda de que había visto como pastor en el desierto muchas culebras, pero ésta era bien diferente. Otro mandato de parte de Dios: "Tómala por la cola". Un movimiento no muy sabio, mejor sería tomarla por la cabeza para prevenir la mordida. Pero de repente se cambió en la vara de Dios. Reafirma Dios que los ancianos sí le van a creer a Moisés.

Y para convencerlo aun más, como más tarde haría con Gedeón (Jueces 6:36-40), la segunda señal comisionó a Moisés. Otro mandato de parte de Dios: *"mete tu mano en tu seno"* Metió la mano y al sacarla estuvo leprosa como la nieve (v.6). De nuevo el mismo movimiento y salió sana (v.7). Para darle la tercera señal profetiza que podrá tornar el río (el gran Río Nilo) en sangre. ¿Qué más pudiera Dios hacer para probarle a Moisés que él mismo era capaz de llevar a cabo este proyecto? ¡Tanta paciencia de Dios con Moisés!

La *cuarta* queja: ¿sería una excusa que ahora niega los dones para llevar a cabo la liberación? De repente Moisés protesta: *"¡Ay, Señor¡ Nunca he sido hombre de fácil palabra, ni antes, ni desde que tú hablas a su siervo, porque soy tardo en el habla y torpe de lengua"* (v.10). El Nuevo Testamento contradice esta excusa (Hechos 7:22), pero de todo modos es claro que Moisés no quería ir. Ante semejante oposición de Faraón y la incertidumbre por la reacción de los ancianos, Moisés definitivamente no quería ir.

Moisés andaba buscando un pretexto. Quizá fuese sincero en sentirse incapaz; quizá los años en el desierto le habían acabado todo talento de elocuencia. ¡Hablando a las ovejas y chivas por cuarenta años no es el mejor escenario para preparar a un líder que tendrá que presentarse ante Faraón! Pero tras esto hay una resistencia a Dios. Moisés parece insinuar que Dios le está tendiendo una trampa. Tenía la osadía de contradecir a Dios quien le había protegido la vida hasta este momento.

Con una pregunta retórica Dios acaba con su excusa: *"¿Quién dio la boca al hombre? ¿O quien hizo al mudo y al sordo, al que ve y al ciego? ¿No soy yo Jehová?"*. Tal declaración debiera haber puesto fin a toda duda. Pero todavía Moisés no había llegado a tal fe. De repente Dios le asegura al vacilante Moisés: *"Ahora pues, ve, y yo estaré con tu boca, y te enseñaré lo que hayas de hablar"* (vv.11, 12). A cualquier santo del Antiguo Testamento, tal como a José y a Josué, debía bastarle tal garantía de la presencia de Dios.

La quinta queja es el colmo de la desobediencia. *Y él dijo: "¡Ay, Señor! Envía, te ruego, por medio del que debes enviar"* (v.13). Moisés revela su terquedad ante la intervención de Jehová, después de tantas señales y promesas divinas. Moisés no quiso doblar la voluntad, no se sentía capaz de aguantar semejante amenaza de parte de Faraón, recordaba muy bien el fracaso rotundo que había experimentado cuarenta años atrás. Implícitamente confiaba en sí mismo. Detrás de lo que parecía humildad (falsa) o desconfianza en su propia capacidad, realmente estaba un desafío a Jehová.

Tras su queja: *"Envía, te ruego, por medio del que debes enviar"* está un cuestionamiento de todo el plan de Dios y su papel en él. En otras palabras, estaba de acuerdo en que Dios lo llevara a cabo, pero sin él. No obstante, Dios le había dicho plenamente: *"Te envío a ti a liberar a mi pueblo"*. No hay disfraz para la desobediencia.

Lo que sigue revela la inconformidad de Dios ante Moisés. *"Entonces Jehová se enojó contra Moisés"* (v.14). No es cosa pequeña cuando Dios se enoja. Hasta ahora Dios le había mostrado tanta paciencia, dándole repetidas señales y reafirmando su sagrado pacto con los padres. Dios había caminado más que la segunda milla con Moisés para asegurarle su poder e iniciativa en todo el proyecto. Dios hasta había respondido a sus cuatro preguntas o argumentos. Pero no aguanta más. Moisés, por su orgullo, no quería fallar otra vez. *"Dios resiste a los soberbios, y da gracia a los humildes"* (Santiago 4: 6). No quiso Moisés someterse a Dios y a su llamado de ir a Faraón (Santiago 4:7).

Lo triste que sigue es que Dios le permitió que Aarón, su hermano mayor, lo acompañara para ir ante Faraón. En lugar de ver Moisés la intervención directa de Jehová a su lado, tendría que compartir la liberación con Aarón quien en el futuro sería un gran tropiezo para Moisés. Evidencia: Aarón hizo el becerro de oro y permitió pecar a Israel grandemente contra Dios (Éxodo 32:1-35). Más adelante María y Aarón serían otro tropiezo contra Moisés en quejarse de su esposa (Números 12:1-15).

Moisés perdió el privilegio de ver obrar a Dios como Él quería. A fin de cuentas, Moisés aceptó lo segundo en lugar de lo primero. Por no querer obedecer, él tendría mayor problema en la persona de Aarón. Al final de cuenta es Moisés quien trató con Faraón y Dios hizo a un lado a Aarón.

Por fin la historia se torna positiva. Después del enojo de Dios, vuelve a prometer a Moisés su presencia y termina por decir: *"Y tomarás en tu mano esta vara, con la cual harás las señales"* (v.17). **Aarón lo acompañaría, pero sería la vara de Dios en la mano de Moisés.**

Las grandes lecciones por aprender en este llamado de Moisés

1. Con Dios el tiempo no es nada. Sólo Dios sabe la hora y cuándo da la hora (del griego "kairos" – el momento oportuno), nosotros sólo debemos responder. Cuarenta años en Egipto no le capacitaron, cuarenta años en el desierto tampoco. Lo que vale es ese encuentro personal cuando Dios se mueve. Que sepamos el día de nuestra visitación. No nos corresponde decir: mañana. *"Por lo tanto, como dice el Espíritu Santo: Si oyeres hoy su voz, no endurezcáis vuestros corazones"* (Hebreos 3:7, 15).

2. Dios acepta la pregunta sincera, la pregunta que no entiende bien el camino, pero con tal que venga acompañada del deseo sincero de hacer su voluntad. Dios no nos castiga por preguntar: Señor, ¿dónde? ¿cuándo? Nos tendrá infinita paciencia frente a no saber el qué. Pero no puede aguantar la duda que cuestiona su persona, su poder y su derecho de mandarnos según su propio plan.

3. Dios hará su obra a su manera y a su tiempo. Nos corresponde obedecerle y aceptar el proceso doloroso del desaprendizaje de nuestra sabiduría. Dios tiene que reducirnos antes de poder encomendarnos su proyecto. *"Yo Jehová; éste es mi nombre; y a otro no daré mi gloria, ni mi alabanza a esculturas"* (Isaías 42:8). Es cuestión del corazón, no del

113

intelecto; es cuestión de someternos, humillarnos, dar los pasos de fe con ojos puestos en él.

4. A quien Dios llama, él le capacita. Hará todo lo necesario para forjar nuestro carácter. Más le interesa nuestro andar delante de él que cualquier preparación académica o teológica que tengamos.

5. No nos corresponde dialogar con Dios bajo las condiciones nuestras. Dios es soberano y hará la obra con nosotros o sin nosotros. Los israelitas no quisieron entrar en Canaán y murieron en el desierto. Sólo entraron Josué y Caleb. Hasta Aarón y Moisés murieron. Dios escoge por nombre a los hombres y a las mujeres que llama para llevar a cabo su obra, pero sólo y siempre bajo sus condiciones de la humillación y la fe.

6. Moisés tuvo que morir a su ego, el "yo", a su pasado triste, a sus limitaciones para poder volver a vivir en el poder del YO SOY. Éste es el camino de la cruz. Jeremías nos dijo: *"Si entresacares lo precioso de lo vil* (lo inútil), *serás como mi boca"* (Jeremías 15:19). Moisés iba en camino a ser la boca de Dios frente a Faraón.

7. Habrá más lecciones por aprender, pero Dios ya tenía al hombre que sería prototipo del gran profeta que había de venir, Jesucristo. *"Profeta les levantaré de en medio de sus hermanos, como tú; y pondré mis palabras en su boca, y él les hablará todo lo que yo le mandare"* (Deuteronomio 18:18). No puede haber mayor honor dado a Moisés. No empezó así, pero así terminó. A Dios sean las gracias. Tal es nuestra confianza en nuestro gran Dios.

Capítulo 15
Moisés, el testigo del triunfo de Dios sobre los dioses de Egipto
Éxodo 5-12

Introducción

Dios conquista la resistencia de Moisés. No hay argumento que pueda desafiar la voluntad y el propósito del Señor. Moisés buscó por todos los medios evadir su llamado para ir a Egipto y ser el instrumento que Dios usaría para liberar a su pueblo (Éxodo 4:1-18). Aun así, en su misericordia, Dios permitió que Aarón acompañara a su hermano, y que juntos salieran al encuentro con Faraón. De acuerdo con el plan de Dios, Faraón no los recibió. Pero la oposición era de parte del Señor para que la gloria fuese exclusivamente suya (1 Corintios 1:26-31; 2 Corintios 4:7).

"Tomó también Moisés la vara de Dios en su mano" (Éxodo 4:20). Aquella vara sería el medio divino para traer sobre Egipto las doce plagas, transformando lo común y corriente en la omnipotencia de Dios mismo (Éxodo 7-11). En los siguientes capítulos veremos como Dios actúa para sacar la mayor gloria en todo. Dios no concede nada a la carne ni a la sabiduría del hombre. Moisés es sólo testigo y siervo obediente —lecciones gráficas para nuestra vida. Veámoslas.

Dios hace frente a los dioses egipcios y Moisés es testigo de todo (Éxodo 5-7:13)

Aparentemente empiezan mal las cosas, pero todo hace parte del plan divino. Al principio, los ancianos de Israel recibieron bien a Moisés y a Aarón y creyeron en ellos (Éxodo 4: 31). Con este principio tan positivo, representaron los dos a su Dios ante Faraón, quien respondió con palabras airadas: *"¿Quién es Jehová, para que yo oiga su voz y deje ir a Israel? Yo no conozco a Jehová, ni tampoco dejaré ir a Israel"* (Éxodo 5:2).

La intervención de Moisés ante Faraón empeoró la situación. Ahora, los israelitas debían mantener la misma producción en su trabajo sin la paja que era tan necesaria para hacer ladrillo (vv.8-19). El pueblo respondió así: *"Mire Jehová sobre vosotros, y juzgue; pues nos habéis hecho abominables delante de Faraón y de sus siervos, poniéndoles la espada en la mano para que nos maten"* (v.21).

Pobre de Moisés, con doble problema se dirige ahora a Jehová. *"Señor, ¿Por qué afliges a este pueblo? ¿Para qué me enviaste?* Porque desde que yo vine a Faraón para hablarle en tu nombre, ha afligido a este pueblo y tú no has librado a tu pueblo"* (vv.22, 23). Moisés estaba tan corto de vista, tal como nosotros al empezar a seguir al Dios soberano. No entendemos el espíritu de la Cruz. Hay que pasar por la muerte antes de ver la resurrección. Esto se lo repetiría Dios a Moisés tantas veces.

Responde Dios con una nueva revelación de su nombre: Yo soy Jehová (Éxodo 6:1-8). Ante esta situación, cada vez peor, Dios se revela en la plena fuerza de su nombre. Basta su nombre: "Yo soy Jehová – soberano, independiente, capaz de llevar a cabo cualquier plan". El Señor afirma: "Los recursos son míos, no tuyos; déjame ser quien soy, el Dios del pacto a Abraham, el Dios de Jacob y de Isaac. Aun esos patriarcas no me conocieron así como Jehová (v.3). Te doy un pacto basado aun más firmemente en mí mismo, una revelación más profunda y concreta".

Fíjese en lo que pasa, *veinticinco veces* en ocho versos Jehová dice: "yo", "me", "mi" usando pronombres, verbos y adjetivos para subrayar que este proyecto es de Él, no de Moisés. En tantas y diversas palabras Dios dice: descansa en mí. Pero el pobre Moisés responde: *"He aquí soy torpe de labios; ¿cómo, pues, me ha de oír Faraón?"* (30). ¡Qué paciencia de Dios aun con su siervo Moisés! Pero Dios siempre deja que las tinieblas se hagan más oscuras para que su luz resplandezca más brillante en nuestra hora difícil de flaqueza.

Jehová no lo deja en su desánimo sino que se revela de manera más fuerte aún (Éxodo 7:1-5). Aquí Dios camina la segunda milla. *"Mira, yo te he constituido dios para Faraón, y tu hermano será tu profeta"* (v.1). Debemos tomar en cuenta que así decía Jehová frente al encuentro de

Moisés con Faraón, el más poderoso de todos; Egipto era en el cenit, el colmo de su poder mundial.

Sin Dios la tarea de Moisés hubiera sido una imposibilidad absoluta. Pero Jehová en estos versos profetiza exactamente   lo que haría. Parecía que estas palabras de Jehová les bastaban a Moisés y a Aarón. Luego aparece la nota que dice que Moisés tenía ochenta años y Aarón ochenta y tres. Con la vara en la mano, símbolo del poder óptimo de Dios, entraron a tratar con Faraón. Empezó la lucha que culminaría con el triunfo de Jehová.

Dios entra en acción contra las huestes malignas de la idolatría (Éxodo 7-11)

Empieza la lucha espiritual. Las diez plagas representan el poder de Jehová contra las fortalezas egipcias. Sin entrar mucho en los detalles, empiezan a aparecer las plagas una a una:

1. El Río Nilo vuelto en sangre   7: 14-25
2. La invasión de las ranas   8: 1-15
3. La invasión de los piojos   8: 16-19
4. La invasión de las moscas   8: 20-32
5. La plaga del ganado   9: 1-7
6. La plaga de las úlceras   9: 8-12
7. La plaga del granizo   9: 13-35
8. La plaga de las langostas   10: 1-20
9. La plaga de las tinieblas   10: 21-26.
10. El anuncio de la plaga de la muerte   11:1-10

Podemos observar el poder supremo de Jehová contra el poder limitado de los magos. Al principio los magos pudieron duplicar el fenómeno de la vara de Aarón: la vara convertida en culebra (Éxodo 7:11-12); el río convertido en sangre (v. 22); las ranas (Éxodo 8:7); pero encontraron su derrota en la invasión de los piojos: *"Y los hechiceros hicieron así también para sacar piojos con sus encantamientos; pero no pudieron"* (v.18).

No cabe duda que el diablo puede duplicar hasta cierto punto lo que Dios le permite, pero no puede triunfar finalmente. Lo que sigue es la obstinación de Faraón. No podemos más que admirar la valentía y la persistencia de Moisés y Aarón. Resultó exactamente como Dios les

117

había dicho. Vemos una tensión entre la rebeldía de Faraón endureciendo su propio corazón y la soberana voluntad de Dios juzgando tal rebeldía y, al exagerarla, por fin triunfar sobe ella.

La acción de Faraón nos muestra un cuadro del corazón humano. Cuando la molestia y las consecuencias llegaron a su extremo, se oye una petición somera después del azote de las langostas. Dijo Faraón: *"He pecado contra Jehová vuestro Dios, y contra vosotros. Mas os ruego ahora que perdonéis mi pecado solamente esta vez y oréis a Jehová vuestro Dios que quite de mí al menos esta plaga mortal"* (Éxodo 10:16, 17).

Varias veces Moisés oró por Faraón a petición de él, pero no era arrepentimiento lo que había en su corazón, al contrario su actitud era como la de Saúl (1 Samuel 15:24) y la de Judas (Mateo 27:4). Lo notable es que en las diferentes oportunidades que Faraón pidió que Moisés orara por él o quitara el azote, Dios lo hacía aun sabiendo que era superficial y no real su arrepentimiento.

Tenemos que tomar muy en cuenta que esto fue la mayor lucha espiritual entre las huestes malignas y las del bien hasta tal hora. Vemos la primera en el Huerto de Edén (Génesis 3:15); la segunda lucha es esta ante los hechiceros de Faraón (Éxodo 7-11); la tercera aparece en Job alrededor de una sola persona (Job 1, 2); la cuarta es con el príncipe de Persia (Daniel 10:13, 20); la quinta corre por cuenta de Zacarías, el sumo sacerdote desafiado por Satanás (Zacarías 4: 1-10); la sexta es el encuentro de Jesús en su tentación diabólica (Mateo 4:1-11); la séptima lucha fue el combate por excelencia y se libró en la Cruz del Calvario cuando Cristo aplastó la cabeza de la 'serpiente' de una vez para siempre. *"Ahora está turbada mi alma; ¿y qué diré? ¿Padre sálvame de esta hora? Mas para esto he llegado a esta hora. Padre, glorifica tu nombre"* (Juan 12:27, 28).

La octava lucha espiritual será en el final encuentro en Apocalipsis 16 en las siete copas derramadas sobre el mundo, lo que pone fin a la gran tribulación y establece el Reino del Mesías. Que nadie dude de que las huestes malignas han sido conquistadas en el Cruz de Cristo. *"Y les dijo* (Jesús): *Yo veía a Satanás caer del cielo como un rayo"* (Lucas 10:18). *"Ahora es el juicio de este mundo; ahora el príncipe de este mundo será echado fuera. Y yo, si fuere levantado de la tierra, a todos atraeré a mí mismo"* (Juan 12:31, 32).

Aquí entra la victoria de la Cruz sobre Satanás. En Egipto Jehová libró la lucha contra la idolatría tras la cual están los demonios en pleno desfile (1 Corintios 10:19-22). Frente a frente Moisés y la vara de Dios se opusieron al mundo del maligno. Pero sería más tarde, en la Cruz, que Jesús despojaría a las huestes del mal. *"Y despojando a los principados y a las potestades, los exhibió públicamente, triunfando sobre ellos en la cruz"* (Colosenses 2:15).

Entramos en esta victoria identificados con Cristo. Esto tiene las más profundas consecuencias en el ministerio de liberación que logró Jesús y en el cual andamos por fe. El verdadero poder de Dios nos ha sido delegado con base en nuestra unión con Cristo en muerte al pecado, aun en el ambiente del diablo, y ya sentados con él en lugares celestiales (Efesios 1:3; 2:6; 6:12).

La Pascua el contrapeso al calvario y el cuadro de la vida victoriosa (Éxodo 12)

La Pascua es el tipo y la Cruz es el anti tipo o el cumplimiento de la verdadera liberación. En el Antiguo Testamento, todos están de acuerdo en que Egipto representa el mundo bajo condenación. Por su parte, la Pascua, la sangre derramada y aplicada sobre las viviendas y **la carne asada del cordero que comerían apresuradamente, representan la vida cristiana de manera gráfica.** La muerte del primogénito egipcio fue el "tiro de gracia" para los egipcios. La décima plaga fue el golpe fatal.

La Pascua proyecta perfectamente la salvación en su anchura y hondura, en toda su magnitud. Tristemente en la presentación de la Pascua, como obra redentora, se ha hecho un énfasis casi exclusivo en lo importante de la aplicación de la sangre derramada en los postes y el dintel. Tal aplicación de afuera sí que revela la salvación en su aspecto de justificación, cancelando y librándonos de toda pena y castigo de muerte. No cabe duda que es una preciosa verdad que no debemos minimizar para nada. Pero hay otro aspecto, casi perdido, que recibe muchísima atención en el trato de la fiesta. Me refiero a la acción de **comer de la carne del cordero** y las condiciones bajo las cuales se debe comer.

119

Los detalles de la Pascua están llenos de profundo significado, como nos muestra el capítulo 12 de Éxodo. *"El mes os será el principio de los meses y para vosotros será éste el primero en los meses del año"* (v.2). Luego, tenían que separar un cordero sin defecto alguno. Si la familia era demasiado pequeña para comer, podrían incluir a otra. Note que el límite tendría que ver con la capacidad de **comérselo todo**. El cordero fue escogido en el día décimo y sacrificado en el catorce. *"Y tomarán de la sangre, y la pondrán en los dos postes y en el dintel de las casas en que lo han de comer"* (v.7).

Hay sólo dos menciones de la sangre en el versículo 13: *"Y la sangre os será por señal en las casas donde vosotros estéis; y veré la sangre y pasaré de vosotros, y no habrá en vosotros plaga de de mortandad cuando hiera la tierra de Egipto"*.

Pero ahora viene **lo más importante, comérselo** todo pero bajo estrictas condiciones: *"Y aquella noche comerán la carne asada al fuego, y panes sin levadura... Ninguna cosa comeréis de él cruda, ni cocida en agua, sino asada al fuego... Ninguna cosa dejaréis de él hasta la mañana y lo que quedare hasta la mañana; y lo que quedare lo quemaréis en el fuego* (vv.8, 9, 10).

Note las condiciones personales: *Comerán... con hierbas amargas lo comerán... lo comeréis así: ceñidos vuestros lomos, vuestro calzado en vuestros pies. Y vuestro bordón en vuestra mano; y lo comeréis apresuradamente; es la Pascua de Jehová"*. Hay las dos menciones de la sangre aplicada, pero **seis veces** la orden de comérselo todo (vv.8, 9, 11).

La Pascua: Cristo por nosotros, la justificación; Cristo en nosotros, la santificación

La Pascua y la salida de Egipto representan la salvación en términos veterotestamenarios. No cabe duda de que el éxodo de Israel desde Egipto por la sangre derramada y el poder de Jehová equivale a Calvario en el Nuevo Testamento. Los profetas, los salmistas y los reyes vuelven constantemente a la Pascua como la salvación del pueblo de Dios.

El dar de la ley en el Monte Sinaí constituyó a Israel en hijo de Dios: *"Y dirás a Faraón: Jehová ha dicho así; Israel es mi hijo, mi primogénito"* (Éxodo 4:22). Por lo tanto, todos los elementos que constituyen la

120

salvación deben verse en la fiesta de la Pascua: *"... porque nuestra pascua, que es Cristo, ya fue sacrificada por nosotros. Así que celebremos la fiesta, no con la vieja levadura... sino con panes sin levadura, de sinceridad y de verdad"* (1 Corintios 5:7,8).

El papel que juega el cordero es muy evidente: era un sacrificio, una expiación que le permite a Dios pasar por encima de su pueblo y no juzgar su pecado. Así Cristo tomó nuestro lugar, siendo nuestra propiciación (Romanos 3:25).

Lo que no recibe el debido énfasis casi nunca es que para los israelitas lo más urgente era el comérselo todo bajo condiciones específicas, que visualizan el andar cristiano: 1.) con hierbas amargas, identificación con Cristo en sus padecimientos (Filipenses 3:10); 2.) que la carne no estuviera cruda ni cocida en agua, sino asada -- nada del esfuerzo humano sino a través de la cruz; 3.) que nada fuera dejado para luego, sino quemado en holocausto como fragancia al Señor (Romanos 5:3); 4.) los lomos ceñidos --un andar disciplinado, crucificado (1 Pedro 1:13,14); 5.) los pies debían estar calzados, el bordón en la mano y debían comer apresuradamente (Efesios 5:15-18). **¡Qué cuadro de la vida victoriosa, vida crucificada con Cristo bajo el señorío del Cordero!**

Pero hay una porción aún más clave de la boca de Jesús: *"De cierto de cierto os digo: Si no coméis la carne del Hijo del Hombre, y bebéis su sangre, no tenéis vida en vosotros. El que come mi carne y bebe mi sangre, tiene vida eterna; y yo le resucitaré en el día postrero. Por que mi carne es verdadera comida y mis sangre es verdadera bebida. El que come mi carne y bebe mi sangre, en mí permanece y yo en él. Como me envió el Padre viviente, y yo vivo por el Padre, asimismo el que me come, él también vivirá por mí"* (Juan 6:53-58).

Sus discípulos dijeron: *"Dura es esta palabra; ¿quién la puede oír?"* Jesús responde: *"El espíritu es el que da vida; la carne para nada aprovecha; las palabras que yo os he hablado son espíritu y son vida"* (6:60, 63). Jesús introduce por primera vez el otro aspecto tan importante de la vida cristiana, prefigurado en **el comérselo todo** en la Pascua.

Con base en la expiación es Cristo por nosotros nuestra Justificación, pero ahora introduce nuestra **PARTICIPACIÓN**, nuestra **IDENTIFICACIÓN** con él de manera tan íntima que representa el comer la carne asada de la Pascua.

Se oye tanto de que Cristo murió por nosotros, bendita verdad, pero **el eje de la salvación es Cristo en nosotros, nosotros en él, participando realmente en su vida resucitada por el andar en el Espíritu Santo.** No es nuestra pobre imitación de él sino la participación real en su muerte y su resurrección. Así, Romanos 6-8 es el mensaje de la Cruz. Sólo de esta manera podía Israel salir victorioso de Egipto para entrar en la promesa de la tierra que fluye leche y miel.

Capítulo 16
Moisés, La formación de un líder
Éxodo 14-17

Introducción

Hasta ahora Dios estuvo preparando a Moisés y venciendo su oposición. Era un llamado soberano, Dios iba a lograr sus propósitos aun si Moisés hubiera tenido que esperar 80 años. Hay un recorrido --guiado por la mano de Dios-- que comienza desde el palacio de Faraón, luego su fracaso temprano en Egipto, después la zarza ardiendo, y más tarde con las excusas de Moisés. Para este momento, Dios ya tiene a Moisés en vísperas de dirigir a los Israelitas de Egipto hacia la tierra prometida.

En los tres próximos estudios, quiero trazar la manera cómo Dios moldeó a este santo e hizo que Moisés llegase a ser el caudillo mayor del Antiguo Testamento.

La cumbre de este proceso fue: *"Profeta de en medio de ti, de tus hermanos, como yo. Te levantará Jehová tu Dios; a él oiréis... Profeta les levantaré de en medio de sus hermanos, como tú; y pondré mis palabras en su boca, y él les hablará todo lo que yo le mandare"* (Deuteronomio 18:15, 18). No puede haber mayor homenaje a ningún ser humano que el que le fuese dado por Dios a Moisés.

En el crisol del sufrimiento, en el hacer frente constantemente a la carnalidad del pueblo, las quejas, la envidia y la idolatría, Moisés aprendería a depender de Dios y a ejercer la autoridad dada en forma de **"la vara de Jehová"**. Si se dice que los israelitas eran más carnales que los santos de hoy en día, sólo tiene que leer el Nuevo Testamento.

El apóstol Pablo dedica un capítulo entero a la comparación de los israelitas con los corintios: *"Mas estas cosas sucedieron como ejemplo para nosotros, para que no codiciemos cosas malas, como ellos codiciaron... Por tanto, amados míos, huid de la idolatría"* (1 Corintios 10: 6). Y otra vez el Nuevo Testamento dice: *"Porque las cosas que se escribieron antes, para nuestra enseñanza se escribieron, a fin de que*

123

por la paciencia y la consolación de las Escrituras, tengamos esperanza" (Romanos 15: 4).

El autor inspirado de Hebreos ocupa los capítulos 3 y 4 para comparar la vacilación de algunos de su tiempo con la experiencia similar de los israelitas en el desierto. *"Y Moisés a la verdad fue fiel en toda la casa de Dios... pero Cristo como hijo sobre su casa, la cual casa somos nosotros, si retenemos firme hasta el fin la confianza y el gloriarnos en la esperanza... ¿Quiénes fueron los que habiendo oído, le provocaron? ¿No fueron todos los que salieron de Egipto por mano de Moisés?"* (Hebreos 3: 5, 6, 16).

Grandes son las lecciones para nosotros hoy en día. Israel es un ejemplo negativo de la carnalidad que todavía nos arrastra en las iglesias y en nuestras vidas personales. En este ambiente forjaría en su gracia Dios a Moisés. Veamos el proceso doloroso, el camino del Calvario para este santo del Antiguo Testamento.

La vara de Dios en la mano de Moisés y el cruce del Mar Rojo (Éxodo 14)

Después de la institución de la Pascua, Jehová triunfó sobre los egipcios. Después de las diez plagas y el triunfo de Jehová (Éxodo 7-12), ahora estaban para cruzar el Mar Rojo y Moisés vería el brazo de Jehová extendido: *"Y yo endureceré el corazón de Faraón para que los siga; y seré glorificado en Faraón y en todo su ejército, y sabrán los egipcios que yo soy Jehová"* (Éxodo 14:4).

Al ser perseguidos por Faraón y sus tropas, los hijos de Israel se quejaron diciendo a Moisés: *"¿No había sepulcros en Egipto, que nos has sacado para que muramos en el desierto? ¿Por qué has hecho así con nosotros, que nos has sacado de Egipto? ¿No es esto lo que te hablamos en Egipto, diciendo: déjanos servir a los egipcios? Porque mejor nos fuera servir a los egipcios, que morir nosotros en el desierto'"* (vv.11, 12). Éste fue el primer motín de los muchos que tendría que afrontar Moisés por los próximos 40 años. Incidentes como éstos ponen a prueba el corazón de cualquier dirigente.

En esta experiencia puede verse la valentía de Moisés en la primera crisis, signo de un dirigente bajo órdenes de marchar. En este momento crítico en sumo grado, Moisés responde vestido del Espíritu de Dios: *"No temáis; estad firmes, y ved la salvación que Jehová hará hoy con vosotros; porque los egipcios que hoy habéis visto, nunca más para siempre los veréis. Jehová peleará por vosotros, y vosotros estaréis tranquilos"* (vv.13, 14). ¡Qué fe y confianza en Dios! Era el mismo hombre que poco antes dudaba de Dios y le había puesto tantos pretextos. Frente a una experiencia nuestra del Mar Rojo, ¡qué ejemplo!

Por primera vez Dios manda a Moisés a usar **la vara,** símbolo de su poder disponible. *"Entonces Jehová dijo a Moisés: ¿Por qué clamas de mí? Di a los hijos de Israel que marchen. Y tú alza **tu vara**, y extiende tu mano sobre el mar, y divídelo, y entren los hijos de Israel por en medio del mar, en seco"* (vv.15, 16). ¡Qué combinación de lo divino y lo humano! Dios se dirige a Moisés para que él haga lo imposible.

Esto es evidencia de lo sobrenatural de la vida cristiana. No es cuestión de lo posible, lo probable; cuando Dios dice que sí, no hay alternativa. Este día sería sellado en letra de molde para todas las generaciones futuras.

Además de lo milagroso del cruce del Mar Rojo, había otro beneficio por esperar: *"Y el Ángel de Jehová que iba delante del campamento de Israel, se apartó e iba en pos de ellos; y asimismo la columna de nube que iba delante de ellos se apartó y se puso a sus espaldas e iba entre el campamento de los egipcios y el campamento de Israel. Y era nube y tinieblas para aquéllos, y alumbraba a Israel de noche, y en toda aquella noche nunca se acercaron los unos a los otros"* (vv.19-20). Ese Ángel de Jehová no fue nadie menos que Cristo pre encarnado, una teofanía.

La vara de Moisés se refiere al poder delegado junto con su llamado. De igual manera, le sucede al creyente entronado con Cristo en lugares celestiales, quien tiene el poder de la victoria de la Cruz a su disposición. Está a su disposición, no para sus caprichos personales sino sólo para el triunfo de la Cruz en la vida de los ser humanos. Al estar investidos de ese poder, podemos extender la vara de la liberación cuando enfrentamos al enemigo.

"Aun estando nosotros muertos en pecado, nos dio vida juntamente con Cristo (por gracia somos salvos), y juntamente con él nos resucitó, y asimismo nos hizo sentar en los lugares celestiales con Cristo Jesús, para

125

mostrar en los siglos venideros las abundantes riquezas de su gracia en su bondad para con nosotros en Cristo Jesús" (Efesios 2:5-7). Compartimos su trono (Apocalipsis 3: 21).

Por un corto tiempo se oye el cántico de Moisés y María (Éxodo 15:1-21). La manifestación del poder de Jehová y la aplastante victoria sobre las huestes egipcias resultaron en una euforia tremenda. Fue fácil cantar con la exuberancia del momento, pero el triunfo no revela el verdadero estado del corazón como el sufrimiento lo hace. Hay muchos más que están dispuestos a cantar las glorias que los que quedan firmes en la prueba. Por ahora es el momento de alabar a Dios. Y nos corresponde. Pero pronto volverán a quejarse con Jehová y a criticar severamente a Moisés.

Moisés hace frente a la realidad de un pueblo carnal y quejoso (Éxodo 15: 22-17:16)

El líder en formación pronto afronta la realidad de la oposición de adentro. Faraón era una oposición de afuera, y en cierto sentido es de esperarse. Pero cuando *"la columna quinta"* nos ataca, se libra la batalla entre la carne y el Espíritu. En la Guerra Española, en la década de los treinta, había una ciudad sitiada por los cuatro lados, pero surgieron los traidores y ellos fueron llamados el quinto lado o la *"la quinta columna"*, era el ataque desde el interior de la ciudad. No había defensa contra ellos.

Así sucede en la vida cristiana, el creyente tiene el enemigo adentro, enemigo implacable que no quiere someterse a Dios. Es el orgullo, la carne, la auto lástima, la envidia, la impureza, la impaciencia y la amargura, entre otros. En Israel estaría la multitud mixta (Nehemías 13:3), los quejosos que aún hoy día existen entre nosotros. Le hacen la vida difícil al líder.

Personalmente, he visto más carnalidad en estos últimos años que en los primeros. Sin duda, la razón es que yo mismo era más carnal y por eso no lo reconocía. La carne tristemente reina en tantos lugares y no se sabe cómo hacerle frente. **Más urgente que nunca es el Mensaje de la Cruz que es el único antídoto contra el poder de la carne.** Dios la llevó a la cruz donde la juzgó de una vez por todas (Romanos 8: 3).

Todavía hay más en el recorrido. Al final del capítulo leemos acerca de las aguas de amargas Mara (Éxodo 15: 22-27). La primera parada introdujo a los israelitas a la realidad del desierto. Dios no los llevó por la vía corta, porque se hubieran desanimado (Éxodo 13:17, 18) al encontrarse con los filisteos. Bien sabía el Señor lo frágil de su fe. La gracia de Dios se ve nuevamente. No hubo agua; o mejor, si la hubo pero estaba agria y amarga. Se oyó la primera murmuración, pero Dios solucionó el problema echando un árbol en las aguas amargas que entonces se volvieron dulces.

No es difícil reconocer ahora la interpretación: la Cruz, el madero sobre el cual murió Cristo, endulza las amargas aguas de la vida. Además, Dios en su bondad prometió al pueblo terco no dejar caer sobre ellos las enfermedades de los egipcios. Una provisión más allá de lo que merecían. Como un toque extra de la gracia de Dios, se les reveló con un nombre nuevo: **Jehová tu sanador.** Uno pensaría: ¿cómo podría quejarse con Dios este pueblo? Pero la cosa se pondría peor dentro de poco. ¡Como otro toque de gracia acamparon en Elim donde había doce fuentes de agua y setenta palmeras!

Otro problema para Moisés, la carne hacía que las cosas fueran de mal en peor. No es fácil para el liderazgo cuando el egoísmo y la queja reinan. Dentro de seis semanas el pueblo no pudo más. *"Y toda la congregación de los hijos de Israel murmuraron contra Moisés y Aarón… decían: Ojalá hubiéramos muerto por mano de Jehová en la tierra de Egipto, cuando nos sentábamos a las ollas de carne, cuando comíamos pan hasta saciarnos; pues, nos habéis sacado a este desierto para matar de hambre a toda esta multitud" (Éxodo 16:.2-3).* La maravilla es que Dios no les reprendiese en dicha ocasión. Al contrario, les mandó maná el cual comerían por cuarenta años (v.35).

Hay más lecciones sobre la provisión oportuna que revela la gloria de Dios, a pesar de lo obstinado del pueblo. *"Y a la mañana veréis la gloria de Jehová; por que él ha oído vuestras murmuraciones contra Jehová; porque nosotros, ¿qué somos, para que vosotros murmuréis contra nosotros? Dijo también Moisés: Jehová os dará en la tarde carne para comer, y en la mañana pan para saciaros; porque Jehová ha oído vuestras murmuraciones con que habéis murmurado contra él; porque nosotros, ¿qué somos? Vuestras murmuraciones no son contra nosotros, sino contra Jehová."* (vv.7, 8).

Hay una nota tan solemne en Salmo 106:13-16: *"Bien pronto olvidaron sus obras; no esperaron su consejo. Se entregaron a un deseo desordenado en el desierto; y tentaron a Dios en la soledad. **Él les dio lo que pidieron. Mas envió mortandad sobre ellos"**.* La versión Rey Jaime (1611) en inglés dice: "Les envió flaqueza a sus almas". ¡Qué tremenda advertencia! El Salmista dedica 48 versos a la pura rebeldía de su pueblo. Antes de juzgar fuerte a los israelitas, debemos examinar nuestro propio corazón y las reacciones que tantas veces justificamos tan fácilmente. Esta advertencia nos sirve para no exigir a Dios que nos dé lo que queremos, nuestros caprichos basados en la carne.

Dios da a Moisés y al pueblo indicaciones sobre su provisión espiritual (Éxodo 17)

Una vez más se ve la misericordia de Dios frente a las murmuraciones (Éxodo 17:1-7). No nos debe sorprender la paciencia de Dios con Israel, ya que tiene la misma para con nosotros. Después de haber visto la provisión de las aguas dulces, las palmeras de Elim, el maná y las codornices en abundancia, volvían a quejarse con Dios por la falta de agua según su capricho. Salieron de nuevo las murmuraciones y las acusaciones implícitas contra Dios mismo: *"¿Por qué nos hiciste subir de Egipto para matarnos de sed a nosotros, a nuestros hijos y a nuestros ganados?"* (v.3). ¡Acusaban a Dios de querer matar a sus hijos!

Moisés está entre la espada y la pared. El líder se convierte, como de costumbre, en el blanco de la carne y sus disgustos. Pero Moisés discernió que el blanco de las murmuraciones no era él sino Dios mismo. Pero ¿qué haría? *"Entonces clamó a Jehová, diciendo: ¿Qué haré con este pueblo? De aquí a un poco me apedrearán"* (v.4).

En lugar de condenar y ajusticiar al pueblo, Dios, *"amplio en perdonar"* (Isaías 55:7), les da una señal que apuntaba hacia la Cruz. Otra vez la orden fue que Moisés pasara delante del pueblo con los ancianos y sobre todo que tomara la **vara** en su mano --**la misma vara** y mano que golpeó el río-- y que pegara sobre la roca de Horeb. Moisés obedeció como líder, atento a la orden de Jehová.

128

Delante de sus ojos, Jehová les dio, *en miniatura, una muestra de lo que sería el Calvario.* *"He aquí que yo estaré delante de ti allí sobre la peña de Horeb; y golpearás la peña y saldrán de ella aguas, y beberá el pueblo. Y Moisés lo hizo así en presencia de los ancianos"* (v.6). Quizá no entendieran todo lo que significaba, pero podemos ver la tremenda lección de que Dios golpearía a su Hijo y de él saldrían las aguas vivas. "Mas tarde Pablo dice: *"Y todos bebieron la misma bebida espiritual; porque bebían de la roca espiritual que los seguía, y la roca era Cristo"* (1 Corintios 10:4).

Aunque Dios les dio aguas a pesar de su incredulidad, fue llamado el nombre de tal lugar triste: *Masah* y *Meriba* por la rencilla del pueblo. *"Tentaron a Jehová diciendo: ¿Está, pues, Jehová entre nosotros, o no?"* (v. 7). Una vez más el salmista capta el pecado de Israel: *"Pues tentaron a Dios en su corazón, pidiendo comida a su gusto. Y hablaron contra Dios diciendo: Podrá poner mesa en el desierto? He aquí ha herido la peña, y brotaron aguas, y torrentes inundaron la tierra; ¿Podrá dar también pan? ¿Dispondrá carne para su pueblo? Por tanto, oyó Jehová, y se indignó"* (Salmo 78:18-21).

El autor inspirado de Hebreos lanza a los de su día lo mismo y nos queda una advertencia muy seria. A no ser que pensemos mal, la aplicación nos es fuerte y directa hoy día. Pocas veces oímos la fuerza divina de las advertencias por razones equivocadas doctrinales, como si pudiéramos perder nuestra salvación. Pero el autor de Hebreos desenvaina la espada de las consecuencias que vienen en la disciplina del Señor para quienes andamos en la carne y no en el Espíritu.

Así dice la Palabra: *"Por lo cual, como dice el Espíritu Santo: si oyereis hoy su voz, no endurezcáis vuestros corazones como en la provocación –* una referencia específica a este evento histórico-- *en el día de la tentación en el desierto... por tanto, juré en mi ira: no entrarán en mi reposo"* (Hebreos 3: 7, 8, 11).

Se hace la aplicación a los hebreos vacilantes: *"Mirad, hermanos, que no haya en ninguno de vosotros corazón malo de incredulidad para apartarse (apostatar) del Dios vivo"* (Hebreos 3:12). Después de esta advertencia para la actualidad viene la exhortación con urgencia:

"Temamos, pues, no sea que permaneciendo aún la promesa de entrar en su reposo, alguno de vosotros parezca no haberlo alcanzado" (4:1). **Estimado lector, déjeme decir con claridad algo: Hebreos no enseña la pérdida de la salvación de aquellos que son justificados por Dios.** Lo que sí hace es recordarnos que no podemos andar impunes en la carne, sin enfrentar las consecuencias de la disciplina del Señor. Léase con atención Hebreos 12:1-11 y 28, 29. Para mí es una lección solemne la de no andar como anduvieron los israelitas de aquel tiempo. Que echemos mano de la plena provisión de la Cruz, identificados con Cristo en muerte al egoísmo y vivos para Dios en Cristo Jesús (Romanos 6:11).

Capitulo 17
Moisés, El líder frente a los desafíos de la voluntad de Dios
Éxodo 17:8-16; 32, 33; Números 11, 12

Introducción

En los estudios de Moisés hemos trazado la protección y la providencia de Dios en la niñez, la adolescencia y también la resistencia frente al llamado. Pero aun en tal tiempo, Dios obraba profundamente en Moisés (Hebreos 11:23-29). Después de Abraham (trece versos son dedicados a él), el escritor de Hebreos dedica siete versos a Moisés. Es un recorrido por su fracaso en Egipto, sus cuarenta años en el desierto y el trato de Dios con él que llegó a quebrantar su corazón. Sus circunstancias iban a ser la escuela de la disciplina que produciría al gran caudillo que llegaría a ser.

Dios seguiría forjando a Moisés a su imagen y lo haría a través de las pruebas duras y los desafíos de su liderazgo. Éste es un proceso que debe llevarnos a sacar nuestras propias lecciones. Sólo en la escuela de la disciplina divina prepara Dios el corazón de sus siervos. En el lenguaje del Nuevo Testamento sería la Cruz, la muerte y la resurrección. Es a través de la vía de la muerte que aparece la vida nueva. *Si el grano de trigo muere, lleva mucho fruto* (Juan 12:24).

La guerra contra Amalec, la lucha contra el enemigo de afuera (Éxodo 17:8-16)

Justo después del maná y la roca de la cual brotó agua, viene la guerra contra Amalec. Dios introdujo a Moisés a la realidad de que el diablo y la carne se oponen al espíritu. No hay camino color de rosa, sino siempre la oposición de afuera. La carne o el egoísmo de Israel se vio en *Masah* y *Meriba* (Éxodo 17:7; Hebreos 3:8, 9).

"Entonces vino Amalec y peleó contra Israel en Refidim" (Éxodo.17:8). Moisés no se sorprendió pero dio órdenes a Josué (ésta es la primera mención de Josué) que escogiera varones para pelear. Se dio cuenta, sin

embargo, que la batalla no dependería de las fuerzas de los israelitas sino de la vara en su mano. Entonces dijo Moisés: *"Mañana estaré sobre la cumbre del collado, y la vara de Dios en mi mano"* (v.9). Esta lección se ha repetido mil veces en la historia de Israel. Una lección frecuentemente olvidada es: *"No con ejército, ni con fuerza, sino con mi Espíritu, ha dicho Jehová de los ejércitos"* (Zacarías 4:6). Ningún líder debe verse exento de la oposición del enemigo o de Amalec, tipo del diablo, y su primer aliado, la carne.

La pelea va de acuerdo con las leyes de la oración y la autoridad delegada. Lo que siguió corresponde precisamente a la realidad espiritual. *"Porque no tenemos lucha contra sangre y carne, sino contra principados, contra potestades, contra los gobernadores de las tinieblas de este siglo, contra huestes espirituales de maldad en las regiones celestes"* (Efesios 6:12). Sólo los recursos espirituales bastan para hacer frente al enemigo. Moisés entendía bien el poder de la vara, la autoridad delegada por Jehová. Nos corresponde la misma autoridad bajo las condiciones de la Cruz: nuestra muerte al "yo" y el sentarnos en los lugares celestiales (Efesios 2: 6-10).

La pelea es real por lo tanto es importante la persistencia y la intercesión (Éxodo 17:11-13). En las batallas espirituales la victoria no se gana en un dos por tres, sino que es asegurada por la fidelidad, el manejo de los medios espirituales, la fe y la persistencia. La lucha cósmica en que nos encontramos no es una mera escaramuza sino una batalla real, pero en la Cruz de Cristo ya tenemos la victoria.

La última batalla librada y ganada fue la de la Cruz. *"Y Cristo, en los días de su carne, ofreciendo ruegos y súplicas con gran clamor y lágrimas al que le podía librar de la muerte, fue oído a causa de su temor reverente. Y aunque era Hijo, por lo que padeció aprendió la obediencia y habiendo sido perfeccionado, vino a ser autor de eterna salvación para todos los que le obedecen"* (Hebreos 5: 7-9).

El vaivén de la batalla acompañaba la intercesión de Moisés. Aarón y Hur lo sostenían y con cada esfuerzo arriba en los lugares celestiales, abajo en la guerra librada les acompañaba la victoria. Con la ayuda de los dos, Moisés se mantenía firme hasta la puesta del sol. Pablo solía pedir tal oración a su favor en la batalla espiritual librada en la predicación (2 Corintios 1:11; Efesios 6:18-20; Filipenses 1:19; Colosenses 4:3).

Esta pelea resultó en un nuevo nombre de Dios para Moisés (Éxodo 17:14-16). *"Y Jehová dijo a Moisés: Escribe esto para memoria en un libro, y di a Josué que raeré del todo la memoria de Amalec de debajo del cielo"* (v.14). Aquí vemos la implacable ira de Dios contra Amalec, tipo del diablo, y su primer aliado, la carne, el viejo hombre. Es interesante que éste sea un consejo para Josué, el principiante, en la primera de las muchas batallas que tendría que librar. Dios lo estaba equipando para el futuro.

Habrá batallas, pero la victoria es segura por medio de oración y persistencia. Lo más interesante es que *"Moisés edificó un altar y llamó el nombre Jehová-nisi: Jehová es mi estandarte"* (v.15). Cada victoria espiritual nos prepara para conocer a Dios de manera más íntima y poderosa. Por eso vale la pena toda prueba.

En medio del dar de la ley, el fracaso del pueblo ante el becerro de oro

Moisés ya estaba en el dar de la ley y los estatutos con respecto a la vida y la adoración. Salieron de Egipto y en el tercer mes Jehová los confronta con el dar de la ley. *"Ahora, pues, si diereis oído a mi voz, y guardáreis mi pacto, **vosotros seréis mi especial tesoro** sobre todos los pueblos: porque mía es la tierra. Y vosotros **me seréis un reino de sacerdotes, y gente santa"** (Éxodo 19:5, 6).

El dar de la ley marcó el principio de la nación hebrea. Luego siguen las instrucciones de cómo acercarse a Dios, cómo servirlo. Después Dios invitó a Moisés, Aarón, Nadab y Abiú y setenta ancianos a acercarse a Él. En ese momento solemne Moisés *"tomó el libro del pacto y lo leyó a oídos del pueblo, el cual dijo: Haremos todas las cosas que Jehová ha dicho y obedeceremos... Moisés tomó la sangre y roció sobre el pueblo"* (Éxodo 24:1,7, 8).

Moisés y Josué subieron al monte de Dios. Luego ascendió solo Moisés y una nube lo envolvió. Por cuarenta días recibió los diez mandamientos escritos y todos los detalles tan significativos sobre cómo acercarse a Dios y cómo servirlo (Éxodo 25-31:17). Israel había aceptado el reto de su privilegiada posición ante Jehová. Pero no se

133

daban cuenta de las demandas de la santidad ni de su propia pobreza espiritual, que muy pronto se haría tan manifiesta.

Muy pronto olvidaron su profesión de lealtad ante Jehová y confeccionaron un becerro de oro (Éxodo 32:1-3). Moisés tardó cuarenta días en presencia de Jehová. Iba a traer las dos tablas de la ley escritas por el dedo de Jehová (Éxodo 31:18). Abajo el pueblo le dijo al débil Aarón: *"Levántate, haznos dioses que vayan delante de nosotros; porque a este Moisés, el varón que nos sacó de la tierra de Egipto, no sabemos qué le haya acontecido"* (32:1). ¡Qué escandaloso es todo esto!

Ahora Aarón, la voz de Moisés, traicionaría a su hermano, resultado de la resistencia de Moisés frente a su llamado original (Éxodo 4:10-16). Moisés iba a lamentar aquella pobre excusa, porque Aarón para nada le ayudaría. El brazo de la carne siempre nos falla. *"Maldito el varón que confía en el hombre, y pone carne por su brazo, y su corazón se aparta de Jehová"* (Jeremías 17:5).

Rápido juntaron los zarcillos de oro y se los dieron a Aarón. De lo malo a lo peor, y dijeron este sacrilegio: *"Estos son tus dioses, que te sacaron de la tierra de Egipto"* (Éxodo 32:4). Aarón edificó un altar al becerro y dijo: *"Mañana será fiesta para Jehová"* (v.5). ¡Qué blasfemia y sincretismo! *"Y el siguiente día madrugaron, y ofrecieron holocaustos, y presentaron ofrendas de paz, y se sentó el pueblo a comer y a beber, y se levantó a regocijarse"* (v.6).

Pablo lo toma en cuenta en su advertencia a los corintios: *"Ni seáis idólatras, como algunos de ellos, según está escrito: Se sentó el pueblo a comer y a beber, y se levantó a jugar"* (1 Corintios 10:7). Dios, al ver tanta idolatría, se enojó justamente. En tal momento dijo a Moisés: *"Ahora, pues, déjame que se encienda mi ira en ellos, y los consuma; y de ti yo haré una nación grande"* (v.10).

Tal vez Dios se lo dijera con el fin de ponerlo a prueba, pero de todos modos Moisés mostró más interés en el nombre del Señor, su reputación ante los egipcios y, sobre todo, su fidelidad hacia el pacto con Abraham, Isaac y Jacob y así imploró a Dios que los perdonara (vv.11-13). Aquí se encuentra una de esas oraciones intercesoras sin par en el Antiguo Testamento. Su intervención mediadora lo lleva a discutir con Jehová así como Abraham lo hiciera con Dios ante el castigo inminente de Sodoma y Gomorra (Génesis 18).

Dios mismo atendió a la oración de ese gran líder espiritual. No pedía nada para sí mismo, sino que fue motivado sólo por el nombre de Jehová. En esto Moisés mostró el espíritu de Cristo ante la Cruz. *"Ahora está turbada mi alma; ¿y qué diré? ¿Padre, sálvame de esta hora? Mas para esto he llegado a esta hora. Padre, glorifica tu nombre"* (Juan 12: 27, 28). Ahora sale de Moisés la calidad de su liderazgo; lo vemos como mediador entre Dios y su pueblo rebelde. Moisés da evidencia de Cristo mismo cuando en la Cruz se puso entre el Dios santo y el mundo perdido. Fue conmovido el corazón de Dios y *"se arrepintió del mal que dijo que había de hacer a su pueblo"* (Éxodo 32:14). Dios mismo reconoce la calidad de la vida y la petición de Moisés y responde. Siguen, sin embargo, las consecuencias para el pueblo.

La excusa de Aarón fue pobre, pero valiente el desafío aceptado por los Levitas (Éxodo 32:15-35)

Dios le había dicho a Moisés el gran pecado del pueblo (Éxodo 32:7-9). Al descender del monte, se oía la voz de cantos y el desenfreno; Moisés, en un momento de indignación santa, arrojó las tablas del testimonio de sus manos y las quebró al pie del monte, la misma obra de Dios (v.16).

Al confrontarse Moisés con Aarón, le dio la excusa más estúpida que jamás se haya oído: *"No se enoje, mi señor, tú conoces al pueblo, que es inclinado a mal. Porque me dijeron: Haznos dioses que vayan delante de nosotros... Yo les respondí: ¿Quién tiene oro? Apartádmelo. Y me lo dieron, y lo eché en el fuego y salió este becerro"* como si él ni estuviera presente ni tuviera ninguna culpa. Así es la respuesta de la carne que no quiere nunca reconocer su mal.

Moisés respondió agresivamente, como Cristo ante los cambiadores de dinero en el templo (Juan 3:13-15). *"¿Quién está por Jehová? Júntese conmigo. Y se juntaron con él todos los hijos de Leví. Y él les dijo: Así ha dicho Jehová, el Dios de Israel: poned cada uno su espada sobre su muslo; pasad y volved de puerta a puerta por el campamento, y matad cada uno a su hermano, y a su amigo, y a su pariente"* (Éxodo 32:26,

27). Resulta casi increíble que los de Leví hicieran lo que hicieron, pero murieron como tres mil hombres.

La obediencia a costa de sus propias familias ilustró lo que Jesús exigió a todos sus discípulos: *"El que ama a padre o madre más que a mí, no es digno de mí; y el que ama a hijo o hija más que a mí no es digno de mí; y el que no toma su cruz y sigue en pos de mí, no es digno de mí. El que halla su vida, la perderá; y el que pierde su vida por causa de mí, la hallará"* (Mateo 10:37-39).

Moisés se dirigió a los levitas asegurándoles de la bendición especial que ese día les tendría (v.29). Aarón, el sumo sacerdote escogido, falla miserablemente; sin embargo, los levitas recibieron la bendición de poder servir en las cosas sagradas del Señor.

Como el clímax del liderazgo cristocéntrico aparece Moisés dispuesto a ser anatema por los suyos. Lo que sigue revela como ninguna otra cosa el corazón de Moisés, líder fiel y abnegado, asumiendo el espíritu de Jesús. *"Dijo Moisés: Vosotros habéis cometido un gran pecado, pero yo subiré ahora a Jehová; quizá le **aplacaré** acerca de vuestro pecado"* (v.30).

Moisés usó la palabra **"kofer"**, la raíz de la idea de la expiación y la propiciación. Tal era su corazón que estaba dispuesto a ir hasta la muerte por su pueblo rebelde. Cuando se ofreció a sí mismo a Dios agregó: *"que perdones ahora su pecado, y si no, ráeme ahora de tu libro que has escrito"* (v.32). Éste es el Espíritu de Cristo manifestado claramente en un santo del Antiguo Testamento.

El apóstol Pablo manifestó el mismo espíritu al decir: *"Tengo gran tristeza y continuo dolor en mi corazón. Porque deseara yo mismo ser anatema, separado de Cristo, por amor a mis hermanos, lo que son mis parientes según la carne"* (Romanos 9:2, 3).

Aunque Moisés se ofreció a ser sacrificio, Dios no pudo aceptar su oferta porque ningún hombre pecador puede ser substituto por otro, sólo el unigénito Hijo de Dios (Juan 1:29). *"Ve pues, ahora, lleva a este pueblo a donde te he dicho; he aquí mi ángel irá delante de ti; pero en el día del castigo, yo castigaré en ellos su pecado. Y Jehová hirió al pueblo, porque habían hecho el becerro que formó Aarón"* (Éxodo 32:34, 35).

Más conflictos: el pueblo quiere comer carne y critican a Moisés (Números 11, 12)

Sigue otro motín entre el pueblo con respecto a comer carne (Números 11 y 12). En el segundo año Israel marchó desde Sinaí, y en el camino se levantó otro motín. Antes había sido por el agua, luego por el maná y ahora el motivo era la carne. Nada satisfacía a este pueblo. Llegó a tal grado la queja que ardió la ira de Jehová y se encendió en ellos fuego (v.1). Moisés intercede de nuevo por ellos. Moisés oró a Dios y el fuego se extinguió. Y se llamó a aquel lugar *Tabera* (incendio).

La gente extranjera precipitó la queja y los israelitas se dejaron contagiar por ese espíritu rebelde y quejumbroso a tal punto que el pobre Moisés no pudo más. Después de todo hay límites para el ser humano. Y Moisés dijo a Dios: *"¿Por qué has hecho mal a tu siervo? ¿Y por qué no he hallado gracias en tus ojos, que has puesto la carga de todo este pueblo sobre mí? ¿Concebí yo a todo este pueblo? ¿Lo engendré yo, para que me digas: Llévalo en tu seno, como lleva la que cría al que mama, a la tierra de la cual juraste a sus padres?* (vv.11, 12).

Se desesperó Moisés a tal grado que Dios lo tomó en cuenta y le dijo que juntara a los setenta varones para que Dios pusiera sobre ellos su espíritu para aliviar la carga al pobre Moisés. Aquí vemos a Dios tomando en cuenta los límites humanos. Aunque la causa del pueblo era injusta, Dios se dio cuenta de la fragilidad de Moisés y le ayudó por repartir el peso tan duro sobre Moisés.

Después de este alivio, Dios envió codornices en cantidad y les dio de comer aun en el desierto. Pero Jehová los iba a castigar. *Aún estaba la carne entre los dientes de ellos, antes que fuese masticada, cuando la ira de Jehová se encendió en el pueblo, e hirió Jehová con una plaga muy grande"* (v.33).

De inmediatamente se le presentó a Moisés otra prueba fuerte, María y Aarón estaban disgustados y hablaron contra él a causa de su matrimonio con una mujer cusita (Números12:1). Dios no lo condenó, al contrario, lo defendió. No hay problema más grave que el que está en el seno de la familia.

El disgusto entró en María y luego ella afectó a Aarón con la envidia y los celos, evidencia del control de la carne; eran los mismos que antes habían cantado con tanta elocuencia al ver el triunfo sobre los egipcios (Éxodo 15). Se manifestó la envidia con esta queja tan común: *"¿Solamente por Moisés ha hablado Jehová? ¿No ha hablado también por nosotros? Y lo oyó Jehová"* (Números 12:2). No hay nada peor que el celo "espiritual". Dios tomó cartas en esta situación y los llamó a los tres al tabernáculo. Defendió a Moisés delante de los dos; Moisés no dijo palabra alguna, al contrario, hay un comentario inspirado que afirma: *"Moisés era muy manso, más manso que cualquier hombre sobre la tierra."* (v.3). **Se ha dicho que si nos defendemos, Dios no puede pelear por nosotros, pero si no nos defendemos, Dios lo hará.**

¿Cómo se resolvió este problema? Desapareció la nube del tabernáculo y de repente María se volvió leprosa, una vergüenza muy fuerte, casi como si hubiera muerto. De inmediato Moisés, lejos de defenderse, clamó a Dios que la sanara. *"Te ruego, oh, Dios, que la sanes ahora"* (v.13). Dios contesta la oración, pero muestra su disgusto divino diciendo que aun un insulto ante su padre requeriría estar fuera del campamento por siete días, cuánto más esta crítica tan envidiosa. Resultó que por siete días todo el pueblo no pudo avanzar nada, porque María había criticado a su hermano sin causa. Una vez más, Moisés mostró la calidad del verdadero líder espiritual; no se defendió sino que dejó que Dios arreglara las cosas.

Las cualidades del verdadero líder frente a las pruebas y las injusticias

1. Cualquier avance espiritual trae la oposición y sólo **la oración** puede darnos la victoria. Así como Cristo se encontró de repente con los demonios (Mateo 8:28-34), Pablo también enfrentó oposición en la isla de Chipre con el brujo, Barjesús (Hechos 13:6-12) y en Filipos, la primera ciudad de Europa, con aquel espíritu de adivinación (Hechos 16:16). Se debe esperar el ataque diabólico. Moisés hizo frente a Amalec con la intercesión poderosa.

2. Cuando Dios se revela como en Sinaí en el dar de la ley, la carnalidad y los débiles como Aarón se complacen en promover la idolatría y son ciegos de su pecado. Moisés se enojó con razón, pero al mismo tiempo **intercedió por el pueblo hasta proponerse el mismo como anatema.** Mostró el espíritu de Cristo al darse a sí mismo por nosotros.

3. Frente a los celos y la crítica de su propia familia no se defendió, como Cristo *"cuando padecía, no amenazaba, sino encomendó la causa al que juzga justamente"* (1 Pedro 2:23). Moisés perdonó tanto a María como a Aarón y oró por ellos usando de la mansedumbre la cual Dios honró al defenderlo y castigar a la culpable que influyó en su débil hermano, Aarón. Dios forjaba a Moisés según el modelo del Crucificado.

Tres modelos: Saúl, Jonatán y David

Capítulo 18
Saúl

Introducción

Quiero bosquejar tres modelos del liderazgo del Antiguo Testamento bajo el escrutinio de Saúl, el triste fracaso; Jonatán, fiel al Hijo Mayor de David (Jesús) y leal hasta el fin; y David, como dice Dios, *"varón conforme a mi corazón" (*Hechos 13:22).

Saúl, el triste fracaso (1 Samuel 8-15)

Desde el momento en que fue promulgada la ley de Moisés, Israel vivía bajo una teocracia. Jehová era a ellos padre e Israel era "su hijo, su primogénito" (Éxodo 4:22). Además, Dios había dicho: *"Vosotros seréis mi especial tesoro, sobre todos los pueblos; porque mía es toda la tierra. Y vosotros me seréis un reino de sacerdotes, y gente santa"* (Éxodo 19:5,6). Bajo Moisés, Josué, los jueces y hasta Samuel, el último juez, Israel vivía así en tal posición privilegiada.

Pero en 1 Samuel 8:5 Israel iba a cruzar la línea de la rebeldía. *"Y le dijeron (a Samuel): He aquí tú has envejecido, y tus hijos no andan en tus caminos; por tanto, constitúyenos ahora un rey que nos juzgue,* **como tienen todas las naciones"**. Era el primer paso hacia abajo: buscar y aceptar las normas de todas las naciones adoptándolas como los valores del pueblo de Dios. Ésta es una tentación todavía bien fuerte hoy día.

Y Samuel oró a Dios. La respuesta de Jehová fue bien clara: *"Oye la voz del pueblo en todo lo que te digan; porque no te han desechado a ti, sino a mí me han desechado, para que no reine sobre ellos"* (v.7). Sigue diciendo Dios a Samuel: *"Ahora, pues, oye su voz; mas protesta solemnemente contra ellos, y muéstrales cómo les tratará el rey que reinará sobre ellos"* (v.9). Véase Deuteronomio 17:14-20. En estos versos Dios anticipa la tendencia inevitable a levantar un rey sobre ellos, y profetiza contra el gran costo humano de seguir tal rumbo.

141

Es bueno aclarar que no había nada malo en el concepto del rey, según el plan divino. Es más, el mismo Mesías sería Rey de reyes y Señor de señores. Dios mismo iba hacia ese concepto teocrático que tomaría forma en la encarnación del Dios Hijo y la llegada del rey Jesús, estableciendo el reino espiritual de Dios como nos dice el evangelio (Marcos 1:14, 15). Ese reino se manifestará en toda su plenitud en el milenio futuro.

Lo malo de Israel fue escoger a su propio rey según las normas del mundo y en su tiempo, no en el de Dios. El anhelo de ellos era ser como las demás naciones. Dios no pudo bendecir a largo plazo tal rebeldía, por lo tanto, tarde o temprano el fracaso los alcanzaría.

Lo curioso era que Dios le dijera a Samuel que les concedería su petición, no porque a la postre les resultara en bien sino para enseñarles una lección muy profunda. Dios quería que aprendieran que su petición les iba a costar muy caro. De la misma manera, cualquier decisión carnal nuestra nos va a acarrear consecuencias. Dios puede permitir algunas cosas que nos costarán lágrimas, aunque no haya sido su voluntad original.

Dios es soberano en permitir las cosas malas que nos suceden, pero eso no quiere decir que las apruebe; antes por el contrario, lo que quiere es enseñarnos que la rebeldía nunca resulta. En la trayectoria histórica de los Israelitas en Salmo 106:15, Dios afirma este principio amenazador: *"Y él les dio lo que pidieron; mas envió mortandad sobre ellos"*.

Lo que empieza mal terminará de mal en peor. Comenzó mal lo del primer rey de Israel porque ellos querían ser como las demás naciones. Los valores mundanos no corresponden nunca a los valores del reino de Dios. Aprendamos esta lección: Ni la oración nuestra ni la política carnal pueden cambiar el propósito de Dios.

¿En qué sentido es soberano Dios?

Tantas veces se oye la expresión "Dios es soberano", casi como si fuera una justificación de todo lo que pudiera pasar, sin darnos cuenta que una decisión carnal puede ser muy errónea. Se dice que es la voluntad de Dios porque dicha cosa pasó. Recuerdo que en cierto caso reciente en la vida del seminario, una decisión unánime --tomada después de mucha oración-- se reportó como si fuera la voluntad de Dios mismo, pero con el transcurso del tiempo pudimos notar que había sido una decisión trágica y devastadora.

Claro que Dios es soberano pero no todo lo que él permite pueda llevar a cabo su voluntad a corto plazo. Él tiene su plan y a largo plazo lo llevará a cabo (en ese sentido sí que es soberano), pero entre tanto somos responsables de obedecer su plan y no el nuestro. Él se compromete sólo en bendecir su propio plan.

Como vamos a ver en la vida de Saúl, el primer rey de Israel, Dios era soberano en enseñarle la lección de que su propio escogimiento iba a resultar desastroso. No quisieron esperar el momento divino y el escogimiento de Dios. Y es que el joven pastor de ovejas, David, en criterio humano, era el candidato menos probable (1 de Samuel 16:4-13). Se lanzaron, entonces, por su camino de rebeldía. Dios, por algún tiempo, parecía permitirlo a través de su gracia y misericordia nombrando y aun bendiciendo a Saúl.

Empieza algo bueno: escoger el primer rey, Saúl

Por medio de una serie de incidentes interesantes Dios actúa a favor de hallar y nombrar a Saúl. Veámoslo: Dios le informa a Samuel de la familia humilde de Cis, cuyo hijo, Saúl era joven, hermoso. *"Entre los hijos de Israel no había otro más hermoso que él; de hombros arriba sobrepasaba a cualquiera del pueblo"* (1 Samuel 9:1, 2). Su padre le despachó con su criado a buscar unas asnas perdidas. Saúl ignoraba donde vivía Samuel, pero su criado le informó del vidente (vv.5-7); Saúl, al verlo, no lo reconoció: *"Te ruego que me enseñes dónde está la casa del vidente"* (v.18). Samuel le respondió: "Yo soy el vidente" (v.19).

Por el lado de Dios, en la noche anterior el Señor se le había aparecido a Samuel para informarle que al día siguiente vendría *"un varón de la tierra de Benjamín, al cual ungirás por príncipe sobre mi pueblo Israel, y salvará a mi pueblo de mano de los filisteos; porque yo he mirado a mi pueblo, por cuanto su clamor la llegado hasta mí"* (vv.15, 16). Allí mismo, después del sacrificio, Samuel le dio a Saúl la sorprendente preferencia en la mesa (v.24). Además, Samuel le informó que ya se habían hallado las asnas.

Luego Samuel, con palabras difíciles de entender, dijo: *"Mas ¿para quién es todo lo que hay de codiciable en Israel, sino para ti y para toda la casa de tu padre?* Ante las cuales respondió Saúl: *¿No soy yo hijo de Benjamín, de la más pequeña de las tribus de Israel? Y mi familia, ¿No es la más pequeña de todas las familias de la tribu de Benjamín? ¿Por qué, pues, me has dicho cosa semejante?* (vv.20-21).

Al día siguiente Samuel lo ungió y lo besó: *"¿No te ha ungido Jehová por príncipe sobre su pueblo Israel?"* (1 Samuel 10:1). Con este principio alentador todo parecía bien, pero el mero hecho de ser Saúl de la tribu de Benjamín indicaba plenamente que no sería el rey escogido por Dios, pues no era de la tribu de Judá. Pero a lo menos Saúl empezó con cierta humildad o baja estima propia.

Después de esto habría otras señales de la presencia de Dios a su favor: el encuentro de dos hombres enviados por su padre con respecto a las asnas (v.2), luego tres hombres con una serie de tres cosas—no pudiera haber sido una casualidad-- (vv.3, 4), la llegada de unos profetas con los cuales hasta Saúl profetizaría.

Y la culminación de todo: *"Entonces el Espíritu de Jehová vendrá sobre ti con poder, y profetizarás con ellos, y serás **mudado en otro hombre**. Y cuando te haya sucedido estas señales, haz lo que te viniere a la mano, porque Dios está contigo". (vv.6-7).* *"Aconteció luego, que al volver él la espalda para apartarse de Samuel, **le mudó Dios su corazón**; y todas estas señales les acontecieron en aquel día" (v.9)*

Dios bendice a Saúl en pura gracia y él responde

En todo esto vemos la misericordia de Dios. Aun cuando no pudo bendecir a largo plazo la decisión orgullosa y mundana del pueblo, no los abandonó. Ésta es una lección sobria para nosotros. La bendición de Dios no es siempre evidencia de su aprobación. Él protege y mantiene su obra por su nombre a pesar de los errores nuestros. La provisión divina puede ser otra evidencia de su gracia y paciencia ante nuestra carnalidad.

Lo que le pasó a Saúl en términos del Antiguo Testamento se aproxima mucho a la regeneración en el Nuevo Testamento. Recordemos las palabras: *"Serás mudado en otro hombre"*, *"Dios le mudó su corazón"*. Por eso creo que podemos afirmar la salvación de Saúl aun en términos veterotestamentarios. Puede haber otra interpretación, pero no se puede negar la intervención directa de Dios en la vida de Saúl. Dios en gracia pone su parte, aun sabiendo la decisión mala del pueblo de desechar el reinado de Jehová. En cambio, por su parte, Saúl no fue partícipe en aquello. Dios haría con él lo que quisiera.

Lo que sigue en 1 Samuel, en los capítulos del 10 al 14 es pura esperanza de un buen fin. *"Y hubo guerra encarnizada contra los filisteos todo el tiempo de Saúl; y todo el que Saúl veía que era hombre esforzado y apto para combatir, lo juntaba consigo"* (1 Samuel 14:52).

Caída de un líder exitoso y advertencias para tomar en cuenta (1 Samuel 15-31)

Es imposible trazar paso a paso el desmoronamiento y la degeneración que toma lugar en un líder que cae. No cabe duda que debe ser lento e imperceptible desde afuera. Sin embargo, siempre hay causas profundas antes de verse las tristes consecuencias. En el caso de Saúl sin duda su éxito contra los filisteos, el enemigo perenne de Israel, le dejó con un concepto de sí como alguien invulnerable. El éxito tiende hacia el orgullo y el concepto demasiado alto de uno mismo.

Con toda razón Pablo, después de hacer reto al creyente a una entrega total (Romanos 12:1), dice: *"Digo, pues, por la gracia que me es dada a cada cual que está entre vosotros, **que no tenga más alto concepto de sí que el que debe tener,** sino que piense de sí con cordura, conforme a la medida de fe que Dios repartió a cada uno"* (v.3).

No cabe duda de que no hay tentación más sutil, más difícil de resistir que la soberbia. Contagió a Satanás, *"tú eras el sello de la perfección, lleno de sabiduría y acabado en hermosura"* (Ezequiel 28:12). La soberbia también contagió a nuestros primeros padres y así sucesivamente a cada uno de nosotros. El único remedio es la Cruz, muerto al pecado y resucitado en Cristo Jesús (Romanos 6:6).

145

Tres modelos: Saúl, Jonatán y David

Capítulo 19
El descenso del rey Saúl

Introducción

A veces aprendemos más de lo negativo que de lo positivo. Aprendemos más por los ejemplos tristes que por los animadores. La trayectoria de Saúl resulta bien triste, y es que había razón para que fuera así. Su reinado empezó mal, no tanto por su parte sino por la petición del pueblo que pedía un rey al igual que las otras naciones.

Dice la Escritura: *"Entonces todos los ancianos de Israel se juntaron y vinieron a Ramá y le dijeron a Samuel: "Por tanto, constitúyenos ahora un rey que nos juzgue, como tienen todas las naciones..."* Y dijo Jehová a Samuel: *"Oye la voz del pueblo en todo lo que te digan; porque no te han desechado a ti, sino a mí me han desechado, para que no reine sobre ellos"* (1 Samuel 8:6, 7).

Nos parece extraño que Jehová hubiera dicho algo semejante, pero quería enseñarles una lección negativa antes de introducir su plan divino en el que incluía a David, un varón conforme a su corazón.

Un verso tan amenazador es Salmo 106:14, 15: *"Se entregaron a un deseo desordenado en el desierto; y tentaron a Dios en la soledad.* **Y él les dio lo que pidieron; mas envió mortandad sobre ellos"**. ¡Qué lección tan seria para nosotros! Que Dios no nos dé todo lo que le pedimos porque cosecharemos las consecuencias. *"Porque él que siembra para su carne, de la carne segará corrupción; mas el que siembra para el Espíritu, del Espíritu segará vida eterna"* (Gálatas 6:8).

Anatomía del decaimiento de Saúl
Un principio alentador

Según el diccionario de la Real Academia Española, la anatomía es "un examen minucioso de alguna cosa". Aunque el pueblo había expresado su deseo y Dios se lo permitió, el Señor bendijo a Saúl con una medida grande de su misericordia.

147

1) le confirmó a Samuel su escogimiento con esta promesa: *"Mañana a esta misma hora yo enviaré a ti un varón de Benjamín, al cual ungirás por príncipe sobre mi pueblo Israel, y salvará a mi pueblo de mano de los filisteos; porque yo he mirado a mi pueblo, por cuanto su clamor ha llegado hasta mí"* (1 Samuel 9:16).

2) Le dio a Saúl también múltiples señales de su aprobación. El capítulo 10 enumera una serie de circunstancias extraordinarias y termina con esta promesa: *"Entonces el Espíritu de Jehová vendrá sobre ti con poder, y profetizarás con ellos, y serás mudado en otro hombre. Y cuando te hayan sucedido señales, haz lo que viniere a la mano, porque Dios está contigo... Aconteció luego, que al volver él la espalda de Samuel, le mudó Dios su corazón; y todas estas señales acontecieron en aquel día"* (vv.6, 7, 9).

De parte de Saúl había ciertas evidencias de la gracia de Dios: un buen parecer aun como el de David (9:2; 16:12), cierta humildad o por lo menos baja estima de sí cuando Samuel se acercó a él para destacarlo en la fiesta (9:21; 10:21, 22).

3) Frente a la crítica de sus enemigos, Saúl mostró confianza en Dios (10:26, 27) y dijo: *"No morirá hoy ninguno, porque hoy Jehová ha dado salvación en Israel"* (11:13). Saúl tenía siempre el fiel apoyo de Samuel, quien fiel a su papel de profeta y mentor, advertía al pueblo, citando la advertencia de Moisés (Deuteronomio 17:10-20) de lo que el rey les costaría en gran manera.

Vuelve a dar Samuel su despedida al pueblo y les recuerda de *"vuestra gran maldad que habéis hecho ante los ojos de Jehová, pidiendo para vosotros rey"* (12:17). Los exhorta a seguir adelante a pesar del mal comienzo. Sus últimas palabras con tan amenazadoras: *"Mas si perseveraréis en hacer mal, vosotros y vuestro rey pereceréis"* (12:25).

Mientras Saúl acataba a Samuel, su mentor divino, las cosas marchaban bien. Samuel fue su protector ante Dios y el pueblo. Su fidelidad se manifiesta en estas palabras: *"Así que lejos sea de mí que peque yo contra Jehová cesando de rogar por vosotros"* (12:23). Pero aquí mismo vendrá el primer paso hacia abajo.

Primer paso hacia abajo

Después de unos años del reinado (13:1-2), Dios le permite la primera prueba. En esos años las cosas iban regulares, pero las semillas de independencia se sembraban. Es fácil dejar que la rutina, la medida de éxito que Dios permite, nos traicione en dejar crecer cierta autoconfianza, y hasta orgullo secreto. Se presentó la crisis ante el inminente ataque de los filisteos (1 Samuel 13). Saúl hacía frente a 30.000 carros y seis mil hombre de a caballo (vv.2, 5) con sólo unos 5.000 hombres de Israel. La decisión que tenía Saúl ante él consistía en depender de Dios, esperar a su mentor y seguir su consejo o hacerlo por su propia cuenta.

En vista de que no llegaba Samuel a la hora indicada y de que la gente había empezado a desertar (v.8), Saúl dio el paso falso y dijo: *"Tráeme holocausto y ofrendas de paz. Y ofreció el holocausto"* (v.9). Samuel llegó oportunamente y Saúl se justifica diciendo: *"Porque vi que el pueblo se me desertaba, y que tú no venías dentro del plazo señalado, y que los filisteos estaban reunidos en Micmas, me dije: Ahora descenderán los filisteos contra mí a Gilgal, y yo no he implorado el favor de Jehová. Me esforcé, pues, y ofrecí holocausto"* (vv.11, 12).

Saúl toma una decisión apresurada y en el afán de justificar su temor, su espíritu independiente de Dios y el distanciamiento de su mentor esgrime argumentos en los que, si se cuenta, diez veces usa *yo, me mí* (contando las flexiones de los verbos). Además, Saúl estaba echando la culpa al pueblo y aun a Samuel. Según él, todo lo estaba haciendo en su deseo de buscar el favor de Jehová, sólo que lo hacía a su manera y a su tiempo.

Con razón Samuel dijo: *"Locamente has hecho; no guardaste el mandamiento de Jehová tu Dios que él te había ordenado; pues ahora Jehová hubiera confirmado tu reino sobre Israel para siempre. Mas ahora tu reino no será duradero. Jehová se ha buscado un varón conforme a su corazón, al cual Jehová ha designado para que sea príncipe sobre su pueblo, por cuanto tú no has guardado lo que Jehová te mandó"* (vv.13, 14).

¡Qué pérdida tan grande por un acto independiente, basado en temor o autoconfianza! Cuando dejó la cobertura de su mentor,

Samuel, y actuó según su gusto, perdió la oportunidad de tener confirmado su reino.

Segundo paso hacia abajo
Por la pura gracia de Dios y a pesar de la triste condición de Israel (13:20-23), Jonatán salió al encuentro de los filisteos y Dios le respaldó con una victoria (14:1-14).

Saúl revela una vez más la falta de dependencia de Samuel y su ignorancia sobre cómo guerrear contra los enemigos de Dios. Pretendía usar el arca como si fuera una amuleto, usando medios carnales para hacer la obra de Dios. *"Trae el arca de Dios"* (v.18). Dios no le permitió hacerlo debido a la mucha confusión de la batalla; a pesar de ello, les dio una gran victoria. *"Así salvó Jehová a Israel aquel día"* (v.23).

El mero hecho de tener una victoria o recibir una bendición de Dios no quiere decir que todo está bien con él. ¡Qué fácil es interpretar una bendición de Dios, en su pura gracia, como si fuera una confirmación de nuestro andar en su voluntad!

Tercer paso hacia abajo
A continuación Saúl descubrió el hecho de que algunos habían comido ganado con sangre del botín (14:32). Claro que era algo prohibido según Levítico 17:14, 15, pero una vez más Saúl sin la presencia de Samuel edificó un altar e hizo sacrificios lo cual no le tocaba hacer. El autor agrega: *"y edificó Saúl altar a Jehová" (v.35);* este altar fue el primero que edificó a Jehová. Una vez más actuaba a su manera.

Quien hace la obra de Dios a su manera no tendrá nunca la aprobación de Dios. Cuando Saúl quería saber de Dios el próximo paso en la batalla dijo: *"Acerquémonos aquí a Dios. Y Saúl consultó a Dios: ¿Descenderé tras los filisteos? ¿Los entregarás en mano de Israel? Mas Jehová no dio respuesta aquel día"* (36,37). Silencio ominoso.

Último paso hacia abajo
Dios le dio a Saúl otra oportunidad de salvar su reino, pero lo reprobó aun peor que antes. Viene en la persona de su mentor, Samuel, al cual

Tres modelos: Saúl, Jonatán y David

había echado a lado Saúl. *"Jehová me envió a que te ungiese por rey sobre su pueblo Israel; ahora, pues, está atento a las palabras de Jehová"* (1 Samuel 15:1). Recordamos la prueba de lo que tendrían que llevar a cabo, la matanza de los amalecitas, el anatema contra Amalec y su rey, Agag.

No cabe duda que parecía muy severa la orden. Pero por las desobediencias pasadas, profesó haber cumplido mentirosamente la encomienda encargada por Dios. No obstante, la pregunta de Samuel puso fin a este disfraz: *"¿Pues qué balido de ovejas y bramido de vacas es este que yo oigo con mis oídos?"* (15:14). Saúl tenía lista una respuesta en la que echaba la culpa al pueblo y se justificaba diciendo que había preservado lo mejor del ganado para sacrificarlo a Jehová.

Samuel declara el juicio de Dios. *"¿Se complace Jehová tanto en los holocaustos y víctimas, como en que se obedezca a las palabras de Jehová? Ciertamente el obedecer es mejor que los sacrificios, y el prestar atención que la grosura de los carneros. Porque como pecado de adivinación es la rebelión, y como ídolos e idolatría la obstinación. Por cuanto tú desechaste la palabra de Jehová, él también te ha desechado para que no seas rey"* (vv.22, 23).

Como antes ahora también profesa arrepentimiento: *"Yo he pecado; pues he quebrantado el mandamiento de Jehová... pero temí al pueblo y consentí en la voz de ellos. Perdona, pues, ahora mi pecado, y vuelve conmigo para que adore a Jehová"* (vv.24, 25). Otra vez dijo: *"He pecado, pero te ruego que me honres delante de los ancianos de mi pueblo y delante de Israel, y vuelvas conmigo para que adore a Jehová tu Dios"* (v.30).

Las palabras serviles parecen ser correctas, pero del arrepentimiento que profesaba no había nada genuino. Para Saúl, simplemente era un medio para arreglar superficialmente su posición ante el pueblo.

¡Qué diferente fue la confesión de David en Salmo 51! Su pecado no le fue de nada grave ni dañino. La obediencia parcial de Saúl no fue más que la rebelión e igual a la idolatría porque fue la adoración de su propia carne, su orgullo, su espíritu independiente de Dios y su distanciamiento de su mentor, Samuel.

En resumen, ¿cuáles fueron los pasos hacia abajo?
1. Trató de hacer frente a los filisteos dependiendo de sus propios medios. Servir a Dios pero bajo sus propias condiciones. Ofreció un holocausto.
2. Se independizó de su mentor a quien Dios había puesto por encima. No esperó ni a Samuel ni en Dios. Tuvo un concepto muy leve del arca y de la seriedad de servir a Dios.
3. Guardó con fingida seriedad el hecho de que el pueblo hubiera comido ganado con sangre, pero se acercó a Dios por sus medios nuevamente al edificar un altar. Dios no le contestó.
4. Decidió determinar hasta qué punto iba a obedecer a Dios, reservando para sí aquello que pertenece sólo a Dios. La codicia y el orgullo se apoderaron de él.
5. Seguía la costumbre, ya en pie, de echar la culpa al pueblo, a Samuel y a cualquiera. Su "he pecado" no tenía ninguna base en su dolor de haber pecado y haberse rebelado contra Dios.
6. Tremendas consecuencias nos resultan cuando servimos a Dios por medios carnales, motivados por el orgullo, poder, nombre y posición. Dios no recibe tal servicio aunque haya sido ofrecido en su nombre. Dios nos desenmascará tarde o temprano, si no ahora, en el futuro Tribunal de Cristo. Cristo en la cruz nos crucificó de una vez y para siempre (Romanos 6:6), sólo nos pide que seamos honestos ahora (Romanos 6:11) y no como Saúl que no quiso rendir cuentas claras a Dios. Veremos más adelante su triste fin en el campo de batalla, según la palabra de Dios y su mentor, Samuel.

Tres modelos: Saúl, Jonatán y David

Capitulo 20
La anatomía de la carne - la tragedia de Saúl

Introducción

Yo había pensado terminar este estudio sobre la vida de Saúl en la página anterior. Sin embargo, al contemplar las consecuencias desastrosas en su reinado y la vida postrera llevada bajo el régimen de la carne, no pude menos que volver a trazar el fin de su caída. Esta historia cobra vigencia hoy día, especialmente cuando hay tantos que empiezan con entusiasmo y terminan amargados y alejados de la plenitud del Espíritu Santo.

La Biblia dice: *"Y estas cosas les acontecieron como ejemplo, y están escritas para amonestarnos a nosotros, a quienes han alcanzado los fines de los siglos. Así que, el que piensa estar firme, mire que no caiga"* (1 Corintios 10:11, 12).

Breve resumen de un principio bueno

El trasfondo de la época de Saúl es el tiempo de los Jueces, tiempo de confusión espiritual y nacional. Desde ahí el pueblo de Dios exigía que se le nombrara un rey *"como tienen todas las naciones"* (1 Samuel 8:5). Explícito en esto aparece el rotundo rechazo de Jehová como su rey (v. 7). Todo apuntaba a terminar mal. Sin embargo, Dios les concedió su petición. *"Y él les dio lo que pidieron; mas envió mortandad sobre ellos"* (Salmo 106:15).

Saúl empezó con cierta humildad (1 Samuel 15:17), con asombrosas señales de ser el escogido por Dios (9:16, 17; 10:6-10). Hubo victorias sobre los amonitas (11:6,13-15) y vemos a Saúl con una confianza nueva en Dios. Luego sigue la amonestación de Samuel dándoles a Saúl y al pueblo una oportunidad más de obedecer a Dios. *"Así que, lejos sea de mí que peque yo contra Jehová cesando de rogar por vosotros"* (12: 23).

Tres modelos: Saúl, Jonatán y David

¡Catorce pasos para abajo!
El primero (1 Samuel 13)
No se nota lo ligero de su primera falla. Recordemos que fue Jonatán el que atacó a los filisteos pero se le atribuyó a Saúl y dice la Biblia que *"se juntó el pueblo en pos de Saúl en Gilgal"* (13:3, 4). Se percibe ya el sutil deseo de tomar el liderazgo en lugar de depender de Dios, lo cual es una trampa apenas visible. El orgullo, en el afán de ser reconocido como líder, toma mil formas. Pero la gloria de Dios no se comparte con nadie nunca.

El segundo (1 Samuel 13)
El camino hacia abajo siempre es muy leve y tenue. A veces ni sabemos cuándo damos ese paso. Así fue con Saúl. Al nombrar Dios a Saúl le había prometido que le daría victoria sobre los filisteos (9:16). Ahora viene la primera oportunidad y Saúl falla; se impacienta y no espera la llegada de su mentor, Samuel, y ofrece indebidamente holocausto. Acto seguido leemos estas solemnes palabras: *"Locamente has hecho; no guardaste el mandamiento de Jehová tu Dios... pues ahora Jehová hubiera confirmado tu reino sobre Israel para siempre"* (13:13). No sabemos cuándo cruzamos la línea de la desobediencia. **Saúl no apreciaba la cobertura espiritual de Samuel. El orgullo y autoconfianza crece imperceptiblemente. Debemos buscar la cobertura de alguien más espiritual y no actuar independientemente.**

El tercero (1 Samuel 14)
A continuación se libraba la batalla con los filisteos en el capítulo 14. Todo marchaba mal y *"hubo pánico"* (v.15). Jonatán actúa con fe y valentía (vv.6-14), pero luchó separadamente de su padre. Cuando iba mal la batalla Saúl dijo a Ahías: *"Trae el arca de Dios"*. Dios no permitió el uso indebido del arca cuando hubo un alboroto en el campo de los filisteos. Dios dio victoria en tal día, pero mucho más por Jonatán que por su padre que mostró más confianza en el símbolo de la presencia de Dios, el arca, que en Dios mismo. Saúl continúa hacia bajo.

El cuarto (1 Samuel 14)

Saúl agrega un voto imprudente: matar a Jonatán por haber tomado él un bocado de miel. Otra decisión hecha por su propia cuenta. Jonatán fue salvado por el pueblo (vv.27-29) que reconoció lo que Saúl no quiso ver. Jonatán dijo: *"Mi padre ha turbado el país"* (v.29). El orgullo en acción.

El quinto (1 Samuel 15)

En resumen, el orgullo empuja a Saúl en una caída vertiginosa: la autosuficiencia, la búsqueda de poder y control sobre otros, el deseo de mantener la confianza del pueblo, el paso dado para mantener su lugar a costo del holocausto indebido y luego su voto temerario. Todo conduce a Saúl hacia la desobediencia --obediencia parcial—que lo lleva a perdonar a los amalecitas y a Agag, tipo de la carne. Peca "de mano levantada" contra Dios, pero no era ni más ni menos que la continuación del orgullo humano en acción.

Una vez confrontado Saúl por Samuel, aquél presenta sus excusas débiles: *"el pueblo perdonó lo mejor... para sacrificarlas a Jehová tu Dios"* (v.15). Tras ser reprendido directamente por Samuel, Saúl responde: *"He pecado... porque temí al pueblo. Vuelve conmigo para que adore a Jehová"* (vv.24, 25).

Samuel rasga su ropa en señal de haber rasgado de Saúl su reino. ¿Cómo responde Saúl? *"Yo he pecado, pero te ruego que me honres delante de los ancianos de mi pueblo y ante Israel, y vuelvas conmigo para que adore a Jehová tu Dios"* (vv.30, 31). Samuel mata a Agag delante de todos y luego estas palabras tan ominosas: *"Y nunca después vio Samuel a Saúl en toda su vida; y Samuel lloraba a Saúl"* (v.35).

El sexto (1 Samuel 16)

Saúl cruzó la línea de la gracia de Dios que le permitió ser rey de su pueblo. Bajo órdenes de Dios, Samuel unge a David, el menos esperado, el más joven que siempre es menospreciado en la cultura hebraica. Pero Dios escoge a un hombre *"conforme a su corazón"* (Hechos 13:20-23). Lea la confirmación de todo esto en el sermón de Saulo de Tarso.

Tres modelos: Saúl, Jonatán y David

Lo que sigue no es de sorprenderse. *"El Espíritu de Jehová se apartó de Saúl y le atormentaba un espíritu malo de parte de Jehová"* (v.14). Es difícil explicarlo, pero la ausencia de la presencia del Espíritu capacitando a alguien para el ministerio es lo peor que puede sucederle a un líder. Seguía Saúl reinando por sí solo. **Es posible seguir en el ministerio así, manejando las cosas según la carne. Pero no habrá ni paz y resultados eternos.**

El séptimo (1 Samuel 18)

El orgullo conduce a Saúl a celos fuertes por quien pudiera desplazarlo del trono. *"Y cantaban las mujeres que danzaban, y decían: Saúl hirió a sus miles, Y David a sus diez miles y se enojó en gran manera y le desagradó este dicho... A David le dieron diez miles y a mí miles; no le falta más que el reino"* (vv.7, 8).

Cuando el orgullo se apodera de un líder comienza a actuar en la carne y para protegerse empieza a dudar de sus compañeros, sospecha de todos por lo que buscará por todos los medios eliminar de una manera u otra a quien, a su criterio, amenace su estabilidad. ¡Qué triste! pero lo he visto en el seminario mismo. **Hermanos, somos capaces de todo esto a menos que la Cruz de Cristo crucifique nuestro orgullo.**

El octavo (1 Samuel 19)

Saúl da el próximo paso lógico: se compromete a matar a David. Y así empieza la búsqueda y la emboscada contra David. Aquí entra Jonatán con una valentía y lealtad hacia David que nos deja asombrados. Dejaremos esto para el futuro estudio de Jonatán, tipo del creyente hacia el hijo mayor de David. *"Habló Saúl a Jonatán su hijo, y a todos sus siervos, para que matasen a David; pero Jonatán hijo de Saúl amaba a David en gran manera"* (v.1). Se lo reveló a David para que se cuidara más. David se convierte en el único enemigo. **El orgullo ya se apodera de Saúl.**

El noveno (1 Samuel 22)

En plena búsqueda de David, Saúl se encuentra con el sumo sacerdote, Ahimelec, quien había ayudado a David bajo falsas pretensiones (21:1-9). *Se queja Saúl apelando a la compasión para sí:* "Oíd, ahora, hijos de Benjamín: ¿Os dará a todos vosotros el hijo de Isaí tierras y viñas y os hará a todos vosotros jefes de millares y jefes de centenares, para que todos vosotros hayáis conspirado contra mí, y no haya quien me descubra al oído cómo mi hijo ha hecho alianza con el hijo de Isaí, no alguno de vosotros que se duele de mí y me descubra cómo mi hijo ha levantado a mi siervo contra mí para que me aceche, tal como lo hace hoy?" (vv.7, 8). *Repite esta endecha de lástima para sí (v.13).*

La compasión para sí mismo es el orgullo humano en plena flor. El orgullo ofendido se manifiesta en semejante carnalidad. Saúl quiso comprar a sus amigos con ofertas de avance personal. Cuidado con la política en la obra del Señor. Mejor es mantenerse a favor de la verdad que ser comprado por menos. **Para complacer a Saúl, Doeg, el edomita, mata al sacerdote y 85 más, además de los de la ciudad levita (vv.18, 19).**

El décimo (1 Samuel 23)

Saúl intensifica su búsqueda de David, pero Dios lo protegió por boca de Jonatán (vv.16-18) y por medio de noticias de un ataque posible de parte de los filisteos que distrajo a Saúl (v.27). Pero de nuevo los enemigos de David dieron ánimo a Saúl para que lo continuara persiguiendo. Frente a tal ánimo erróneo dijo: *"Benditos seáis vosotros de Jehová, que habéis tenido compasión de mí"* (v.21) Tan perverso era el orgullo de Saúl que usa el nombre de Jehová en vano. En medio de su propio engaño pensaba que hacía la obra de Jehová al querer matar a David.

El undécimo (1 Samuel 24)

Dios le permite a David tener a Saúl acorralado en una cueva. Los soldados de David, pensando que era el tiempo de Dios, no pudieron más que decir: *"He aquí que entrego a tu enemigo en tu mano"* (v.4).

157

David en dicho momento le cortó la orilla del manto a Saúl y después se sintió mal por haberlo hecho. *"Jehová me guarde de hacer tal cosa contra mi señor, el ungido de Jehová, que yo extienda mi mano contra él; porque es el ungido de Jehová"* (v.6). Luego le hace saber a Saúl que había estado en su poder y no lo mató. Saúl en un momento de remordimiento responde: *"¿No es esta la voz tuya, hijo David? Y alzó Saúl su voz y lloró"* (v.16).

Saúl reconoce el bien de David y admite que algún día va a reinar. Dice la verdad en este momento. Saúl es víctima de su orgullo pasado. *"Ahora, como yo entiendo que tú has de reinar, y que el reino de Israel ha de ser en tu mano firme y estable. Júrame, pues, ahora por Jehová, que no destruirás mi descendencia después de mí, ni borrarás mi nombre de la casa de mi padre. Entonces David juró a Saúl"* (vv.20, 21) Dios le da a Saúl una oportunidad más de arrepentirse, pero no la aprovecha.

El duodécimo (1 Samuel 26)

Vuelve a pasar exactamente lo mismo. Otra vez David perdona la vida de Saúl, precisamente, en las mismas circunstancias. Otra vez Saúl dice: *"He pecado, vuélvete, hijo mío David, que ningún mal te haré más, porque mi vida ha sido estimada preciosa hoy a tus ojos. He aquí he hecho neciamente, y he errado en gran manera"* (v.21). David acepta las palabras de Saúl que dice:*"Bendito eres tú, hijo mío David; sin duda emprenderás tú cosas grandes, y prevalecerás. Entonces David se fue por su camino, y Saúl se volvió a su lugar (v.25).*

¡Qué confirmación le da Dios a David de boca de su enemigo! David le dio bien por el mal, signo del líder que ha muerto a su orgullo. Ésta es la última vez que David ve a Saúl vivo. ¡Qué triste!

El decimotercero (1 Samuel 28)

Ahora llegamos al nadir de Saúl. *"Y consultó Saúl a Jehová; pero Jehová no le respondió, ni por sueños, ni por Urim, ni por profetas"*(v.6). Saúl estaba solo, muy solo. Tal es el fin del orgullo del carnal. *"Dios resiste a los soberbios, y da gracia a los humildes"* (Santiago 4:6). Frente al ataque de los filisteos el próximo día, consulta con la hechicera de Endor. ¡Qué hondo ha caído el que empezó de manera auspiciosa!

Saúl en su angustia dice: *"Estoy muy angustiado, pues los filisteos pelean contra mí, y Dios se ha apartado de mí, y no me responde más, ni por medio de profetas, ni por sueños"* (v.15). Samuel le responde con estas palabras pasmosas: *"Como tú no obedeciste a la voz de Jehová, ni cumpliste el ardor de su ira contra Amalec, por eso Jehová te ha hecho esto hoy. Y Jehová entregará a Israel también contigo en manos de los filisteos, Y mañana estaréis conmigo, tú y tus hijos. Entonces Saúl cayó en tierra cuan grande era, y tuvo gran temor por las palabras de Samuel."(vv.*18, 19). Ya llegó el **fin del camino de su orgullo. Esas palabras se habían oído antes, pero ahora ya era demasiado tarde.**

El decimocuarto (1 Samuel 31)
Ya llegamos al fin. *"Saúl dijo a su escudero: Saca tu espada, y traspásame con ella, para que no vengan estos incircuncisos y me traspasen, y me escarnezcan. Mas su escudero no quería, porque tenía gran temor. Entonces tomó Saúl su propia espada y se echó sobre ella"* (v.4)

La tragedia de Saúl tiene su raíz en el mismo orgullo que toleramos tantas veces. ¡Dios nos libre de él! La pura verdad es que en la Cruz de Cristo morimos al pecado, (Romanos 6:2, 6) el orgullo, el pecado original. Nos toca tomar de nuevo nuestra posición con el Cristo Crucificado y realizar la liberación de semejante pecado que es la peor plaga del líder cristiano.

Tres modelos: Saúl, Jonatán y David

Capítulo 21
Jonatán I

Introducción

En los tres estudios anteriores de este capítulo hemos presentado un primer modelo negativo de liderazgo. Saúl, el primer rey de Israel, estaba destinado a fallar. Su liderazgo había surgido como la exigencia del pueblo que pedía un rey que gobernara sobre ellos, un rey así como *"tienen todas las naciones"* (1 Samuel 8:5).

Hubo un rechazo implícito de Jehová (v.7). Cuando digo que estaba destinado a fallar, no infiero que fuese ordenado por Dios. Al contrario, el Señor le dio permiso a Samuel para que ungiera como rey a Saúl (1 Samuel 9:17) y, en su gracia, le concedió mucha misericordia y señales confirmatorias (10:6-10). Dice la Biblia que Dios mudó su corazón (v.9).

La pura verdad es que Saúl dejó que la fama de su posición, el orgullo de su corazón y el deseo de mantener a toda costa su reputación lo perjudicara. Abandonado por Dios a su propio esfuerzo (1 Samuel 15:26; 28:6), Saúl cayó hasta el punto más bajo, y en su desesperación buscó el consejo de Samuel a través de la hechicera de Endor (28:11, 16-19). ¡Qué tragedia! Esta historia bien pudo no haber terminado así. El final es terrible, Saúl se suicida ante los filisteos a quienes Dios le había dicho que los conquistaría (9:16). ¡Qué advertencia para nosotros que empezamos por la gracia de Dios!

El triunfo en la gracia de Dios en la vida de Jonatán

Haremos este estudio en dos niveles: 1) lo histórico, Jonatán ante su amigo y su rival potencial, David, y la interpretación; 2) el devocional, el creyente ante el Hijo mayor de David, Cristo Jesús, y la aplicación. En ambos casos el estudio revelará el triunfo de la gracia de Dios.

Las tres cualidades de Jonatán que caracterizan al líder bíblico son:
1. La **valentía** de su corazón frente a los enemigos de su pueblo y aun ante su propio padre y su ira. Es *el poder de la resurrección* (Filipenses 3:10b).
2. La **negación de sus propios intereses** en beneficio de su amigo David, la muerte a sí mismo. *La participación de sus padecimientos* (Filipenses 3:10c).
3. **El amor abnegado** hacía David y su llamado a ser el nuevo rey, según la voluntad de Dios. *A fin de conocerle por amor* (Filipenses 3:10a).

La valentía de Jonatán, tipo del líder bíblico (1 Samuel 14: 1-52)

La primera mención de Jonatán se halla en 1 Samuel 14:1: *"Aconteció un día, que Jonatán hijo de Saúl dijo a su criado que le traía las armas: Ven y pasemos a la guarnición de los filisteos, que está de aquel lado".* Es cierto que no le hizo saber a su padre su esfuerzo (vv.1, 3), pero tal iniciativa tenía una motivación legítima. Si fue o no un acto de sabiduría, es algo que tendremos que dejar en las manos del Señor. Pero el fin, a la postre, justificará esta iniciativa.

A pesar de las dificultades de acceso a los filisteos vemos el arrojo de Jonatán (vv.4, 5). La Biblia nos cuenta: *"Dijo, pues, Jonatán a su paje se armas: Ven, pasemos a la guarnición de estos incircuncisos; quizá haga algo Jehová por nosotros, pues no es difícil para Jehová salvar con muchos o con pocos. Y su paje de armas le respondió: Haz todo lo que tienes en tu corazón; ve, pues aquí estoy contigo a tu voluntad"* (vv.6, 7).

Jonatán pone en manos de Dios la estrategia de su acercamiento. Consulta con Dios, dándole el derecho de dirigir su plan y el resultado de él. Dios le permite un éxito grande. Le confirma a Jonatán que su iniciativa no fue necia. Los filisteos les permitieron avanzar. *"Entonces Jonatán dijo a su paje de armas: Sube tras mí, porque Jehová los ha entregado en manos de Israel"* (v.12).

Es interesante que no haya dicho "en mis manos". Tal respuesta hubiera indicado que la iniciativa fue de su propia invención. Jonatán ve su victoria futura como la victoria de Israel, el pueblo de Dios. **Dios dará** su bendición a nuestros esfuerzos con tal que no sean para nuestra gloria y fama sino para la de él y su causa.

Jonatán con su paje de armas y unos dieciocho hombres más (v.14) ganaron una victoria que resultó en gran pánico en el campamento de los filisteos. *"Hubo, pues, gran consternación"* (v.15). Saúl pasó revista y se descubrió la ausencia de Jonatán y su paje. Luego, Saúl quiso traer el arca, emblema de la presencia de Dios, pero el Señor no le permitió usar del arca de esa manera (vv.18-19). Saúl juntó, entonces, al pueblo para perseguir a los filisteos ya derrotados. Dios dio el resultado, la victoria; *"así salvó Jehová a Israel aquel día"* (v.23). Jonatán actuó con valentía y fe ante la crisis de su pueblo.

La valentía de Jonatán frente a su propio padre caprichoso (1 Samuel 14:24-46)

Pero el autor nos narra una necedad de Saúl que ponía en gran apuro a los soldados. Él había mandado que nadie tomara nada de comer. Fue un capricho personal, no era lógico en la situación de gran estrés en que se encontraban persiguiendo a los enemigos. El tiempo y las fuerzas fueron más necesarios ahora que nunca. No obstante, Saúl había dado la orden. **Aquí se ve el principio del orgullo que iba a tumbar a Saúl, ejercer el poder sólo para mostrar quién es el jefe y quién tiene la autoridad.**

Como a veces se oye: "Soy director de este departamento", "yo soy pastor aquí", o "todos me tienen que respetar y obedecer". ¡Dios nos libre de tal orgullo! Ya no puede haber respeto para tal persona. Cuando uno tiene que ordenar y exigir que todo el mundo le respete la autoridad, ya la ha perdido. *"Porque la ira del hombre no obra (logra) la justicia de Dios"* (Santiago 1:20).

Es bueno anotar a esta altura del estudio que el pastor no persigue a sus ovejas, sino que va delante y lo siguen de buena voluntad. En la obra de Dios no puede caber el caudillo o "cacique espiritual", liderazgo tan famoso y recurrente en la historia de América Latina.

Por el capricho de Saúl y su orden de que no se probara nada, se perjudicó la vida de Jonatán. Su hijo Jonatán no había estado cuando se dio esa orden necia, por lo tanto él había tomado un panal de miel, lo

Tres modelos: Saúl, Jonatán y David

que resultó en fuerza refrescante para luchar mejor (v.27). Cuando se le dijo lo que su padre había dicho: "Maldito sea el hombre que tome hoy alimento" (v.28), vemos de nuevo la valentía de Jonatán frente a su padre. Son palabras fuertes y bien ciertas: *"Mi padre ha turbado el país"* (v.29).

Hay veces cuando la palabra de Dios va contra nuestro ser más querido. Toda la cultura dice que debemos proteger y defender al nuestro. Pero Jesús dijo: *"El que ama a padre o madre más que a mí, el que ama a su hijo o hija más que a mí, no es digno de mí y el que no toma su cruz y sigue en pos de mí, no es digno de mí. El que halla su vida, la perderá; y el que pierde su vida por causa de mí la hallará"* (Mateo 10:37-39).

Tarde o temprano tenemos que hacer frente a este compromiso que va en contra de nuestra cultura. ¡Cuántos esposos defienden a su cónyuge sólo por ser cónyuge o los padres a sus hijos sólo por ser sus hijos! La cruz y la verdad merecen un lugar por encima de toda relación humana, aún la más legítima. Claro que no abandonamos al cónyuge ni negamos a nuestros hijos, pero debemos ponernos del lado de la verdad, cuéstenos lo que nos cueste. No debemos darles defensa ni comodidad para su pecado y rebeldía.

La necedad de Saúl se ve aun más, pues a causa de su orden caprichosa algunos hombres hambrientos comieron animales con sangre (vv.32-35). Saúl lo llamó un gran pecado. Y lo fue, pero él lo había ocasionado. Saúl tomó para sí la autoridad de hacer su propio altar y ofrecer sacrificio lo cual no le correspondía hacer. Otra vez la fama y el orgullo lo motivaron a no depender de su mentor, Samuel.

Frente a la urgencia de la batalla y después de haber sacrificado sobre el altar: *"Saúl consultó a Dios: ¿Descenderemos tras los filisteos? ¿Los entregarás en mano de Israel? Mas Jehová no le dio respuesta aquel día"* (v.37), y con buena razón. La dependencia total de Dios hubiera arrojado otros resultados.

Dice la Escritura que luego de echar suertes, la orden caprichosa y orgullosa de Saúl cayó sobre Jonatán. *"Y Saúl respondió: Así me haga Dios y aun me añada, que sin duda morirás, Jonatán?"* (v.44). ¡Hasta dónde nos puede llevar la necedad en aras de defender el orgullo y la reputación!

Al final, Saúl quedó en ridículo, pues el pueblo no dejó que llevara a cabo su juramento tan necio contra el héroe del día. *"Entonces el pueblo dijo a Saúl: ¿Ha de morir Jonatán, el que ha hecho esta grande salvación en Israel? No será así. Vive Jehová, que no ha de caer un cabello de su cabeza en tierra, pues que ha actuado hoy con Dios. Así el pueblo libró de morir a Jonatán"* (v.45).

La valentía de Jonatán en confrontar a su propio padre

Me dirijo ahora a la cuestión de la confrontación, cuando hay que tratar con problemas serios. Hay muy poca confrontación hoy en día, y a veces cuando la hay no se hace con base en la Cruz de Cristo. Es mucho más fácil no hacer nada o esgrimir otros pretextos para no actuar. Nadie quiere poner en peligro su fama, su reputación, su puesto. La mayoría quiere ser amado por sus semejantes. Es muy triste saber que hay tantos cobardes que están dispuestos a sacrificar el bien de la obra y la disciplina. Prefieren pasar por alto casi cualquier situación no bíblica.

Recientemente escuché que en una iglesia grande una obrera que trabajaba con adolescentes resultó embarazada. Ante esta situación, le dijeron a la congregación que ella no podía volver porque estaba muy ocupada. Es necesario que hablemos la verdad y dejemos de poner pretextos.

Alguien me dijo una vez en medio de una dificultad: "Lo que escribió le hizo a usted mucho daño". Pero lo escrito fue la pura verdad y a petición de quien tenía la autoridad de pedirme que lo escribiera. Sufrí las consecuencias, pero hice bien porque más vale la verdad que mi nombre en dicho momento.

Cuando Jonatán dijo abiertamente: **"Mi padre ha turbado el país"** (1 Samuel 14:29), no lo dijo delante de su padre, pero no tardó la noticia en llegar a él. Además, más adelante vemos como Jonatán confronta a su padre en defensa de David.

"Entonces se encendió la ira de Saúl contra Jonatán, y le dijo: Hijo de la perversa y rebelde, ¿acaso no sé yo que tú has elegido al hijo de Isaí para confusión tuya, y para confusión de la vergüenza de tu madre?... y

165

Jonatán respondió a su padre Saúl y le dijo: ¿Por qué morirá? ¿Qué ha hecho?" (1 Samuel 20:30, 32).

Hemos de admirar a Jonatán por hablar a favor de la verdad. Su amor para con David no le permitía quedarse callado, aunque le iba a costar el rompimiento de la relación con su padre. *"Entonces Saúl le arrojó una lanza para herirlo; de donde entendió Jonatán que su padre estaba resuelto a matar a David"* (v.33).

Antes de confrontar a otro, sin embargo, uno debe examinar muy bien sus razones. **Si la confrontación es con el fin de defender nuestros intereses o los de un ser querido nuestro, debemos actuar con muchísima cautela.** Puede ser que más probablemente Dios quiera que suframos el agravio o la injusticia. *"¿Por qué no sufrís más bien el agravio?"* (1 Corintios 6:7). Cristo no respondió en defensa de su persona, sólo lo hizo en defensa de su Padre, en la ocasión del mal uso del templo. Aquí entra la verdad libertadora de la cruz.

Generalmente, la primera reacción nuestra es la de defendernos y negar nuestra culpa. Aun si tenemos razón, es mucho mejor que Dios nos defienda a su tiempo. Pero para esperar el tiempo necesario en que Dios nos justifique, si realmente tenemos razón, se requiere un profundo quebrantamiento de nuestro Yo. Esa muerte sí que pasó en la Cruz (Romanos 6:6). ¿Estamos dispuestos a aceptar la crucifixión del viejo hombre? Somos pocos los que estamos preparados para pagar ese precio.

Si confrontamos a nuestro prójimo por meras razones personales, se empeorará la relación y llegaremos a perder hasta el apoyo de Dios. Es mejor sufrir en silencio como Cristo nos dejó el ejemplo. Mucha oración y la muestra de amor abnegado pueden, en muchos casos, resolver el problema.

La Cruz y la confrontación

Pero si está en peligro una doctrina importante, si se ha cometido una injusticia gravosa hacia otro o tiene otras consecuencias futuras muy grandes, debe haber quien se ponga en la brecha. ¡Que Dios nos dé la valentía y la sabiduría para discernir el tiempo de confrontar y el tiempo de no hacerlo!

Generalmente es mejor no confrontar a otro si el asunto es privado o personal. Si persiste después de mucha oración y va teniendo graves consecuencias, Mateo 18: 15-22 nos da el procedimiento para hacerlo. Primero hay que ir con la persona involucrada guardando la esperanza de resolver la situación. Si el primer paso falla, hay que llevar dos o más testigos, siempre con el fin de resolverlo pacíficamente y no extender el pleito. Si el segundo paso es infructuoso, ahora es tiempo de llevarlo a la iglesia.

Pero Cristo termina este párrafo subrayando la necesidad de perdonar el uno al otro hasta *"setenta por siete"* (Mateo 18:21, 22). Perdonar es mejor que confrontar, especialmente cuando hay verdadero quebrantamiento y cambio de rumbo.

Comparto personalmente que pasé por este camino durante tres años de mi vida aquí en el Instituto Bíblico Río Grande y he probado, más allá de toda duda, que hay un tiempo para orar y sufrir el agravio y no decir nada a nadie. Pero puede haber también la necesidad de la valentía de Jonatán para advertir a aquellos, y sólo a aquellos que tienen el derecho y la necesidad de oír la verdad.

Pero cuando la Cruz opera cada vez más profundamente en nuestra vida y cuando se tienen los ojos puestos en Jesús, Dios da la valentía de Jonatán tanto en lo de aguantar el agravio como en lo de ponerse en la brecha a favor del bienestar de la obra de Dios. Regreso una vez más a la cruz para tomar la posición que nos corresponde, muertos al yo y vivos para Dios (Romanos 6:2, 6, 11-14). Cuando seguimos en los pasos del crucificado, él obrará a su tiempo y sólo para su gloria, no la nuestra. ¡Qué alivio y bendición es andar por fe y ver cómo Él se glorifica!

Tres modelos: Saúl, Jonatán y David

Capítulo 22
Jonatán II

Introducción

Ya vimos la valentía y el coraje de Jonatán, aun frente a su propio padre quien había *"turbado el país"* (1 Samuel 14:29). En esa ocasión Saúl había hecho un voto necio de no dejar que ninguno de los que iban en busca del enemigo probara bocado (v.24). Jonatán, habiendo empezado la batalla con el fin de probar la fidelidad de Dios (v.6), ignoraba lo dicho por Saúl (v.27). Después de haber derrotado a los filisteos, Jonatán tomó miel de un panal.

Para poner peor la cosa, Saúl quería usar el arca como un amuleto (vv.18, 19), pero Dios intervino y no fue posible tal pecado. A pesar de la infidelidad de Saúl, Dios les dio la victoria (v.23). En el alboroto algunos comieron animales con sangre acosados por el hambre (vv.32, 33) y Saúl lo vio como un gran pecado, sin darse cuenta que él mismo había ocasionado tal cosa.

Para apaciguar su concepto de Dios construyó un altar y sacrificó una ofrenda (v.35), lo cual no le correspondía hacer. Por eso Dios no lo oyó (v.37). Vemos así el principio del fin de Saúl que iba de mal en peor. En el siguiente capítulo dio el último paso hacia abajo al no obedecer a la orden de Dios dada a través de Samuel (1 Samuel 15:1-3).

La amistad de Jonatán ante David

La providencia soberana de Dios es vista con el ungimiento de David como el futuro rey (1 Samuel 16). Era una selección poco probable, un joven pastor pero a quien Dios había escogido desde antes de la fundación del mundo. Es el Dios mismo quien dice: *"He hallado a David hijo de Isaí, varón conforme a mi corazón, quien hará todo lo que yo quiero"* (Hechos 13:22).

Una vez que David es ungido, el Espíritu de Dios le quitó la unción como rey a Saúl. La había perdido por su desobediencia enraizada en su

169

orgullo y amor de su fama. Como consecuencia de ello, un espíritu malo, permitido por Dios, afligía a Saúl (1 Samuel 16:14). Se le sugirió que un arpista podría calmar su irritación. Esto resultó en la llegada del joven David, quien al tocar el arpa, por un rato pudo calmar tales ataques demoníacos.

Sin duda esto resultó en el primer encuentro entre Jonatán y David. Dice el autor: *"Y viniendo David a Saúl, estuvo delante de él; y él le amó mucho, y le hizo su paje de armas"* (v.21). Hasta entonces Saúl reconocía el valor de David, concepto que cambiaría después.

Luego sucedió la gran victoria cuando Dios capacitó a David para matar a Goliat (1 Samuel 17). Así unos años después, David fue invitado a la corte como el predilecto del Saúl. Como Dios bendijo a José en la casa de Potifar, en la cárcel y en la corte de Egipto, Dios bendijo también a David de tal manera que las mujeres cantaban y esto le disgustaba mucho a Saúl. *"Saúl hirió a sus miles, y David a sus diez miles"* (1 Samuel 18:7).

El orgullo iba ganando terreno diariamente en la vida de Saúl, quien ahora se encontraba abandonado por Dios y sumido en su propio enojo. El orgullo no le permitía ver más allá de sus propios intereses. *"Y desde aquel día Saúl no miró con buenos ojos a David"* (v.9). De ahí en adelante todo iría de mal en peor esta relación.

El pacto de Jonatán con David (1 Samuel 18)

Entra Jonatán en este combate y ello pondría en agudo contraste el corazón del hijo una vez más en contra de su padre. Otra vez vemos la valentía, el coraje de Jonatán. Sabía reconocer la bendición de Dios sobre David, aunque sería a costa de su propia futura posición real. El autor lo reporta así: *"Aconteció que cuando él hubo acabado de hablar con Saúl, el alma de Jonatán quedó ligada con la de David y lo amó Jonatán como a sí mismo"* (1 Samuel 18:1).

Al principio Jonatán no se dio cuenta del costo que pagaría, pero había en Jonatán lealtad, reconocimiento de la mano de Dios en su amigo. Más adelante se puso muy difícil la relación con su padre, pero nunca vaciló; en cambio, la oposición de su padre sólo fortaleció su apego a David y su llamado de Dios.

170

Veo en Jonatán una cualidad esencial en el líder que sabe reconocer a quien Dios bendice, y a pesar del costo personal que tenga que pagar está resuelto a honrarle. No entra en la ecuación sus propios intereses, ni ventajas ni desventajas. Hay pocos colegas que están dispuestos a la hora de la prueba a apegarse a quien Dios llama.

Jonatán estaba tan dispuesto a poner su futuro en la línea que públicamente hizo un pacto que sería bien conocido por su propio padre. *"E hicieron pacto Jonatán y David* --la iniciativa parece ser de parte de Jonatán— *porque él le amaba como a sí mismo. Y Jonatán se quitó el manto que llevaba, y se lo dio a David, y otras ropas suyas, hasta su espada, su arco y su talabarte"* (vv.3, 4). En ese acto público, Jonatán rindió su futuro seguro en manos de David.

¿Cómo está nuestra relación con el Hijo Mayor de David?

¡Qué tremendo ejemplo de cómo debemos rendirnos ante el Hijo Mayor de David, Jesucristo! El hijo del rey actual por amor a su amigo, amor fraternal, no pidió cosa alguna; por el contrario, le entregó *"su espada, su arco y su talabarte"*. Quedó sin nada por amor del ungido de Dios.

Esta historia es ejemplo de la motivación más poderosa posible, el amor hacia Dios. Pablo, en defensa del llamado que vive debajo del signo de la Cruz, lo ilustra al escribirle a la iglesia en Corinto. Aunque el mundo nos ve como locos, este rendimiento es sano e imperativo. *"Porque si estamos locos, es para Dios; y somos cuerdos, es para vosotros. Porque el amor de Cristo nos constriñe, pensando esto: que si uno murió por todos, luego todos murieron; y por todos murió, para que los que viven, ya no vivan para sí, sino para aquel murió y resucitó por ellos"* (2 Corintios 5:13-15).

Ve usted que tal creyente tiene un nuevo centro, no el yo, sirviendo a Dios de todo corazón. Ha habido un cambio radical, un "trasplante de corazón". Hay un nuevo señor y nuestro mayor gozo es rendirnos ante él. No vivimos para nosotros mismos sino para aquel que murió y resucitó y hace manifiestas en nosotros sus propias virtudes.

Sin embargo, si uno examina más de cerca 2 Corintios 5:14 vemos que no es tanto el amor nuestro para con Cristo en Dios, sino el amor de

Dios hacia nosotros. Tal amor es constante, invariable e infinito. Pero ¿dónde nos mostró Dios ese amor?, ¿en sus enseñanzas?, ¿en su ejemplo?, ¿en su vida de servicio? No, nos mostró ese amor en la Cruz cuando murió por nosotros, cuando ocupó nuestro lugar **(sustitución)** y más aún, cuando morimos en él al pecado, a nosotros mismos, (Romanos 6:2-6, **identificación**), a la ley (Romanos7:4), al mundo (Gálatas 6:14). Ese amor puso fin a nuestro enamoramiento fanático de nosotros mismos, nuestro orgullo. La Cruz viene siendo la base firme y constante de nuestra lealtad y fidelidad.

A base de su amor hacia nosotros, en gracia y en gratitud, nuestro amor hacia Jesús crece y se manifiesta voluntariamente en nuestras decisiones de no buscar nuestros fines, nuestros intereses personales. Tal amor nuestro y tal crucificado que ya vive en nosotros nos da gusto rendir *"nuestra espada, nuestra arca y nuestro talabarte"* ante el Hijo Mayor de David. ¡Ojalá que aceptemos esta verdad cuando nos presenten los tiempos de sufrimiento, injusticia y problemas por todas partes! Seguiremos el ejemplo de Jonatán hacia nuestro Hijo Mayor de David.

El pacto de Jonatán con David es puesto a mayor prueba

Con el transcurrir del tiempo Saúl tenía más celos aun de David. La situación de Jonatán ante su padre debió haberse puesto mucho más difícil. ¿Qué debía hacer? Jonatán tal vez se preguntaba: "¿No habrá manera de resolver este asunto? Cuando hay estos antagonismos en la obra del Señor, cuando los celos y el orgullo se ahondan, hay quienes tratan de ser pacificadores a veces con buena intención. Pero no hay la manera de unir al espíritu y la carne; son cosas contrarias (Gálatas 5:17).

Pablo habló de Hagar y Sara, de Ismael e Isaac en Gálatas 4:21-31. *"Pero como entonces el que había nacido de la carne perseguía al que había nacido según el Espíritu, así también ahora. Mas ¿qué dice la Escritura? Echa fuera a la esclava y a su hijo, porque no heredará el hijo de la esclava con el hijo de la libre. De manera, hermanos, que no somos hijos de la esclava, sino de la libre".*

Las oraciones no pueden armonizar lo que está en polos opuestos. Claro las oraciones pueden mover la mano de Dios, pero la resolución viene sólo con el quebrantamiento y el arrepentimiento por ambos lados. Lo del espíritu no puede arrepentirse; porque tiene razón y representa a Dios; claro hablando humanamente, los que son del espíritu deben ir examinando sus motivos y su manera de actuar. Ninguno es perfecto y por eso hay cosas que aprender.

Pero lo de la carne tiene que ser juzgada a fin de cuentas por Dios mismo. La verdad que resuelve este empate es que ya Dios juzgó la carne y sus múltiples manifestaciones en la Cruz. A la medida que ambos lados hacen frente honestamente de ello, el Espíritu Santo hace la obra. Pero no es obra de ningún comité nombrado, ni de ningún consejero por preparado que esté. Sólo la Cruz aplicada al corazón hace la diferencia.

Volviendo a Saúl y a Jonatán David hace la pregunta algo desesperado: "¿Cuál es mi maldad, o cuál mi pecado contra tu padre, para que busque mi vida?" (1 Samuel 20:1). Jonatán está entre la espada y la pared. Entre los dos suponen la manera de resolver la pregunta, si no el problema. David no llegaría al palacio y si Saúl no comenta sobre su ausencia puede ser positiva la situación.

Ahora, si Saúl se queja de la ausencia de David, Jonatán tendría que tratar de apaciguar a su padre (vv.5-10). Tan afligido está David que dice: *"Harás, pues, misericordia con tu siervo ya que has hecho entrar a su siervo en pacto de Jehová contigo; y si hay maldad en mí, mátame tú, pues no hay necesidad de llevarme hasta tu padre. Y Jonatán le dijo: Nunca tal te suceda. Ante bien, si yo supiere que mi padre ha determinado maldad contra ti, ¿no te lo avisaría yo"* (v.9).

Los dos siguen hablando considerando las posibles consecuencias. Jonatán termina la plática diciendo: *"Esté Jehová contigo, como estuvo con mi padre. Y si yo viviere, harás conmigo misericordia de Jehová, para que no muera, y no apartarás tu misericordia de mi casa para siempre. Cuando Jehová haya cortado uno por uno los enemigos de David de la tierra, no dejes que el nombre de Jonatán sea quitado de la casa de David. Así hizo Jonatán pacto con la casa de David, diciendo: Requiéralo Jehová de la mano de los enemigos de David. Y Jonatán hizo jurar a*

173

David otra vez porque le amaba, pues le amaba como a sí mismo"
(vv.13-17). ¡Qué fuertes son estas palabras! ¡Qué lealtad! ¡Qué entrega!

La prueba final para los dos

Pero habría otra confrontación más, esta vez Jonatán contra su padre
ya entregado a la carne en su odio hacia David. Jonatán, del modo más
cortés, le expuso a su padre el plan de David de ir a su casa para
celebrar un sacrificio (v.29), por eso su ausencia. Pero el odio de Saúl
era demasiado.

*"Entonces se encendió la ira de Saúl contra Jonatán, y le dijo: "Hijo de
la perversa y rebelde, ¿acaso no sé yo que tú has elegido al hijo de Isaí*
(no quiso pronunciar el nombre de David) *para confusión tuya, y para la
confusión de la vergüenza de tu madre? Porque todo el tiempo que el
hijo de Isaí viviere sobre la tierra, ni tú estarás firme, ni tu reino. Envía,
pues, ahora, y tráemelo, porque ha de morir"* (vv.30-31). No estuvo de
acuerdo con su padre y le preguntó qué mal había hecho.

Saúl llegó al colmo de la ira aun contra su propio hijo, tan leal y
comprometido con el ungido de Jehová: *"Entonces Saúl le arrojó una
lanza para herirlo; de donde entendió Jonatán que su padre estaba
resuelto a matar a David"* (v.33). Casi no pudo aguantar Jonatán la ira
de su padre hacia su amigo (v.34). No le entró ni por un minuto el
pensamiento de traicionar a David, buscando sus propios intereses.
Había dejado todo en manos de Dios.

Según el plan de los dos, iban a reunirse fuera del pueblo y por señas
predeterminadas David sabría del atentado de Saúl contra David. Lo
peor estaba por venir. Ahora sólo quedaba la despedida triste y final.
Era claro que no podría haber resolución con la carne y los celos locos
de Saúl. *"Y luego que el muchacho se hubo ido, se levantó David del
lado del sur, y se inclinó tres veces postrándose hasta la tierra; y
besándose el uno al otro, lloraron el uno con el otro; Y **David lloró más.**
Y Jonatán dijo a David: Vete en paz, porque ambos hemos jurado por el
nombre Jehová, diciendo: Jehová esté entre tú y yo, entre tu
descendencia y mi descendencia, para siempre. Y él se levantó y se fue, Y
Jonatán entró en la ciudad"* (vv.41, 42). Sería la última vez que se
verían. Fieles hasta el fin.

Jonatán es un cuadro del creyente que reconoce el señorío de Cristo y a gran precio de su bienestar humano opta por abandonarlo todo para dedicarse al Hijo Mayor de David. Su decisión había sido hecha al ver a David y darse cuenta que era el ungido de Dios. Con gusto sacrificó su futuro puesto de rey para luego morir al lado de su padre, cuyo fin sería trágico en gran manera.

Cristo había dicho: "Porque he venido para poner en disensión al hombre contra su padre, a la hija contra su madre, y a la nuera contra su suegra; y los enemigos del hombre serán los de su casa. El que ama a padre o madre más que a mí, no es digno de mí; el que ama a hijo o hija más que mí; y **el que no toma su cruz y sigue en pos de mí no es digno de mí. El que halla su vida la perderá; y el que pierde su vida por causa de mí, la hallará**" (Mateo 10:35-39).

Una vez más regresemos a la cruz en la vida del creyente, el futuro líder que Dios llama. ¡Qué el Señor nos dé fuerzas para abandonar el "yo" que toma mil formas! ¡Qué tomemos nuestra posición crucificados con Cristo y vivos para Dios en Cristo Jesús.

Tres modelos: Saúl, Jonatán y David

Capitulo 23
David I

Introducción

En estos estudios hemos abarcado la vida triste de Saúl y la vida valiente y fiel de su hijo, Jonatán. En ambos hemos visto el papel de la carne (Saúl) y del Espíritu (Jonatán). Sigue siempre esta tensión en la vida del creyente, y sobre todo en la del obrero o líder cristiano. Nos corresponde tomar muy a pecho el Mensaje de la Cruz mediante el cual Dios en Cristo juzgó de una vez para siempre la vida vieja (Romanos 6:2, 6, 11-14).

Esta nueva posición que corresponde a cada creyente, joven y anciano, es más que una doctrina o dogma. Es una posición en gracia que Dios quiere transformar en realidad en nuestra vida cotidiana. Nada menos que esto vale la pena. Sin este andar por fe (Romanos 1:17), no puede haber servicio cristiano que Dios pueda reconocer ante el Tribunal de Cristo (2 Corintios 5:10).

Ciertos principios básicos en la preparación del rey David

Si Dios va a usar grandemente a su siervo, cualquiera que sea, **va a haber un entrenamiento fuerte y profundo.** No se jubila nunca tal persona de este proceso. Dios no encomienda su bendición, su poder y su nombre a una persona no puesta a prueba en todas las áreas de su vida. No debemos esperar un camino fácil y liso. Es el camino del Calvario.

En la vida de Abraham, Dios lo puso a prueba al salir él de Ur de los Caldeos a la edad de 75 años, y luego al pedirle que ofreciese a su único hijo, el muy amado Isaac. Esta mayor prueba la recibió a la edad de unos 120 años. En ambos casos Abraham salió triunfante a pesar de unas fallas anteriores.

El entrenamiento o **las pruebas serán según el *llamado*** que Dios da en su soberana gracia. En el caso de David, Dios lo iba a poner como rey, un cargo importante y delicado. A él se lo iba a dar de acuerdo al Pacto Davídico (2 Samuel 7:1-29). En tal pacto sería el futuro del Mesías, Jesús Cristo, y todo el plan mesiánico y milenial. Dios no iba a perjudicar su causa con uno que iba a fallar. Claro que Dios es soberano y sabe el fin desde el principio; además obra en un hombre con la misma debilidad que nos rodea. Pero como en el caso de Job, la gracia de Dios triunfaría. Con Dios no hay fracaso final.

Hay otro factor inquietante que viene ilustrado en Hebreos 4. **Es el factor humano.** El autor anónimo pero inspirado dijo: *"Temamos, pues, no sea que permaneciendo aún la promesa de entrar en su reposo, alguno de vosotros parezca no haberlo alcanzado. Porque también a nosotros se nos ha anunciado la buena nueva como a ellos; pero no les aprovechó el oír de la palabra, por no ir acompañada de fe en los que la oyeron"* (vv.1-2). Claramente los que oyeron primero la Palabra no entraron en la Tierra Prometida; fallaron porque no pasaron la prueba de los cuarenta años. Murieron en el desierto.

A fin de cuentas no se frustró el plan de Dios, porque la segunda generación entró, pero no podemos rechazar el peligro de no alcanzar nosotros todo lo que Dios nos propone. Hay muchos fracasos en el ministerio que no podemos negar. Demas entró en el ministerio con Pablo y recibe su recomendación (Colosenses 4:17), pero finalmente viene el triste anuncio de su salida, dice el apóstol: me ha desamparado *"amando este mundo"* (2 Timoteo 4:10).

El éxito espiritual no es algo automático. Es un andar en la disciplina, la santidad, y la fidelidad. En este andar los dones, supuestamente importantes y espectaculares, no nos garantizan la última bendición de Dios. La iglesia de Corinto era una iglesia bien dotada (1 Corintios 1:4-7), pero era una iglesia carnal, dividida, orgullosa y un dolor para el corazón para su fundador, Pablo.

Hay tanta carnalidad que contagia la obra de Dios que no podemos cerrar los ojos ante el mal nuestro. Me gustaría añadir una observación personal. En estos últimos días me han visitado dos ex alumnas, contándome la triste verdad de tener que vivir bajo el orgullo y control de dizque líderes espirituales. Mi corazón sangraba por ellas.

Pero no hay que ir muy lejos, aquí mismo, a través de mis 56 años en el seminario, hemos presenciado la flojera, la independencia y el desacato ante la autoridad puesta bíblicamente por Dios. Y por otro lado, la excesiva autoridad esgrimida por el orgullo del líder queriendo despedir a quienes no doblan la rodilla ante ellos, como Mardoqueo no lo hizo ante Amán (Ester 5:9). ¡Dios me libre de mi sujeción ante mi vida vieja! Otra vez, es la Cruz la que vale la pena, que humilla al orgulloso y lo equipa para servir a Dios bajo las condiciones que glorifican al Señor.

A fin de cuentas, **el principio operante que debemos aceptar de todo corazón es que sí seguimos al crucificado;** nos corresponde lo que a él le correspondió: la cruz. Por eso vuelvo vez tras vez al mismo punto, la cruz donde Dios juzgó a Ernesto Johnson y sólo pide que lo acepte yo de buena voluntad sin quejas y sin amargura.

Mi madre me decía tantas veces: **"Dios no ara la arena sino la tierra que puede dar valioso fruto".** Debemos pedir que Dios nos are hondamente hasta quebrar los terrones que abundan en nuestras vidas. *"Por que así dice Jehová a todo varón de Judá y de Jerusalén: Arad campo para vosotros, y no sembréis entre espinos. Circuncidaos a Jehová, y quitad el prepucio de vuestro corazón"* (Jeremías 4:3, 4).

Y Oseas 10:12 dice: *"Sembrad para vosotros en justicia, segad para vosotros en misericordia; haced para vosotros barbecho* (según el Diccionario de la Real Academia Española, barbechar es arar o labrar la tierra disponiéndola para la siembra) *porque es el tiempo de buscar a Jehová, hasta que venga y os enseñe justicia"*.

Nuestro Señor dijo lo mismo en Juan 12:24-26: *"De cierto, de cierto os digo, que **si el grano de trigo no cae en la tierra y muere, queda solo; pero si muere, lleva mucho fruto.** El que ama su vida, la perderá; y el que aborrece su vida en este mundo, para vida eterna la guardará. Si alguno me sirve, sígame; y donde yo estuviere, allí también estará mi servidor. Si alguno me sirviere, mi Padre le honrará"*. Éste es el camino real para ser líder bíblico y en el caso de David es el camino que pisó aunque con bastantes tropiezos. Así será con nosotros también.

El hombre "conforme al corazón de Dios" (1 Samuel 13:14; Hechos 13:22)

Sólo Dios sabe el futuro. Es inescrutable saber cómo, cuándo, por qué y cómo escoge Dios a quién escoge. En el caso de Abraham, Jacob, Ruth, Esther, María, la madre de Jesús y David, a quien estudiamos, y en la vida de muchos más, sabemos que Dios los escogió y cumplieron los propósitos del Señor. En cada caso eran la materia prima con sus defectos y fallas, pero a lo largo cooperaron con Dios y por Su gracia lograron los propósitos eternos. Para nosotros hay un misterio en todo el proceso. La iniciativa de Dios siempre es soberana y su propósitos nunca son frustrados, pero en cada caso humano había obediencia y aceptación de su voluntad.

No podemos decir que todo fuese de Dios y que los seres humanos eran como robots o autómatas. Muy al contrario, podemos decir que en cierto sentido Dios dependía del ser humano. Pero es esa prioridad divina y luego la fe y la obediencia del ser humano que resultan en la bendición. No obstante, esa fe y obediencia nunca tienen mérito. Debe ser así para que toda la gloria sea para Dios y que el hombre sea el primero en reconocer su pequeñez y dependencia de Dios.

Vale la pena observar que Dios al lograr sus fines salvíficos y el avance de su iglesia aquí en la tierra no usa a los ángeles; Dios no opera sin el ser humano, un misterio que nos humilla y nos sorprende siempre.

David, el más pequeñito de su familia, es escogido por Dios (1 Samuel 16)

Saúl ya había dado los primeros pasos para abajo. En 1 Samuel 15 su obediencia parcial (v.14), su rebelión (v.22), su justificación de su pecado (vv.13, 21, 24, 25) su orgullo en querer ser honrado por el pueblo (v.30); todo lo hizo incapaz de seguir siendo rey. Dios, definitivamente, había abandonado a Saúl.

Esto era para Samuel un golpe porque él esperaba que Saúl siguiera siendo rey. *"Y nunca después vio Samuel a Saúl en toda su vida. Y Samuel lloraba a Saúl... Dijo Dios a Samuel: ¿Hasta cuándo llorarás a Saúl, habiéndolo yo desechado, para que no reine sobre Israel? Llena tu cuerno de aceite, y ven, te enviaré a Isaí de Belén. Porque de sus hijos me he provisto de rey"* (1 Samuel 15:35; 16:1).

Una vez más Dios va a confundir la inteligencia humana. En esta familia de Isaí había varios hombres con muchas más probabilidades. Antes Dios había escogido a Saúl cuando andaba buscando las asnas de su padre, pues parecía tener cierto potencial en él (1 Samuel 9:2, 3).

Con todo esto Samuel iba a la casa de Isaí bajo la amenaza y el desagrado de Saúl (16:2, 3). Cuando se le presentaron en orden los siete hijos, con los primeros Samuel esperaba hallar al que Dios había escogido. Pero él hizo pasar delante de él todos los siete y todavía no había visto el indicado divino. Confuso Samuel pregunta: *"Son éstos todos tus hijos? Y él respondió: Queda aún el menor, que apacienta las ovejas... Envía por él, porque no nos sentaremos a la mesa hasta que él venga aquí.... Entonces Jehová dijo: Levántate y úngelo. Porque éste es"* (vv.11, 12).

Lo anterior es maravilloso, pero es el verso siete el que nos da el secreto de a quién escoge Dios: *"Y Jehová respondió a Samuel: No mires a su parecer, ni a lo grande de su estatura, porque yo lo desecho; porque Jehová no mira lo que mira el hombre; pues el hombre mira lo que está delante de sus ojos, pero* **Jehová mira el corazón"**.

Centenares de años después el salmista explica el porqué de esa selección improbable: *"Eligió a David, su siervo, lo tomó de las majadas de las ovejas: de tras las paridas lo trajo, para que apacentase a Jacob su pueblo, y a Israel su heredad.* **Y los apacentó conforme a la integridad de su corazón, los pastoreó con la pericia de sus manos"** (Salmo 78:70-72).

Dios no lo escogió porque David traía algo muy valioso, porque la verdad es que en tal momento no traía nada. Pero en su gracia y soberanía percibió en David las cualidades de la integridad, la humildad y la cooperación suya con la voluntad de Dios. No había garantía de que resultara, pero Dios iba a humillar a David, quebrantar su orgullo, moldearlo por largos años de huída delante de Saúl y por fin capacitarlo para ser el hombre *"conforme al corazón de Dios"*.

Dios sabía muy bien lo que tomaría para ponerlo por fin en el trono: la injusticia, el mal trato, el sufrimiento, en fin, la cruz. Más adelante esto le tocaría al Hijo Mayor de David, pero ahora en David mismo Dios iba a trabajar duro. Con razón Pablo siglos después dice: *"A fin de conocerle, y el poder de su resurrección, y la participación (koinonía) de sus padecimientos, llegando a ser semejante a él en su muerte... no que lo haya alcanzado... sino que prosigo... a la meta"* (Filipenses 3:10, 12, 14).

Tres modelos: Saúl, Jonatán y David

Capítulo 24
David II

Introducción

En el primer estudio sobre David, vimos que para llegar al trono él necesitaba entender ciertos principios básicos: 1) era necesario un entrenamiento fuerte y profundo; 2) pasaría por pruebas que Dios en gracia permitiría, pero en las que influiría mucho el factor humano; 3) aprendería que el éxito no es automático; 4) que quien ha sido llamado debe seguir al crucificado en ese espíritu de sumisión; 5) y sólo, entonces, llegaría a ser como el *"grano de trigo que cae y muere para llevar mucho fruto"* (Juan 12:24).

Veremos dos estudios más sobre David. En el primero, muy positivo, observaremos cómo Dios produjo en David las cualidades que él quería para su siervo: *"varón conforme a mi corazón"* (Hechos 13:22). Dice la Biblia: *"A la verdad David, habiendo servido a su propia generación según la voluntad de Dios, durmió..."* (Hechos 13:36). Cuando Dios evalúa a su siervo de tal manera, ésta llega a ser la recomendación más alta. Ésa es la que buscamos de todo corazón.

El principio del entrenamiento: una victoria y las pruebas (1 Samuel 16-18)

Al ser escogido por Dios, no con base en su edad ni prestigio en la familia, David, vuelve a apacentar las ovejas, una característica que mostraría varias veces. Aun cuando Saúl lo escogió para tocar el arpa y calmar al espíritu malo de parte de Dios que le molestaba (1 Samuel 18:10-14), David volvía de vez en cuando a apacentar las ovejas. Tanto la unción y la medida de éxito como arpista en la corte de Saúl no le infló el orgullo. En su encuentro con Goliat, David venía de haber apacentado a las ovejas. *"Pero David había ido y vuelto, dejando a Saúl, para apacentar las ovejas de su padre en Belén"* (1 Samuel 17:15).

183

Por primera vez vemos en él la cualidad de la humildad. Tanto la unción que presagió grandes cosas futuras como el éxito en la corte no le llenó de auto importancia. Por contraste Saúl había empezado con humildad, pero pronto se le infló el orgullo al llegar a mandar a las tropas de Israel. *"Aunque eras pequeño en tus propios ojos, ¿no has sido jefe de las tribus de Israel, y Jehová te ha ungido por rey sobre Israel?"* (1 Samuel 15:17). Tal fue el primer paso de Saúl para abajo. Ligera diferencia entre los dos al principio, pero sus reacciones después se revelan con las tremendas consecuencias para el futuro.

Con humildad y confianza David confronta a Goliat (1 Samuel 17). Al obedecer a su padre llevando unos alimentos a sus hermanos al campo de batalla, en la voluntad de Dios, David se encuentra con su primer reto de fe y acción. Sus propios hermanos lo despreciaban.

Eliab, su hermano mayor, dijo: *"¿y a quién has dejado aquellas pocas ovejas en el desierto? Yo conozco tu soberbia y la malicia de tu corazón, que para ver la batalla has venido"*(v.28). David no le responde a su hermano, sino que toma el desafío de Goliat como *"mero hablar"* (v.29). Conocemos la historia, David con una plena confianza en el Dios que le libró del león y del oso estaba dispuesto a poner su vida en la línea para la gloria del Dios de Israel. Basta leer los versos 45 al 47 para sentir la fe de este joven, dotado ya del Espíritu de Dios.

La próxima prueba para David sería la del éxito, aparece como todo un héroe ante la nación (1 Samuel 18). Muchas veces hay más peligro en el éxito que en la prueba y fracaso. Después de este triunfo las mujeres salieron festejando a David y poniéndole la red de los celos de Saúl. El orgullo de Saúl no le permitía que otro fuese más popular que él. Pero en la providencia de Dios le dio a David a un compañero fiel y leal, quien parecía ser el menos indicado, Jonatán mismo (vv.1-5).

¡Qué bondadoso es Dios al permitir que Jonatán le profesara lealtad a David, aun a pesar de que estaba perdiendo su derecho al trono por ser el hijo de presente rey! *"Y salía David a donde quiera que Saúl le enviaba, y se portaba prudentemente... y era acepto a los ojos de todo el pueblo, y a los ojos de los siervos de Saúl"* (v.5). El éxito no le hizo daño por estar bien asentado en su humildad ante Dios.

Pero las cosas van de mal en peor para el joven David. Confortado por la intervención y amor de Jonatán (19:1-6), es evidente que a lo largo no le queda más lugar en la corte de Saúl. Vuelve a ser fugitivo, escapándose por su vida. Pobre Saúl que llevaba una vida doble, un día sabía que hacía mal, pero al siguiente era incapaz de resistir el orgullo y la malicia del viejo hombre que se veía firme en su propósito de acabar con su rival. Los celos son cosa horrible y muy común entre los siervos de Dios, cuando uno supera al otro. ¡Dios nos ayude!

Saúl se enoja tanto contra David y Jonatán hasta llegar al punto de arrojar la lanza contra su propio hijo que intercedía por su enemigo (20:28-33). David, abandonado por todos menos Dios, tiene que huir. En su huida le falla la fe en ocasiones. David y sus hombres habían llegado a Nob al sacerdote Ahimelec. En su desesperación David echó una mentira (21:8) y se aprovechó del pan sagrado y la lanza de Goliat y se fue a la tierra de los filisteos.

Se nos hace fácil criticar a David, pero en tal momento echó mano de la razón humana con el fin de salvarse, algo siempre fútil. Esto le iba a resultar muy mal, pues Saúl ordenó la muerte de todos los sacerdotes y los habitantes de Nob (22:17-19). Tomar las decisiones según la carne siempre resulta en lo peor. Hay consecuencias cuando escogemos salvarnos según la carne; hasta otros pagan caro por nuestros errores.

En la cueva de Adulam David con sus hermanos llegaron al punto ínfimo del desánimo. Unos cuatrocientos amargados de espíritu lo acompañaron (22:1, 2). Pero lo que sigue pone en relieve el corazón de David. En tres ocasiones Saúl estuvo en las manos de David, fácil hubiera sido matarlo o mandarlo a matar, pero no lo hizo por la simple razón de que era **el ungido de Dios"** (23:14; 24:3-22; 26:5-25).

En cada caso David se guardó de no hacer daño a Saúl. *"Y David respondió a Abisai: No le mates; porque ¿quién extenderá su mano contra **el ungido de Jehová**, y será inocente? Dijo además David: Vive Jehová, que si Jehová no lo hiriere, o su día llegue para que muera, o descendiendo en batalla perezca, guárdame Jehová de extender mi mano contra **el ungido de Jehová"*** (26:9-11).

Saúl otra vez reconoce su mal como ya lo había hecho en otras ocasiones (24:16-21; 26:17-21), pero ya entregado a su destino no pudo hacer más. Esto es bastante solemne dándonos cuenta que puede uno llegar al punto de no poder arrepentirse: *"Por tanto juré en mi ira, No entrarán en mi reposo... si oyeres hoy su voz, no endurezcáis vuestros corazones como en la provocación... y vemos que no pudieron entrar a causa de incredulidad"* (Hebreos 3:11, 12, 15, 19). **¡Que palabra tan solemne! No podemos impunemente posponer la obediencia a criterio nuestro.**

En estas ocasiones David estaba dispuesto a esperar hasta que Dios le diese el trono. No iba a tomar en sus manos la hora de subir. Si más pruebas vinieran, estaría sumiso hasta la hora de la voluntad de Dios. Como José sabía de antemano su futuro de reinar sobre sus hermanos (Génesis 37:2, 5-11; 50:19-21), tardó Dios trece años en preparar a José para subir con el espíritu de humildad. Así como el Hijo Mayor de David en las tentaciones en el desierto estaba dispuesto a recibir los reinos a través de la Cruz, no nunca por arrodillarse ante Satanás (Mateo 4:8-10).

Éste es el principio de la Cruz, recibir de la mano de Dios la autoridad en el momento que Dios nos juzgue preparados para tomar el poder sin hacerlo para nuestra gloria y destrucción. No cabe lugar en el entrenamiento del líder que tome en sus manos las riendas. Necesita saber cuándo tomar las riendas y, del mismo modo, cuándo dejarlas con un espíritu manso y humilde. Ya vamos sabiendo cómo David llegó a **ser un varón conforme al corazón de Dios.** *No hay camino fácil para llegar al trono, porque Dios no da su bendición al orgulloso o al impaciente.*

El corazón de David frente a la muerte de Saúl y Jonatán (2 Samuel 1)

Ahora vamos a ver el corazón de David. Volviendo de la victoria sobre los filisteos, un joven amalecita le trae noticias de que había matado a Saúl a petición de Saúl mismo (2 Samuel 1:10), una mentira porque Saúl había caído sobre su lanza para que los incircuncisos no abusaran de su cuerpo (vv.5, 6). Pero tristemente fue precisamente lo que los filisteos hicieron. *"Y le cortaron la cabeza, le despojaron de las armas; y enviaron mensajeros por toda la tierra de los filisteos, para que llevaran las buenas nuevas al templo de sus ídolos y al pueblo"* (1 Samuel 31:9) ¡Qué muerte más ignominiosa para el ungido de Jehová!

Tres modelos: Saúl, Jonatán y David

Lejos de premiar al amalecita, lo mandó matar, diciendo: *"¿Cómo no tuviste miedo de extender tu mano para matar **al ungido de Jehová**?... tu sangre sea sobre tu cabeza, pues tu misma boca atestiguó contra ti diciendo: Yo maté **al ungido de Dios"*** (2 Samuel 1:14,16).

No había absolutamente nada de venganza en el corazón de David hacia Saúl, a pesar de todos los años que lo había perseguido. Por el contrario, levanta una endecha así:

> *¡Ha perecido la gloria de Israel sobre tus alturas!*
> *¡Cómo han caído los valientes!*
> *No lo anunciéis en Gat,*
> *Ni deis las nuevas en las plazas de Escalón,*
> *Para que no se alegren las hijas de los filisteos*
> ***Saúl*** *y Jonatán, amados y queridos;*
> *Inseparables en su vida, tampoco en su muerte fueron separados;*
> *Más ligeros eran que águilas,*
> *Más fuertes que leones.*
> *Hijas de Israel, llorad por **Saúl**, quien os vestía de escarlata con*
> *   deleites,*
> *Quien adornaba vuestras ropas con ornamentos de oro.*
> *¡Cómo han caído los valientes en medio de la batalla!*
> *¡Jonatán, muerto en tus alturas!*
> *Angustia tengo por ti, hermano mío Jonatán.*
> *Que me fuiste muy dulce.*
> *Más maravilloso me fue tu amor*
> *Que el amor de las mujeres.*
> *¡Cómo han caído los valientes,*
> *Han perecido las armas de guerra!"*

Aquí vemos el amor del Calvario. Podemos entender su sentido de pérdida por Jonatán, pero de igual manera lamenta la muerte de Saúl. Como el corazón de Jesús sobre Jerusalén cuando lloraba. *"Y cuando llegó cerca de la ciudad, al verla, lloró sobre ella, diciendo: ¡Oh Si también tú conocieses, a lo menos en este tu día, lo que es para tu paz! Mas ahora está encubierto de tus ojos"* (Lucas 19:41, 42).

Otra vislumbre del varón conforme al corazón de Dios (Salmo 27)

No hay espacio para tratar el punto final que quiero enfatizar. De los 73 salmos atribuidos a David, pudiera haber escrito más, pero hay uno que revela su corazón, a pesar de los puntos débiles de su vida. Dice David: *"Una cosa he demandado a Jehová, ésta buscaré, que esté yo en casa de Jehová todos los días de mi vida, para contemplar la hermosura de Jehová, y para inquirir en su templo"* (Salmo 27:4, 5). **David era ante todo un buscador de Dios.** Sí que pecó gravemente, pero se arrepintió tan profundamente y admitió abiertamente su pecado ante Dios. **Era hombre honesto, transparente ante Dios.** No trató de ponerse el disfraz. El rumbo de su vida era buscar a Jehová. La brújula de su trayecto era conocer a Dios, no a través de los sacrificios sino de todo corazón.

En el momento más triste de su vida, después del fracaso con Betsabé dijo en el salmo de más profundo arraigo: *"Señor, abre mis labios, y publicará mi boca tu alabanza. Porque no quieres sacrificio, que yo lo daría; No quieres holocausto. Los sacrificios de Dios son el espíritu quebrantado; al corazón contrito y humillado no despreciarás tú, oh Dios"* (Salmo 51:15-17).

El corazón de Dios queda reflejado en el de David al perdonar a Saúl y al ser perdonado por Dios mismo, al mostrar misericordia a la familia de Jonatán y de Saúl y recibir la misericordia de Dios cuando enumeró al pueblo al final de su vida. David era un hombre talentoso, músico por excelencia, fuerte, decisivo, a veces impetuoso, estadista, profeta, rey y, sobre todo, el ungido de Dios que tomó en serio su llamado en todo y al fin de cuentas buscó a Dios.

Para dar balance al cuadro de David, veremos de modo algo negativo sus fallas, pero aun en éstas triunfó la gracia de Dios. Esto nos alienta y nos infunde ánimo para seguir adelante.

Capítulo 25
Las fallas de David son perdonadas

Introducción

En esta lección terminamos el estudio expositivo sobre David, *"el varón conforme al corazón de Dios"* (Hechos 13:22). Para llegar a ser tal hombre, Dios lo sometió a pruebas muy grandes, especialmente frente a Saúl y su obsesión por matarlo. En esto David salió aprobado a pesar de unos lapsos en ocasiones bajo extrema presión.

David mintió a Ahimelec y ese error le costó la vida a 85 sacerdotes (1 Samuel 21:1; 22:18). Otra falla de David fue cuando fingió locura frente a Aquis de Gat para escaparse con vida (21:10-15). A estas dos ocasiones le siguieron varias más, en las que se estropeó su caminar.

No obstante, estas derrotas fueron temporarias y David siguió adelante. En cierto sentido podemos cobrar ánimo, aun en tales momentos cuando Dios en gracia nos perdona semejante lapso y nos levanta. *La vida de David nos enseña claramente que Dios no exige la perfección, sólo la honestidad y la buena voluntad de arrepentirnos y volver a depender de él.*

El triunfo de David en este tramo de su vida, cuando huía de delante de Saúl, consistió en que no se vengó de la casa de Saúl de ninguna manera cuando lo pudiera haber hecho. Al contrario, se esmeró en proteger al "ungido de Dios", esperando la hora cuando Dios le entregaría el reino. Además mostró luego misericordia en la vida del único sobreviviente, Mefi-boset (2 Samuel 9:1-13).

El ungido de Dios tenía ciertos defectos que le costaron muy caro (2 Samuel 11)

Una característica sobresaliente de la Biblia es que Dios no esconde los pecados de sus héroes, son santos con "pies de barro" (Daniel 2:41, 42). Ya sea que se trate de Abraham y sus mentiras en Egipto (Génesis 12:10-20), Noé en su borrachera (Génesis 9:18-27), David y su adulterio

189

(2 Samuel 11), o Pedro en su negación con juramentos (Mateo 26:69-75), Dios lo saca a la luz en la Escritura. Pero en todos los casos se levantaron por el arrepentimiento y la gracia del perdón. Dios no confía en la carne ni debemos confiar nosotros mismos en ella (Jeremías 17:5, 7, 9).

Vale la pena examinar las ocasiones en la vida de David cuando esas áreas de su vida no fueron entregadas en manos de Dios. Antes de considerar lo de David y Betsabé hay un verso muy significativo que pasa por historia, pero puede indicar un área de debilidad. Al ser ungido rey sobre Judá en Hebrón dice: *"David subió allá, y con él sus dos mujeres Ahinoam jezreelita y Abigail, la que fue mujer de Nabal el de Carmel"* (2 Samuel 2:2). La poligamia era la costumbre de las naciones y algo permitido pero no con el pleno permiso original de Dios (Mateo 19:4, 8).

Al debilitarse la casa de Saúl, nacieron más hijos, en total seis de otras mujeres. Dice la Escritura: *"Y tomó David más concubinas y mujeres de Jerusalén, después que vino de Hebrón, y le nacieron más hijos e hijas"* (2 Samuel 5:13-15). En total otros once. Parece que al ser rey tomó esto como los demás reyes de las naciones, como si fuese su derecho y en esta área de la vida iba para abajo.

Ahora se presenta la tentación de Betsabé, ella sin culpa principal pero no David. Sin duda siendo rey con el acostumbrado manejo de poder sobre tantos, David debió haberse sentido invulnerable ante la tentación. El gran éxito y los privilegios han hecho tropezar a muchos siervos de Dios. Más peligroso es el momento de triunfo y el manejo de la autoridad que cualquier otro. La búsqueda del poder y el uso del mismo es la caída del siervo de Dios. Sólo la humildad y la Cruz nos protegen de esta trampa de la carne que se constituye precisamente el territorio del diablo mismo.

Así en un momento de relajación y falta de disciplina, David no se guardó. *"Aconteció al año siguiente, en el tiempo que salen los reyes a la guerra, que David envió a Joab, y con él a sus siervos y a todo Israel, y destruyeron a los amonitas, y sitiaron a Rabá; **pero David se quedó en Jerusalén.** Y sucedió un día, al caer la tarde, que se levantó David de su* *lecho y se paseaba sobre el terrado de la casa real, y vio desde el terrado a una mujer... "* (2 Samuel 11:12).

No hay que decir mucho. Le agarró la pasión muy ajena de la voluntad de Dios. La Biblia dice: *"Cada uno es tentado, cuando de su propia concupiscencia es atraído y seducido. Entonces la concupiscencia, después que ha concebido, da a la luz el pecado; y el pecado, siendo consumado, da a la luz la muerte. Amados hermanos míos, no erréis"* (Santiago1:14-16). ¡Qué feo es el monstruo que resulta!

Se sabe la historia tan triste: la necesidad de echar mentira tras mentira, abusar de la confianza de uno de sus más fieles soldados, Urías heteo (2 Samuel 23:39), le hizo regresar del campo de batalla y le tentó para ir a dormir con su esposa, pero él no lo hizo (2 Samuel 11:6-11); luego David lo *"convidó a comer y a beber con él, hasta embriagarlo"*. Y dice la Biblia que *"él salió a la tarde a dormir en su cama con los siervos de su señor; mas no descendió a su casa"* (vv.12-13).

David ahora planea su muerte ordenándole a Joab que lo pusieran al frente de la batalla. Joab, más tarde, chantajearía a David (vv.14-25). Al oír la noticia de su muerte David dice: *"Así dirás a Joab; No tenga pesar por esto, porque la espada consume, ora a uno, ora a otro; refuerza tu ataque contra la ciudad, hasta que la rindas, y tu aliéntate"* (v.25). ¡Qué descarado!

"Así que, el que piensa estar firme, mire que no caiga" (1 Corintios 10:12). Por un minuto de placer o autoengaño puede el siervo de Dios perder todo su futuro ministerio. Nunca jamás podrá volver a obrar con la misma confianza. El herido puede curarse, pero queda siempre la cicatriz. Además siguen las consecuencias que iban a perseguir a David hasta su vejez. Las consideraremos después.

Otra área débil en la vida de David era sus relaciones familiares

El cronista narra la rebelión de Adonías quien quiso desplazar a su padre. *"Entonces Adonías, hijo de Haguit se rebeló diciendo: Yo reinaré. Y se hizo de carros de gente de a caballo, y de cincuenta hombres que corriesen delante de él. **Y su padre nunca le había entristecido en todos sus días con decirle: ¿Por qué haces así?** Además éste era de muy hermoso parecer; y había nacido después de Absalón"* (1 Reyes 1:5, 6).

191

Este comentario basta para explicar la serie de fracasos de su familia. Claro que la raíz de las terribles consecuencias no era más que los resultados de la ley que dice que lo que se siembra eso mismo se segará (Gálatas 6:7, 8). Se pueden apreciar los resultados de su pecado con Betsabé. Pero aun antes de eso, David había descuidado sus deberes nupciales y, aun peor, los deberes para con su familia.

Sin entrar en más detalles viene la serie de consecuencias profetizadas por el profeta Natán en su denuncia del pecado de David con Betsabé. *"Por lo cual ahora no se apartará jamás de tu casa la espada, por cuanto me menospreciaste, y tomaste la mujer de Urías heteo para que fuese tu mujer. Así ha dicho Jehová: He aquí yo haré levantar el mal sobre ti de tu misma casa, y tomaré tus mujeres delante de tus ojos, y las daré a tu prójimo, el cual yacerá con tus mujeres a la vista del sol. Porque tú lo hiciste en secreto, mas yo haré esto delante de todo Israel y a pleno sol"* (2 Samuel 12:10-12).

De acuerdo con esa profecía se dio, precisamente, el doloroso cumplimiento: la violación de Tamar por Amnón (2 Samuel 13); la venganza latente y luego patente de Absalón por su hermana (13:20-39); la sublevación de Absalón, la destronización de David y la triste huida e intriga que resultó con Ahitofel y Husai (15-17); el asesinato de Absalón por Joab; la triste y fea conducta de David frente a su hijo tan consentido (18:5, 33) y la sublevación de Seba (20).

Para el colmo *"volvió a encenderse la ira de Jehová contra Israel, e incitó a David contra ellos a que dijese: Ve, haz un censo de Israel y de Judá" (24: 1). "Pero Satanás se levantó contra Israel en incitó a David a que hiciese censo de Israel* (1 Crónicas 21:1). Es algo enigmático, pero Dios tenía que tratar tanto con David como con su pueblo. Difícil es desenredar el plan de Dios en todo esto, pero en alguna manera David pecó al final de su reino, **motivado por el orgullo y la fama de su reinado**. Hasta Joab, el general tosco, reprendió a David (2 Samuel 24:3).

David se arrepiente y por gracia nos deja ejemplo del triunfo de la Cruz

A pesar de lo triste de los dos fracasos principales de David, el de Betsabé y el censo al final de su vida, podemos ver en David, *"el varón*

Tres modelos: Saúl, Jonatán y David

conforme al corazón de Dios", una cualidad que Dios reconoce por encima de todo: **un espíritu contrito y quebrantado**. Dios a través de muchas pruebas había desarrollado en David profundas cualidades positivas:

Su búsqueda incesante de la presencia de Dios (Salmo 27:4).

Un hambre de sed consumidora (Salmo 42, en las palabras de los hijos de Coré).

Una honda confianza en Dios mismo (Salmos 23, 56).

Una gratitud hacia Dios (Salmos 18, 103).

Un don de exhortación (Salmo 1).

Un concepto de la santidad de Dios en los salmos imprecatorios (Salmo 58).

Su perdón a la casa de Saúl y su dedicación a construir una casa digna del Señor.

El ungido de Dios tenía estas cualidades, y podríamos agregar muchas más en los salmos de David.

Pero ¡cómo respondió en las dos ocasiones cuando Dios lo convenció de su mal! Se humilló, se arrepintió, como muy pocos seres humanos se han arrepentido. En mi vida he visto poco arrepentimiento tal como el de David en Salmo 51 y, luego, la restauración y el gozo y perdón del Salmo 32.

Es tan fácil defender nuestro orgullo, "explicar" nuestro andar, justificar nuestra reacción echándole la culpa a otro. Pero David admitió su pecado. Cuando Natán el profeta le dijo: *"Tú eres aquel hombre... entonces dijo David a Natán: Pequé contra Jehová. Y Natán le dijo: También Jehová ha remitido tu pecado; no morirás"* (2 Samuel 12:7,13).

Aunque pidió que el bebé viviera, Dios dijo que no. *"David se levantó de la tierra y se lavó, y se ungió, y cambió sus ropas, y entró a la casa de Dios y adoró"* (v.20). Saúl había dicho lo mismo agarrado en su mal, pero David lo dijo de corazón y es lo que Dios vio en David al ungirlo rey.

En Salmo 51:4 David no esquiva su mal. Aunque había pecado gravemente contra Urías, Betsabé, la criatura, eso no era nada en comparación con el pecado contra Dios y sólo Dios. Sigue una lista de peticiones desde el corazón quebrantado: *"purifícame, lávame, Hazme,*

Esconde tu rostro, borra mis maldades, crea en mí, oh, Dios un corazón limpio, renueva un espíritu recto, no me eches delante de tu presencia, no quites de mí tu Santo Espíritu (perder como Saúl el derecho de regir, de ser el ungido de Dios), *vuélveme el gozo de tu salvación"* (Salmo 51:7-12).

Una observación doctrinal basada en Salmo 51:11

Algunos han usado este verso para decir que el Espíritu Santo no moraba en el santo del Antiguo Testamento. Sólo que venía e iba. Claro diferencias las hay entre los testamentos, pero *a mi parecer en cuanto a la salvación por la fe, la justificación y la regeneración no hay diferencia.* Hay solo una salvación, no una inferior en el Antiguo Testamento y otra superior en el Nuevo.

Como otras varias doctrinas implícitas en el Antiguo no se podían explicar porque operaban antes de la Cruz y la resurrección de tal modo que no pudieran haber sido entendidas. Pero la misma fe y el mismo Espíritu Santo obraban en los dos pactos, en el primero de manera latente e implícita y en el postrero explícita por beneficio de la encarnación y la muerte expiatoria de Cristo.

Lo que David temía, creo yo, fue que habiendo pecado él tan gravemente como Saúl pudiera perder su llamado de servir de rey a Jehová bajo la unción divina. Pero el verdadero arrepentimiento y el plan de Dios no permitirían semejante cosa. Este verso, pues, se refiere no la salvación personal sino a la dotación de su ministerio y su reinado prefigurando la venida del Hijo Mayor de David, Cristo mismo.

David vuelve a decir: *"No quieres sacrifico, que yo lo daría; los sacrificios de Dios son el espíritu quebrantado; al corazón contrito y humillado no despreciarás tú, oh, Dios"* (Salmo 51:16,17). En todo esto David no tan sólo se arrepiente de lo que ha hecho sino lo que él mismo era. Hay una gran diferencia entre las dos cosas.

Es fácil arrepentirse de lo que uno ha hecho, descubierto y agarrado sin salida en las consecuencias del mal. Pero sólo la cruz de Cristo nos hace capaces de estar arrepentidos constantemente de lo que en Adán somos, nos lleva a tomar por fe lo que somos en Cristo crucificados, sepultados, resucitados y sentados en lugares celestiales (Romanos 6:2-6; Efesios 2:4-10).

Sólo a través del quebrantamiento del Espíritu Santo, ese fracaso, una iluminación del mal de nuestro orgullo y potencial para hacer las obras de la carne, nos conduce a la Cruz para tomar de nuevo nuestra posición en Cristo, concedida por la gracia de Dios en la obra de la Cruz.

Luego en el último pecado de David al hacer el censo --parece que fue motivado por el orgullo—ante Dios se humilló. *"Después que David hubo censado al pueblo, le pesó en su corazón; y dijo a Jehová: Yo he pecado gravemente por haber hecho esto; mas ahora, oh Jehová, te ruego que quites el pecado de tu siervo, porque yo he hecho muy neciamente"* (2 Samuel 24:10). Ningún profeta tuvo que decírselo.

Dios no quitó las consecuencias del orgullo, pero le mandó a edificar un altar en la era de Arauna, el jebuseo (v.18). Cuando su súbdito lo quiso regalar todo a David, dijo en el espíritu de Calvario: *"No, sino por precio te lo compraré; porque no ofreceré a Jehová mi Dios holocaustos que no me cueste nada... Y edificó allí David, allí un altar a Jehová, y sacrificó holocaustos y ofrendas de paz. Y Jehová oyó las súplicas de la tierra, y cesó la plaga en Israel"* (vv.24, 25).

Para mí es muy interesante que David levantó el altar donde Salomón iba a construir el templo y, precisamente, el lugar donde Cristo sería crucificado. Según Romanos 6:2 allí tú y yo fuimos crucificados juntamente con Cristo.

La centralidad del mensaje de la Cruz en el Antiguo Testamento

Termino estos ocho estudios más profundamente convencido de que Saúl representa el orgullo de la carne; Jonatán, la lealtad y valentía del Espíritu; y David, un corazón contrito y humillado, nuestra mayor protección contra los estragos de nuestra carne y orgullo. El mensaje de la Cruz es nuestro remedio. *¡Dios nos libre! Pero ya nos libró en la Cruz hace dos mil años (Romanos 8:2); es cuestión de tomar de nuevo por fe esa posición nuestra y dejar que el Espíritu Santo siga haciendo su obra santificadora.*

El triunfo de la gracia de Dios en la vida de Job

Capítulo 26
La historia de Job, el objeto del amor y de la gracia de Dios

Introducción

Este estudio es el comienzo de un proyecto tanto grande como profundo. Sólo Dios puede iluminarnos para alcanzar el objetivo que pretendemos. Pero entremos en materia, mucho se ha escrito y dicho sobre el pobre Job, ejemplo número uno de quien sufrió tanto en mano de Satanás y, más aun, en la mano de Dios. En nuestra consideración, a veces a Job se le ubica en el centro de la historia y pareciera que todo gira a su alrededor.

Sin embargo, en esta oportunidad quisiera sugerir otro énfasis. Dios debe estar en el centro y Job alrededor. Aunque Satanás se ve tan claro en Job 1 y 2, de ninguna manera es el enfoque ni el medio activo. Dios sobresale en todo momento. Podemos ver como el Señor, cual cirujano experto, interviene quirúrgicamente a Job y, finalmente, triunfa su gracia en la vida de este hombre "perfecto" (Job 1:1, 8; 2:3).

En este estudio expositivo trataré de **dar una vista a vuelo de pájaro del libro de Job** para llegar a la aplicación que quiero hacer a través de los subsiguientes estudios. En breve, quiero que veamos lo que Dios vio en Job, no los pecados de comisión, sino el orgullo y la justicia propia que llevaba debajo de esa vida consagrada. Aunque él era el hombre más santo de aquel día, había en Job --como en nosotros—esa parte que Dios tiene que tratar en gracia. Lo hace en plena gracia y amor por medio de las pruebas y el sufrimiento.

*"Pero si se os deja sin disciplina, de la cual todos han sido participantes, entonces sois bastardos, y no hijos. Por otra parte, tuvimos a nuestros padres terrenales que nos disciplinaban; y los venerábamos. ¿Por qué no obedeceremos mucho mejor al Padre de los espíritus, y viviremos? Y aquéllos, ciertamente por pocos días nos disciplinaban como a ellos les parecía, pero éste para lo que nos es provechoso, para que **participemos en su santidad**. Es verdad que ninguna disciplina al presente parece ser causa de gozo, sino de tristeza;*

pero después da fruto apacible de justicia a los que en ella han sido ejercitados" (Hebreos 12:8-11).

Espero que el lector retenga en su mente la idea central mientras trazamos esta verdad clave. Este primer estudio no busca entrar de lleno en el libro; trata más bien de dar el concepto del propósito final de Dios. El epílogo (Job 42) nos revela la razón y el mensaje de los capítulos 3 al 41 que casi no estudiamos nunca. Pero allí en la respuesta de Dios y la reacción de Job está el mensaje: dónde, cómo, por qué y para qué.

Otra perspectiva sobre Job

Mi punto de partida es Lucas 14:25-35. En esta porción Jesús se dirige a las multitudes y de manera muy directa dice: *"Si alguno –note que es singular e inclusive– viene a mí, y no aborrece a su padre, y madre, y mujer, e hijos, y hermanos, y hermanas, y **aun también a su propia vida**, no puede ser mi discípulo. Y el que no lleva su cruz y viene en pos de mí, no puede ser mi discípulo"* (vv.26-27).

Esto no suena como el evangelista de hoy en día que invita a todo el mundo a pasar al frente para hallar paz y gozo y, especialmente, asegurándoles prosperidad. Además, Cristo después de dar dos fuertes ilustraciones de quienes no calculan el costo de llegar a ser sus seguidores o verdaderos discípulos, remata diciendo: *"Así, pues, cualquiera de vosotros que no renuncia a todo **lo que posee**, no puede ser mi discípulo"* (v.33).

Y luego el pasaje nos da la conclusión: *"Buena es la sal; mas si la sal se hiciere insípida, ¿con qué se sazonará? Ni para la tierra ni para el muladar es útil; la arrojan fuera. El que tiene oídos para oír, oiga"* (vv.34, 35).

Hoy día, reconocemos lo fuertes que son estas demandas. ¿Exigía demasiado Jesús? ¿Es ésta la salvación por el esfuerzo humano? ¿Se requiere todo esto antes de poder ser salvo? **De ninguna manera. Nuestro Señor pone en relieve la calidad de la entrega que** *su gracia producirá* **en quien verdaderamente responda a la invitación.**

El Señor dice: *"Venid a mí todos los que estáis trabajados y cargados, yo os haré descansar".* Y sigue ampliando esto en el mismo espíritu de entrega que le caracteriza: *"Llevad mi yugo sobre vosotros, y aprended de mí, que soy manso y humilde de corazón; y hallaréis descanso para*

El triunfo de la gracia de Dios en la vida de Job

vuestras almas; porque mi yugo es fácil y ligera mi carga" (Mateo 11:28-30).

Jesús hace una demanda fuerte, pero su gracia suplirá los medios, de tal manera que en el proceso de andar con él, podremos experimentar la plenitud de su presencia y el deleite de su bendición. Para mí, Job es un ejemplo primo de esta gloriosa verdad. Este hermoso libro traza ese andar hacia la renuncia del "yo".

En lugar de ver a Job y sus sufrimientos como el punto central, es Dios mismo que en su gracia va a producir en Job tal abandono de todo, llegando a despojarse del "yo". Éste es el supremo paso del discípulo de Jesús. De otro modo no podemos llegar a ser ese seguidor, que tras los pasos del Maestro, goza de la plenitud de Dios.

Veo el siguiente marco de referencia llevado a cabo en el libro de Job. Jesús empieza por decir: *"Si alguno viene a mí y no aborrece a su padre, a su madre... no puede ser mi discípulo"*. Y termina el pasaje en Lucas 14:33 con *"cualquiera de vosotros que no renuncia a **todo lo que posee**, no puede ser mi discípulo"*.

El proceso de llevar a cabo este plan divino

Cuando Dios pone a prueba a Job, nos damos cuenta que él sale muy aprobado en los primeros pasos duros, como vemos en el primer capítulo.

> Job pierde su hacienda, cosas secundarias, y pierde a su familia (Job 1:3).
>
> Después de la petición de Satanás, Job pierde sus bueyes y asnas (v.14).
>
> Luego pierde sus ovejas y a todos sus pastores (v.16).
>
> Más tarde pierde sus camellos y a sus criados (v.17).
>
> Y luego otro golpe increíble, pierde a todos sus hijos (v.19).

Así, a pesar de un golpe tras otro, dice la Biblia que Job *"no atribuyó a Dios despropósito alguno"* (v.22). Pero la prueba se intensifica mucho; después de otra petición de Satanás, Dios permite que le dé otros dos golpes más.

> Job pierde su salud; la prueba tocó su propio cuerpo (2: 7, 8).
>
> Y luego Job pierde el amor de su "ayuda idónea", su esposa (2: 9).

Así, a pesar de los duros golpes (se queda sin bienes, sin familia, sin salud, sin el amor matrimonial), la respuesta de Job es: *"¿Qué?*

¿Recibiremos de Dios el bien, y el mal no lo recibiremos? En todo esto no pecó Job con sus labios" (2:10).

A esta altura de la historia, pareciera que Job ya pasó la última prueba, la más dura. Pero no es cierto, pues si así fuera terminaría el libro con esas dos declaraciones triunfantes. La pura verdad es que desde el capítulo 3 al 39, Job no cesa de hablar hasta disgustar a sus tres supuestos amigos (4-25), a Eliud (32-37), y aun más importante a Dios mismo (38 - 41).

También encontramos dos interludios. El primero está en los capítulos 26-28, en los cuales Job reflexiona sobre la sabiduría de Dios; y el segundo interludio lo hallamos en Job 29-31, en el cual Job se justifica a sí mismo ante Dios. Pero por fin llega al extremo de lo que Dios desde el principio había querido tratar hondamente: el verdadero elemento que Job no sabía qué ni cómo someter a Dios, es decir, su propia vida, su **"yo"**.

La verdad es que Dios nunca acusa a Job de algún pecado de comisión. Al contrario, afirma su integridad. Primero, Dios lo llama *"este hombre perfecto, y recto, temeroso de Dios y apartado del mal"* (1:1, 8; 2:3) y finalmente Dios dice: *"Y aconteció que después que habló Jehová estas palabras a Job, Jehová dijo a Elifaz temanita: Mi ira se encendió contra ti y tus dos compañeros; porque no habéis hablado de mí lo recto, como mi siervo Job"* (42:7).

Claro que Dios sabía que Job no era perfecto en el sentido absoluto; sólo Dios así califica. Pero reconoce la integridad en cuanto a lo externo. No obstante, Dios no queda contento hasta tratar con el "yo" que se manifiesta en el orgullo y la soberbia. Dios, por su gracia y providencia, no puede dejar sin tocar esa área.

La finalidad de Dios al tratar con nosotros

La gran mayoría sabemos de los triunfos de Job en los capítulos 1 y 2. Luego damos un salto largo a los últimos capítulos cuando Dios lo bendice doblemente. Pero lo grueso del libro contiene lo más profundo de los tratos de Dios con este santo de la antigüedad. Job pudo triunfar con la pérdida de todos sus bienes, aún la de los hijos, la mujer y su salud, pero iba a luchar por su propia integridad ante Dios. En su defensa tan fuerte, pinta a Dios varias veces como si fuese su enemigo.

El triunfo de la gracia de Dios en la vida de Job

Eso lo veremos más adelante en detalle. Pero el ser humano no puede tratar a Dios así.

El **"yo"**, el viejo hombre, que no quiere morir a sí mismo es como una cebolla que al pelarse revela una capa tras otra que sólo produce lágrimas y más lágrimas. Dios percibe bien los matices de nuestro orgullo, los disfraces que ponemos y nos ama suficiente como para no tolerar tal egoísmo. Así mismo, en la vida de Job, Dios va revelando su auto confianza, su "integridad" que realmente fue un orgullo "espiritual".

Sólo por someter Dios a Job al hormo del sufrimiento, pudiera verse y confrontarse la vida de este santo del Antiguo Testamento, pero no sin una fuerte lucha por parte de Job. Él, lleno de palabras, se defendería ante los tres amigos equivocados y Eliú, medio sabio y medio enojado.

Cuando tuvo su confrontación con Dios, el Señor lo calló, no por responderle a sus quejas y contestarle sus preguntas sino por revelarse a sí mismo en su grandeza, poder y control sobre el mundo físico. Cuánto más tenía Dios control sobre la vida del pobre Job. Dios no tiene que defenderse ante ninguna criatura. Ante la grandeza de Dios, Job por fin reconocería su mal.

Volviendo a nuestro marco de Jesús, Dios trataba con Job con respecto al último paso por dar: aborrecerse, negarse, tomar su cruz como punto de muerte y seguir al Crucificado. Tal es el fin de Dios en sus tratos con los más espirituales, los mejores, como a veces nos consideramos. Dios no puede perdonar el "yo". No lo hizo en su propio Hijo quien renunció a sus derechos legítimos para hacerse hombre. Mucho menos lo tolera en nosotros. Tal rehusar divino no se puede negociar nunca. *"El que no escatimó ni a su propio Hijo, sino que lo entregó por todos nosotros, ¿cómo no nos dará también con él todas las cosas?"* (Romanos 8:32).

El libro de Job a luz del Nuevo Testamento y la Cruz

Estableceremos más adelante que Job es un libro muy antiguo, bien separado en tiempo del Nuevo Testamento, con su historia de la cruz de Jesús. Sin embargo, hay lazos muy fuertes entre los tratos fieles de Dios en otros milenios y los de hoy día. Él es el mismo Dios, la naturaleza

El triunfo de la gracia de Dios en la vida de Job

humana es la misma, tan dada a justificarse. Por lo tanto, Job es un libro tan relevante para hoy como si se hubiera escrito ayer mismo. Lo que Job no sabía pero anhelaba a saber --y sólo por fe lo vio oscuramente-- es que Dios quiere moldearnos a su propia imagen.

Quisiera esbozar para el lector algunos de los anhelos que Job expresaba sin darse cuenta de que realmente ya los tenía, pero sólo por pura fe. Estos versos nos dan el gran valor de esta historia verídica pasada que ya tiene tanta importancia para entender los tratos de Dios con nosotros. En medio de la oscuridad de su soledad y bajo las fuertes acusaciones falsas de sus amigos, existía en Job una fe débil pero verdadera y real y Dios la iba a purificar y bendecir.

Ahora vemos a Job respondiendo a Dios y clamando por un mediador. *"Porque no es hombre como yo, para que yo le responda, y vengamos juntamente a juicio. No hay entre nosotros árbitro que ponga su mano sobre nosotros dos. Quite de sobre mí su vara, y su terror no me espante"* (Job 9:32-34).

*"He aquí, **aunque él me matare, en él esperaré;** No obstante, defenderé delante de él mis caminos. Y él mismo será mi salvación"* (Job. 13:15-16).

*"Mas he aquí que **en los cielos está mi testigo,** y mi testimonio en las alturas"* (Job 16:19).

*"**Yo sé que mi Redentor vive,** y al fin se levantará sobre el polvo; y después de deshecha esta mi piel, en mi carne he de ver a Dios; al cual veré por mí mismo, aunque mi corazón desfallece dentro de mí"* (Job. 19:25-27).

*"**Mas él conoce mi camino;** me probará, y saldré como oro. Mis pies han seguido sus pisadas; Guardé las palabras de su boca más que mi comida"* (Job 23:10-12).

Debemos tomar muy en cuenta que todo esto fue escrito hace dos mil años, antes de la encarnación de Cristo. Pero Dios le permitió a Job ver aun en sus dolores que estaba allí con él. De vez en cuando Job salía de debajo de las nubes pesadas para vislumbrar lo que ya tenemos nosotros en plena fe. Esto, para mí, establece el hecho de que en las pruebas de Job tan grandes y exageradas a criterio nuestro, Dios es el mismo que nos trata con el fin de separar de nosotros el **"yo"**, un obstáculo tan grande en el camino nuestro.

Esto me devuelve al punto central de partida, en la Cruz del Calvario Dios trató finalmente con el "yo" y a mí sólo me toca decir un fuerte amén (Romanos 6:2). No tengo que luchar ni tratar de crucificar mi orgullo, sino únicamente decir un Sí a lo que Cristo hizo eficazmente de una vez para siempre en la cruz (Romanos 6:11).

Cuanto más vivo tanto más vuelvo a la Cruz donde morí con Cristo hace dos mil años, fui sepultado y resucitado para andar en novedad de vida (Romanos 6:3-6). Debo esperar los tratos más profundos de Dios a través de los sufrimientos, pero la obra está hecha, la victoria ha sido ganada. Ahora debo considerarme muerto y vivo y no dejar que esa capa profunda de orgullo reine en mí (Romanos 6:13, 14). ¡Dios lo haga así en nuestra vida!

El triunfo de la gracia de Dios en la vida de Job

Capitulo 27
La historia de Job en marcha hacia el propósito divino

Introducción

De acuerdo con el enfoque del primer estudio, nuestro énfasis caerá en Dios y no en Job. Dios mismo es siempre el agente iniciador y Job el objeto del amor y la gracia manifestados. Dios está elaborado un plan divino y empieza a introducirlo con suma fidelidad y propósito de tal manera que Job no alcanza a comprenderlo.

Después de dos *'rounds'* en el boxeo espiritual, en los cuales Job responde magníficamente, parece que ya está en la cumbre de la espiritualidad. Las primeras reacciones de Job justifican a los ojos de los lectores que realmente este hombre era como Dios mismo lo describió: *"perfecto, y recto, temeroso de Dios y apartado del mal"* (Job 1:1, 8; 2:2).

Dios sí que sabía adónde quería llegar en esta prueba. Pero el pobre Job no tenía ni idea alguna de la cirugía divina que se aproximaba. Tal situación se originó en Dios mismo; no le daría a Job otra salida que creer finalmente en Su gracia. Este callejón en que se hallaba Job produjo en él las quejas y frustración. Desde los capítulos 3 hasta el 25 se hallan los diálogos de los tres "amigos" que tampoco entendían para nada lo que Dios hacía. Job respondió en defensa suya, confiando en su integridad.

Luego entró Eliú con sus consejos medio buenos y medio humanos, pero sólo entendió oscuramente el plan divino (Job 32- 37). Por fin Jehová entró en la lucha sin darle a Job consuelo alguno porque el gran cirujano sabía qué hacía; iba a cortar el tumor de la justicia propia de este buen hombre (Job 38-41). Se desprende el plan divino a costa del pobre Job que finalmente terminaría en la doble bendición de Dios, lo cual era al final de cuentas el buen amor de Dios para con su fiel hijo.

En la trayectoria que se desprendía, Dios en su gran sabiduría no dejaba a Job otra salida que la de aguantar la prueba, aprender a aceptarla por difícil que fuera y desarrollar una sumisión y una fe más pura en su Dios.

Lo mismo sucede en todos los tratos de Dios con nosotros. No hay nada mejor que aprender a depender de Dios, aceptar el quebrantamiento del "yo" y dejar que nos perfeccione y nos haga participantes en la misma vida de él. La Escritura lo expresa muy bien en unas seis palabras cortas: *"el justo por la fe vivirá"* (Habacuc 2:4, Romanos 1:17; Gálatas 3:11; Hebreos 10:38).

Santiago da la conclusión final: *"He aquí, tenemos por bienaventurados a los que sufren. Habéis oído de la paciencia de Job, y habéis visto el fin del Señor, que el Señor es muy misericordioso y compasivo"* (Santiago 5:11). Entramos en el reposo divino (Hebreos 4:9), sólo por fe y la fe no viene sino por oír la Palabra de Dios en la misma prueba. Veremos que en el duro proceso de los capítulos 3- 42, Job por fin se ve, se conoce como Dios lo conoce. En el quebrantamiento, finalmente, Dios lo podrá bendecir doblemente. Los caminos de Dios hoy no han cambiado para nada. Así nos trata *"según el poder que actúa en nosotros"* (Efesios 3:20, 21).

En la prueba dura, Dios busca el bienestar de Job (Job 1, 2)

El autor anónimo da principio a la historia verídica de Job con la simple aseveración: *"Hubo en tierra de Uz un varón llamado Job; y era este hombre perfecto y recto, temeroso de Dios y apartado del mal"* (Job 1:1). No nos llamaría mucho la atención si Dios mismo, más adelante, no nos hubiera dicho lo mismo (1:8).

Claro está que Job no era perfecto en el sentido absoluto. Pero tal descripción es una alta recomendación de parte de Dios, de manera que debemos recibir su declaración sin pregunta alguna. En lo visible, en lo externo, en su conducta Job no era culpable de los pecados abiertos, no confesados y perdonados. Andaba a la luz de la verdad confiando en Dios.

Sigue la descripción de Job en términos de la plena bendición de Dios sobre éste. En el Antiguo Testamento tantas veces la riqueza material era evidencia de la aprobación de Dios, pero no siempre (el Salmo 73 nos habla de la riqueza de los malos). Quizá lo que subrayaba su buen andar tenía que ver con el trato espiritual en pro de sus hijos. En medio de sus deleites decía Job: *"Quizá habrán pecado mis hijos, y habrán blasfemado contra Dios en sus corazones. De esta manera hacía todos los días"* (1:5).

Job desempeñaba el papel sacerdotal al ofrecer holocaustos por cada uno de sus hijos como provisión por sus pecados. Esto nos da una indicación de la antigüedad del libro, porque establece que Job vivía antes de la ley mosaica o que vivía fuera de Israel.

La historia empieza y se desarrolla con una importante vislumbre del cielo y la interacción entre Dios y Satanás. Sólo raras veces el Antiguo Testamento nos hace correr la cortina para revelarnos los movimientos celestiales, la lucha cósmica que toma lugar más allá de nuestro conocimiento. Otras veces estos hechos se ven en la profecía de Isaías 14 bajo el personaje del rey de Babilona y la de Ezequiel 28 bajo el príncipe de Tiro. En Génesis 3 se ve la lucha en el Huerto de Edén y luego en Zacarías 3. Dios no da publicidad gratis a su enemigo mayor, lo que quiere es darnos a entender su soberanía eterna sobre el mal.

El autor inspirado introduce el drama de Job con una pregunta de Dios mismo dirigida a Satanás: *"¿No has considerado a mi siervo Job, que no hay otro como él en la tierra, varón perfecto y recto, temeroso de Dios y apartado del mal?"* (1:8). **Dios mismo toma la iniciativa,** pone en la línea su concepto de su siervo y su propia evaluación de Job.

¡Qué riesgo divino! Pensaríamos en nuestras mentes finitas. Pero no, porque Dios no se equivoca nunca. Desde el punto de vista humano, Dios invita a Satanás a probarlo. Pero tan soberano es Dios que sabía el fin desde el principio. Sus propósitos siempre triunfarán.

Esto pone en la perspectiva bíblica la gloriosa verdad de que Satanás no puede nada contra los hijos de Dios sin el pleno permiso del Señor. Cuando Dios lo permite es para lograr sus fines eternos: la disciplina (Hebreos 12:1-11), el castigo (1 Corintios 5:3-5; 1 Timoteo 1:19, 20) o el perfeccionamiento (Santiago 5:11). Ésta es la regla número uno en cuanto a todo lo satánico que pueda pasar en nuestra vida.

A veces nos molesta la pregunta: ¿Viene de Dios o viene del diablo? Pero Dios tiene la última palabra. Olvídese de echarle la culpa a un mal espíritu. El Dr. F.J. Huegel, mi mentor de hace años, decía: "Señor, si viene del diablo, lo resisto en el nombre del Crucificado. Si viene de ti a través de la Cruz, lo acepto y lo tomo de tu mano para mi bien". ¡Qué buen consejo!

Como es de esperar, Satanás respondió con cinismo: *"¿Acaso teme Job a Dios de balde?"* Le echa en cara las bendiciones materiales que rodeaban a Job, como si Dios usara estos medios para comprarle la fe. Como acusador de los hermanos (Apocalipsis 12:10), no puede concebir el adversario el amor desinteresado del hijo de Dios. Tan perdido y perverso es Satanás que acusa tanto a Dios descaradamente como al creyente. Con esa respuesta el diablo "arroja el guante" y desafía a Dios hacer algo en contra de Job.

Está librada la batalla. Pero debemos siempre recordar quién hizo la primera pregunta desafiante, Dios mismo. La última palabra de Satanás revela su sarcasmo: *"Pero extiende ahora tu mano y toca todo lo que tiene, y verás si no blasfema contra ti en tu misma presencia"* (1:11). Satanás admite abiertamente que no puede tocar a Job, está fuera de su jurisdicción. Dios no puede menos que responder: *"He aquí, todo lo que tiene está en tu mano; solamente no pongas tu mano sobre él"* (1:12). Dios de nuevo pone el límite y sale Satanás confiado en que ya ganó la batalla.

Volvamos al primer estudio cuando Jesús dijo a sus supuestos discípulos: *"Así, pues, cualquiera de vosotros que no renuncia a todo lo que posee, no puede ser mi discípulo"* (Lucas 14:33). Ésta fue la primera prueba para Job y Dios lo sometió con la confianza del triunfo de su gracia.

¡Qué alentadora la confianza de Dios en el suyo! Lo que sigue ya lo sabemos: la pérdida de los bueyes (v.14), de los criados (v.15), de las ovejas (v.16), de los camellos (v.17) y el tiro de gracia, la pérdida de sus hijos (v.18). Golpe tras golpe, sin pausa. Y al final siempre el mismo refrán: "Solamente escapé yo para darte la noticia".

La reacción espontánea de Job es una maravilla de sumisión. Casi no podemos creerla. Reaccionó como ser humano: *"rasgó su manto y rasuró su cabeza, y se postró en tierra"* y ahora viene el colmo de sumisión: *"lo adoró"*. Job allí nos deja todos atrás. Sólo se oye su resignación sincera: *"Desnudo salí del vientre de mi madre, y desnudo* volveré allá. Jehová dio, y Jehová quitó; sea el nombre de Jehová – manera de obra– bendito" (v.21). Añade el autor inspirado:"*En todo esto no pecó Job, ni atribuyó a Dios despropósito alguno*" (v.22).

Podemos decir que fue Jehová, no tanto Job, quien ganó el primer *'round'* del boxeo cósmico. Dios se justificó ante Satanás. La gracia triunfó en la pérdida de todo lo que poseía. Job aceptó esta primera condición del discipulado. La victoria aunque fue a través de Job fue a causa de la gracia dada y tomada. Pero vendrá otro *'round'* cuando Dios vuelve a ponerle una prueba peor y otra vez saldrá triunfante por la misma gracia de Dios.

Dios somete a Job a una prueba más dura y otra vez triunfa la gracia (Job 2)

Sigue el acto número dos en el drama de Dios y Satanás, siendo Job la pieza que querían mover. Por segunda vez Satanás se aparece ante el trono en el cielo, una vislumbre del misterio del mal. Se repite precisamente la misma conversación. Ahora Dios agrega respecto a su siervo Job: "*¿... todavía retiene su integridad, aun cuando tú me incitaste contra él para que lo arruinara sin causa? (2:3).*

Una vez más Dios afirma la integridad de Job con respecto a los pecados de comisión. Dios no está para castigarlo por algún defecto no conocido. En gracia lo declara íntegro, es decir, completo, no faltante en nada por tratar como pecado no confesado.

Considerando nosotros que Job vivía dos mil años antes de la Cruz, su espiritualidad es un poderoso testimonio, algo semejante al de Enoc: "*Y caminó Enoc con Dios... Caminó, pues, Enoc con Dios, y desapareció porque le llevó Dios*" (Génesis 5:22, 24). Esto es evidencia de que el andar con Dios no es cosa moderna; no depende tanto del conocimiento histórico o doctrinal, sino que depende de un andar por fe en plena dependencia de Dios. Así sucedió con los héroes de Hebreos 11.

Otra vez Satanás admite implícitamente que no podía hacer nada más de lo que Dios le permitía. Pero con el mismo sarcasmo vuelve a hablar: "*Piel por piel, todo lo que el hombre tiene dará por su vida. Pero extiende ahora tu mano, y toca su hueso y carne, y verás si no blasfema contra ti en tu misma presencia"* (2:4, 5).

Otra vez Satanás "lanzó el guante" y Dios se mantiene dispuesto a librar la batalla en el segundo *'round'*. Dios le permite más espacio para aplastar la fe de Job. *"He aquí, él está en tu mano; mas guarda su vida"* (2:6).

Una vez más esto tiene más que ver con Dios más que con Job quien no sabía absolutamente nada de esta entrevista en el cielo. Pobre Job, abierto a un ataque diabólico sin saber que el nombre y la reputación de Dios estaban en tela de duda. Pero con Dios no hay riesgo.

La gracia bastará para Job como para con Pablo al oír siglos después: *"Y me ha dicho: Basta mi gracia porque mi poder se perfecciona en la debilidad"* (2 Corintios 12:9). Responde Pablo como al final respondió Job: *"Por tanto, de buena gana me gloriaré más bien en mis debilidades, para que repose sobre mí el poder de Cristo. Por lo cual, por amor a Cristo me gozo en mis debilidades, en afrentas, en necesidades, en persecuciones, en angustias; porque cuando soy débil, entonces soy fuerte"* (2 Corintios 12:10).

Éste es el Mensaje de la Cruz, vivida finalmente en Job después de su quebrantamiento (Job 42:1-6) y en Pablo que tuvo el privilegio de vivir después de la cruz y haber oído el Mensaje de la Cruz en toda su plenitud. Pero otra vez, no depende de la cantidad de doctrina y saber ni de la época en que se vive, sino sólo en la respuesta de la fe y la sumisión a la gracia de Dios.

Satanás salió para darle el "tiro de gracia". Y dice la Biblia: *"E hirió a Job de una sarna maligna desde la planta del pie hasta la coronilla de la cabeza".* Además su ayuda idónea le reprochó con un mal consejo: *"¿Aún retienes tu integridad? ¿Maldice a Dios, y muérete?"* (2:7, 9). ¡Qué consejo tan frío y cruel! ¿Qué más le habría podido pasar de malo? Job, sin posesiones, evidencias de la aprobación de Dios, sin hijos, fruto de su cuerpo, la pérdida de la salud en forma desastrosa y ahora sin el apoyo y la comprensión de la esposa.

Difícil nos es creer la reacción tan sumisa de Job ante tantos golpes que venían desde el cielo, sin que él supiera la razón divina. Pero con Dios hubo propósito benigno final. Eso sí lo sabemos bien, conociendo nosotros el fin del drama. Pero para el pobre Job, en la tierra, sólo era golpe tras golpe como si Dios lo hubiese abandonado sin causa alguna. No podemos hacer demasiado hincapié en que Job no podía adivinar el porqué divino. Pero Dios había puesto su nombre, su gracia y su amor en la línea ante Satanás; sólo Dios sabía lo que sería el bendito fin.

Job no tenía ninguna ancla, menos la de la fe que a veces se le oscurecía y a veces le salía para sostenerle. Pronto vamos a caminar con Job por la Vía Dolorosa en sus sufrimientos (Job 3–37). A muy pocos hombres les ha pedido Dios lo que le pidió a Job. Sólo a su propio hijo le exigiría más, quien al final saldría triunfante en la batalla por nuestras almas. *"El que no escatimó ni a su propio hijo, sino que lo entregó por todos nosotros, ¿cómo no nos dará también con él todas las cosas?"* (Romanos 8: 32).

Termina el *'round'* dos con la respuesta de Job a su esposa: *"¿Qué?¿Recibiremos de Dios el bien, y el mal no lo recibiremos? En todo esto no pecó Job con sus labios"* (2:10). Todo está puesto para el resto del libro, la visita de los tres "amigos", las acusaciones y las recriminaciones que le hacían y a las cuales respondió Job con mucha justicia propia. Entretanto, Dios lo escucha todo. No se aparece más a Satanás; es cuestión de Job ante sus "amigos" y, por fin, ante Dios quien lo reduce para poder bendecirlo doblemente.

Las verdades por aprender en el drama de Job ante su Dios
1. Es Dios quien inició esta prueba con un fin de bendecir a su buen siervo Job.
2. Dios pone límite a Satanás quien no puede hacer nada sin permiso y propósito de Dios
3. Job no había cometido ningún pecado de comisión. Estuvo bien con Dios.
4. La prueba dura no implica necesariamente el castigo por algún pecado.
5. Job pasó los dos primeros *'rounds'*, pero quedaba lo que Dios más quería tocar, el mismo "yo", la justicia propia de Job.

6. Dios desea sobre todo nuestra conformidad a sí mismo; el quebrantamiento del "yo" nos conduce a la verdadera santidad. Es la **Vía Dolorosa de la Cruz.**

Capítulo 28
La historia de Job en marcha hacia la bendición final
Sumido en el crisol de la prueba (Job 3- 9)

Introducción

Job ahora está sumido en el crisol de la prueba. Confieso que estos estudios en Job sólo serán de plena bendición para quienes han pasado o pasan por las pruebas grandes bajo la poderosa mano de Dios. La Biblia dice: *"Humillaos, pues, bajo la poderosa mano de Dios, para que él os exalte cuando fuere tiempo"* (1 Pedro 5:6). Estos estudios no son para los autosuficientes.

Hemos visto a Job en los capítulos 1 y 2 en puro triunfo sobre los dos ataques feroces de Satanás. Sin embargo, nuestro punto de vista no gira alrededor ni de Job ni mucho menos de Satanás, sino que todo gira alrededor de la iniciativa divina que permitió que el agente de Dios, el diablo, lanzara los ataques en el primer instante.

Todo este cuadro, cada detalle, nos permite ver la misma gracia soberana que guardaría a Job a través de la larga trayectoria de la prueba. Dios "se arriesgó", por así decirlo, pero no quedará en duda la bendición final y el perfeccionamiento de Job, tal *"hombre perfecto y recto, temeroso de Dios y apartado del mal"* (1:1, 8; 2:3).

El triunfo de Job hasta este punto ha sido asombroso. *"Desnudo salí de mi madre, y desnudo volveré allá. Jehová dio, y Jehová quitó; sea el nombre de Jehová bendito. En todo esto no pecó Job, ni atribuyó a Dios despropósito alguno"* (1:21, 22). Después del segundo 'round' dijo lo mismo: *"¿Qué? ¿Recibiremos de Dios el bien, y el mal no lo recibiremos? En todo esto no pecó Job con sus labios"* (2:10).

En esta parte de la historia surge el gran pero. Hasta ahora sólo ha empezado la larga prueba y veremos el otro lado de este Job. No debemos perder de vista que el Gran Cirujano está interviniendo quirúrgicamente a Job para producir el quebrantamiento del orgullo y

213

llevarlo a la humildad. No obstante, por lo largo de la prueba se verá la justicia propia de Job, aunque él no estaba muy al tanto de ello.

Por los siguientes largos capítulos desde 3 hasta 37 vamos a ver un clamoroso debate entre los tres amigos y Job. Luego el diálogo de Job consigo mismo y ante Eliú. Y, finalmente, el diálogo ante Dios mismo. En este punto vemos la poderosa mano de Dios que lo callará en dos intervenciones, y Job se verá a sí mismo tal como Dios en su gracia lo había visto (Job 38, 39 y 40:6-41).

Por lo tanto, Dios por haberlo amado tanto le sometió al sufrimiento que tiene su eco en *"la participación de sus padecimientos"* a la cual Pablo deseaba llegar (Filipenses 3:10). La meta de Jesús y Pablo debe ser la nuestra también.

Los tres "amigos" de Job (Job 2:11-13)

De una fuente inesperada Dios iba a poner a prueba a su siervo Job. Los tres eran amigos bien intencionados, pero llegarían a servir de crisol para Job. Elifaz temanita fue el primero en hablar, habló con franqueza, quizá el mayor. Tal vez se veía más espiritual porque tenía un sueño, "una palabra del Señor" o *un fantasma,* **un encuentro síquico.** *"Y al pasar un espíritu por delante de mí, hizo que se erizara el pelo de mi cuerpo"* (4:12-16), algo muy cuestionable en sí.

El segundo amigo es Bildad suhita quien habla menos y con cierta reserva y hasta ternura. Y el tercer amigo es Zofar naamatita, quien parecía ser el mayor de edad porque ponía mucho énfasis en la sabiduría de la tradición. Éste último habla con más aspereza, no mostrando hacia Job el debido respeto.

En estos tres amigos vemos tres tipos de personas que hablan a Job, según ellos, de parte de Dios. Hay los que usan una gran experiencia que les da una mayor autoridad que la Palabra de Dios; otros usan un acercamiento más suave pero erróneo y finalmente hay los que se basan en la tradición y la edad. Pero sólo lo que dice Dios en su Palabra trae liberación y victoria.

Los tres allegados vinieron con el fin de *"condolerse de él y para consolarle"* (2:11), cosa que no lograron hacer. *"Los cuales, alzando los ojos desde lejos, no lo conocieron, y lloraron a gritos; y cada uno de ellos rasgó su manto, los tres esparcieron polvo sobre sus cabezas hacia el cielo. Así se sentaron con él en tierra por siete días y siete noches, y ninguno le hablaba palabra, porque veían que su dolor era muy grande"* (2:12, 13).

No debemos culparlos porque según la costumbre de oriente mostraban su debido dolor. Pero al empezar a hablar es evidente que habían formado ya sus conclusiones. Al ver a su respetado amigo en tal situación, según ellos, él debió haber cometido unos pecados muy grandes. Sólo la magnitud de sus pecados pudieron haberle dejado en tal triste e infeliz situación.

¡Qué fácil es prejuzgar los tratos de Dios! Estamos equivocados ante los propósitos de la gracia divina frente a lo inesperado. Dios escogió a los tres amigos para que fueran sus instrumentos divinos de manera que sacaran a luz la justicia propia de Job. Al final del libro, sin embargo, Dios pone la cosa en la debida perspectiva: *"Jehová dijo a Elifaz temanita: Mi ira se encendió contra ti y tus dos compañeros; porque no habéis hablado de mí lo recto, como mi siervo Job"* (42:7).

La endecha de Job (Job 3)

"Después de esto abrió Job su boca, y maldijo su día" (3:1). No maldijo a Dios, como el diablo había sugerido que haría (1:11; 2:5). Antes de juzgar mal a Job, ponte en su lugar: había venido caminando con Dios, no consciente de ningún pecado abierto, habiendo sacrificado ofrendas en defensa de sus hijos, no sabiendo nada del diálogo entre Dios y Satanás, ahora se enfrenta de golpe con el colapso de sus fortunas, la crítica de su esposa y la pérdida total de su salud.

En todo esto Job había mantenido callada su lengua y ahora tiene siete días de aguantar lo no descriptible. Podemos justificar en parte sus reacciones tan humanas frente a estas circunstancias. Dios también se mantiene callado hasta muy al final. ¡Qué paciente es Dios con nuestras quejas! *"Como el padre se compadece de los hijos, se compadece Jehová de los que le temen. Porque él conoce nuestra condición; se acuerda de que somos polvo"* (Salmos 103:13, 14).

Debemos tomar muy en cuenta que Job no tenía como nosotros hoy día la verdad de la resurrección, la seguridad de una vida de felicidad después de la muerte del creyente. No había acontecido la resurrección de Cristo. Le parecía que más vale morir, aun no haber nunca nacido. De manera plena describe su tristeza. En el capítulo 3, leemos lo siguiente: quince deseos no realizados (vv.3-10); cinco preguntas no contestadas que hubieran sido preferibles (vv.11-19); dos preguntas más sin ningún alivio.

Job cuestiona la lógica de la vida, la alegría de un bebé que nace para tal mala suerte; sugiere la preferencia hacia no haber nacido nunca y el alivio que la muerte debe traer a los infelices ya fuesen reyes o bebés. Termina por cuestionar --**no maldecir a Dios**-- la providencia en la cual había creído y gozado.

"¿Por qué se da vida al hombre que no sabe por dónde ha de ir, y a quien Dios ha encerrado?" (v.23). Con la elocuencia de la poesía hebrea, Job no pudo menos que poner sus interrogaciones ante Dios. Dios lo oía, pero no le hablaría hasta muy tarde cuando el quebrantamiento hubiera hecho su obra profunda en él. Job aún tenía mucho más que sufrir y por ende desaprender de sí. Éste es el proceso de la Cruz, la Vía Dolorosa.

Elifaz y Job: el primer encuentro (Job 4–7)

Es imposible en el espacio limitado trazar las muchas indirectas que Elifaz lanzaba contra Job. Empezó por decir algo muy doloroso: *"He aquí, tú enseñabas a muchos, y fortalecías las manos débiles... mas ahora que el mal ha venido sobre ti, te desalientas; y cuando ha llegado hasta ti, te turbas"* (4:3-5).

Puedes dar los consejos, pero no puedes recibirlos. Su amigo comienza con el argumento básico: *"Recapacita ahora; ¿qué inocente se ha perdido? Y ¿en dónde han sido destruidos los rectos? Como he visto, los que aran iniquidad y siembran injuria, la siegan"* (4:7, 8). Entre líneas, Elifaz dice: ése eres tú, Job.

Luego sigue el origen de su dizque acusación. Dice Elifaz: tuve una experiencia con un espíritu o fantasma que hizo hincapié en esta acusación indirecta pero cortante: *"¿Será el hombre más justo que Dios? ¿Será más limpio que el que lo hizo?* Elifaz afirma que Job tiene que haber pecado grandemente.

216

En el capítulo 5, llama a Job de una manera u otra: necio (v.2), codicioso (v.3), hasta los hijos de Job murieron por su pecado y por ende los sacrificios de Job no valían. ¡Qué golpe para el pobre Job, ya sintiendo fuertemente la pérdida de los hijos!

Luego en Job 5:8-27, Elifaz da buen consejo con respecto a Dios y a quienes lo buscan. Es cierto pero aquí viene sobre la premisa falsa de que Job hubiese pecado grandemente ante Dios. *"Ciertamente yo buscaría a Dios y encomendaría a él mi causa"* (v.8). Elifaz viene describiendo como Dios *"pone a los humildes en altura y a los enlutados levanta a seguridad"* (v.11). Hasta dice: *He aquí, bienaventurado es el hombre a quien Dios castiga; por lo tanto, no menosprecies la corrección del Todopoderoso* (citado en Hebreos 12:5-6).

A tal hombre que busca a Dios y acepta su castigo, Dios lo levantará; el resto del capítulo 5 describe la tranquilidad de la casa y las múltiples bendiciones que Dios enviaría a quien busca a Dios. Como si el pobre Job necesitara tal consejo, pues él no sabía de ningún pecado o mal que hubiera cometido. Buena verdad sí, pero mal aplicada a Job, pues sólo aumentaba su dolor y confusión. Nos duele muchísimo cuando otros impugnan nuestro andar con el Señor. Debió haberse sentido muy ofendido Job.

¿Cómo responde Job en los capítulos 6 y 7? Responde con un grito de desesperación y acusación: *"¡Oh, que pesasen justamente mi queja y mi tormento, y se alzasen igualmente en balanza! Porque pesarían ahora más que la arena del mar; **por eso mis palabras han sido precipitadas porque las saetas del Todopoderosos están en mí"** (Job 6:1-4)*.

Job dice: Tal es mi tormento que tengo todo el derecho de gritar y dejar salir palabras precipitadas como el asno gime junto a la hierba y muge el buey junto a su pastos (v.5). Sigue Job diciendo: *"¡Quién me diera que viniese mi petición y que me otorgase Dios lo que anhelo...!"* (v.8). Éste será el tema frecuente de Job, sintiéndose separado de Dios y no capaz de recibir una audiencia con Dios. Job justifica sus quejas ante su amigo y ante el mismo Dios.

Job se vuelve a sus amigos y dice*: "Pero mis hermanos me traicionaron como un torrente; pasan como corrientes impetuosas"* (v.15). Como los caminantes del desierto al ver un espejismo, al llegar quedan desilusionados. *"Ahora ciertamente como ellas sois vosotros* (v.21) ¿*... Libradme de la mano del opresor, y redimidme del poder de los violentos? Enseñadme y yo callaré; Hacedme entender en qué he errado"* (vv.23, 24). Ésta es la primera vez que ha habido una alusión a Satanás. Bien pudiera haber sabido Job de su enemigo que se ponía en contra de él a cada rato. Job desea liberación.

Sigue reprochando a sus amigos por la censura que hace que sus palabras sean las *"de un desesperado y que son como el viento"* (v.26). Job justifica su enojo para con ellos. También los compara con quienes se lanzan sobre el huérfano y con aquellos que cavan un hoyo para su amigo (v.27). Estas palabras son una fuerte ironía en la boca de ese "hombre perfecto y recto.

En Job 7 Job discurre sobre la brevedad de la vida. *"¿No es acaso brega la vida del hombre sobre la tierra, y sus días como los días del jornalero?"* (v.1). Y en el versículo 7 dice: *"Acuérdate que mi vida es un soplo"*. De nuevo anhela morir y dejar atrás sus temores y ansiedad. Pero de repente Job dice algo **imprudente**. En vista de sus problemas se justifica: *"Por tanto no refrenaré mi boca; hablaré en la angustia de mi espíritu y me quejaré con la amargura de mi alma. ¿Soy yo el mar, o un monstruo marino, para me pongas guarda?"* (vv.11-12).

En la angustia de su alma reflexiona en voz alta: *"¿Qué es el hombre, para que lo engrandezcas, y para que pongas sobre él su corazón y lo visites todas las mañanas y todos los momentos lo pruebes? ¿Hasta cuándo no apartarás de mí tu mirada, y no me soltarás siquiera hasta que trague mi saliva? Si he pecado, ¿qué puedo hacerte a ti, Oh Guarda de los hombres? ¿Porqué me pones por blanco tuyo?"* (vv.17-20). Éstas son palabras indebidas delante de Dios. Dios está sondeando el mal que está en Job, aunque no lo sepa. Acusa a Dios de semejante crueldad como si fuera un guarda con mala intención.

Al terminar el primer encuentro con Elifaz, Job habla menos con su amigo y mucho más con Dios, preguntándole, rogándole y casi acusándole de haberle puesto por blanco de las flechas de Dios. Habla Job en el calor de su espíritu, con sarcasmo, desafío y rechazo de las alegaciones de Elifaz. Pero lo que más le preocupa es el silencio de Dios, no poder presentar ante él su causa.

218

Ahora, Job, de vez en cuando cae en el pesimismo y desea la muerte. Pero en otras ocasiones se levanta en defensa de su justicia. Dios no le responde porque Job tiene que ser reducido más y más. Entonces entenderá la intervención de Dios que está por venir.

Bildad y Job: primer encuentro (Job 8-10)

El segundo amigo, como el primero, ve a Job como pecador y lo reprende por las palabras justificadoras. *"¿Hasta cuándo hablarás tales cosas, y las palabras de tu boca serán como viento impetuoso?* (8:1). Bildad apela a la justicia de Dios y como Elifaz usa esa palabra "si", una palabra que crea toda clase de dudas. *"Si tus hijos pecaron contra él, él los echó en el lugar de su pecado. Si tú de mañana buscares a Dios, y rogares al Todopoderoso; Si fueres limpio y recto, ciertamente luego se despertará por ti y hará prosperar la morada de tu justicia"* (vv.4-6).

Una vez más aparece la indirecta sobre los hijos ya juzgados como pecadores. Bildad apela a la sabiduría de los ancianos como si tuviese la última palabra para el pobre Job. Termina por decir: *"He aquí Dios no aborrece al perfecto, ni apoya la mano de los malignos. Aún llenará tu boca de risa, tus labios de júbilo. Los que te aborrecen serán vestidos de confusión; y la habitación de los impíos perecerá"* (vv.20-22). Otra vez la verdad está dicha, pero no le corresponde a Job en su crisol de sufrimientos.

Job responde con "Eso sí lo sé" (9:2). Dios es grande y santo (9:5-11). *"¿Quién le dirá: ¿Qué haces?* (v.12). Pero Job empieza a reprochar a Dios en su ignorancia de la realidad. No lo denuncia como Satanás había dicho, pero se acerca peligrosamente impugnando la justicia de Dios. *"Si yo le invocara, y él me respondiese, aún no creeré, que haya escuchado mi voz. Porque me ha quebrantado con tempestad, y ha aumentado mis heridas sin causa. No me ha concedido que tome aliento, sino que me ha llenado de amarguras"* (vv.16-18).

La boca de Job revela una hondura de amargura, la carne se ve tomando control del pobre Job. Ve a Dios como su enemigo. Dios no puede dejar pasar este ataque, como si Dios le hubiera quebrantado sin causa. Es cierto que no había causa patente y abierta, pero Dios veía una profundidad de orgullo personal y su justicia propia. Job lo ignoraba, pero Dios no podría tolerar aquello en su siervo.

Pero Job sigue por este rumbo peligroso de acusar a Dios. *"Si fuese íntegro, no haría caso de mí mismo, despreciaría mi vida"* (v.21). Ahora Job dice lo peor de las palabras precipitadas: *"Una cosa resta que yo diga: al perfecto y al impío Él los consume. Si azote mata de repente, se ríe del sufrimiento de los inocentes. La tierra es entregada en manos de los impíos, y él cubre el rostro de sus jueces. Si no es él, ¿quién es? ¿Dónde está?"* (vv.22-24).

Éstas son palabras atrevidas. Job en su dilema deja correr sus palabras y acusa a Dios de gozarse y hasta reírse cuando los inocentes sufren. Job se veía inocente, aunque no lo fuera ante Dios. Por fin dice, si no es Dios quién es injusto, ¿quién más pudiera ser?

Este momento es el nadir, el punto ínfimo, de la trayectoria de Job. No es el fin, sin embargo, ¿por qué Dios aguanta las palabras necias nuestras y manifiesta su paciencia? Porque él veía el corazón de Job. Sus palabras salieron de la carne, del viejo hombre.

Reconozcamos que Job es polvo, somos polvo y decimos cosas en el calor del horno que nos descubren. Pero Dios en gracia sigue obrando en nosotros. **No culpemos a Job porque ¿quién de nosotros no ha dicho cosas semejantes y después se ha arrepentido?** Y Dios nos perdona y nos levanta.

Dejemos a Job en el pozo de la confusión, en el crisol de la prueba. Pero a nosotros, ¿qué nos corresponde sacar de todo esto?

Lecciones por conocer en la vida nuestra

1. Dios es soberano en prepararnos para la prueba: envía a los amigos en quienes hubiéramos confiado pero nos decepcionan. Más agudo es el dolor, pero Dios nos lo mide.
2. Puede haber mucha verdad buena pero mal aplicada a la persona que sufre. No es problema de la verdad; es problema de la razón nuestra en base de dizque experiencia, tradiciones del pasado o la rudeza del trato que sobre todo Dios permite.

El triunfo de la gracia de Dios en la vida de Job

3. El creyente no está exento al sufrimiento porque es la única manera de desaprender lo viejo y someternos incondicionalmente a Dios.

4. La prueba no es evidencia de haber pecado, pero siempre revela áreas de la vida que Dios quiere tocar y cambiar y luego bendecir.

5. Job es capaz de cuestionar a Dios y hasta acusarle de la injusticia. Tal es el problema profundo del creyente que anda según la carne. Pero Dios nos ama demasiado para dejarnos en nuestra miseria. Traerá victoria en su tiempo.

PD: *El Libro de Job* (*The Book of Job*), por Jessie Penn-Lewis, ha sido de gran bendición y debo bastante a la autora. Dios la usó grandemente en mi vida, como antes lo hizo en el avivamiento de Gales en 1905.

El triunfo de la gracia de Dios en la vida de Job

Capítulo 29
A pesar de la prueba, emerge la fe de Job

Introducción

En el último estudio vimos a Job bien sumido en la confusión de no poder comprender los caminos de Dios. El relato se alterna entre las quejas de Job contra Dios por su providencia inexplicable y su lamento que los lleva a atacar ferozmente a sus supuestos "amigos" con sarcasmo e ironía. Los tres sólo deducían que todas las calamidades que sufría Job debían tener como origen un gran pecado cometido por él. Aunque tenían algo de verdad en sus afirmaciones, en este caso de Job estuvieron bien equivocados.

En lo caliente de la prueba, Dios aguanta las reacciones carnales de Job

No hay espacio suficiente para detallar las reacciones carnales de Job ante sus acusadores, pero viene una lista corta: *"Por eso mis palabras han sido precipitadas"* (6:3). *"Ciertamente vosotros sois el pueblo y con vosotros morirá la sabiduría. También tengo yo entendimiento como vosotros. No soy menos que vosotros"* (12:1-3). *"Muchas veces he oído cosas como éstas: consoladores molestos sois todos vosotros. ¿Tendrán fin las palabras vacías? ¿O qué te anima a responder?"* (16:1, 2). *"Oíd atentamente mi palabra y sea esto el consuelo que me deis. Toleradme y yo hablaré, y después que haya hablado, escarneced"* (21:2).

¡Qué sarcasmo e ironía! Ello se puede justificar humanamente considerando las alegaciones falsas, pero ante Dios no. Éste no es el Espíritu de Cristo al ser atacado él. Esto lo ignora Job, pero Dios no lo ignora.

Pero aún lo peor son unas reacciones de Job ante Dios mismo quien lo amaba. Estas acusaciones a Dios, intercaladas de confusión, petición y confesión, las aguanta Dios por ser tan misericordioso. Dios veía el corazón de Job y sabía que las palabras mismas no revelaban genuinamente la voluntad de Job para con Dios. ***Como hemos dicho***

223

desde el principio de este estudio, el enfoque del estudio no está en Job, ni en sus circunstancias sino en el carácter fiel de Dios mismo.

¡Qué alivio nos da saber esto! Son tantas las veces que hemos dicho, en el calor de la prueba, cosas que no queríamos decir. Dios las oye, pero en su gran amor no nos castiga, sino que va calentando la prueba para, al fin de cuentas, sacar la escoria de la carne y producir en nosotros el oro de Cristo.

Estas reacciones carnales de Job ante Dios mismo, no llegaban al nivel de maldecir a Dios como el diablo había profetizado falsamente (1:9-11; 2:4.5). La gracia de Dios triunfará finalmente, pero hasta que ese momento del quebrantamiento llegue no veremos lo mucho que nos falta por ser semejante a Él en su muerte y resurrección.

Aquí está una lista corta de las quejas de Job para con Dios mismo: *"Porque las saetas del Todopoderosa están en mí, cuyo veneno bebe mi espíritu; los terrores de Dios me combaten"* (6:4). *"Hablaré en la angustia de mi espíritu... ¿Soy yo el mar, o un monstruo marino para que me pongas guarda?... Si he pecado, ¿qué puedo hacerte a ti, oh Guarda de los hombres? ¿Por qué me pones por blanco tuyo?"* (7:12, 20). Job llega a su nadir: *"Al perfecto y al impío él los consume... se ríe del sufrimiento de los inocentes... él cubre el rostro de los jueces, si no es él, ¿quién es? ¿Dónde está?* (9:22–24).

Y la lista de quejas de Job continúa: *"¿Para qué trabajaré en vano? Aunque me lave con aguas de nieve, y limpie mis manos con la limpieza misma, aún me hundirás en el hoyo, y mis propios vestidos me abominarán"* (9:29-31). *"Sabed ahora que Dios me ha derribado, y me ha envuelto en su red. He aquí, yo clamaré agravio, no seré oído... me arruinó por todos lados, perezco; y ha hecho pasar mi esperanza como árbol arrancado... Hizo arder contra mí su furor y me contó para sí entre sus enemigos... Hizo alejar de mí mis hermanos"* (19:10-13).

Después de desahogarse ante sus "amigos" y ante Dios, tenemos que tomar muy en cuenta que Dios todavía veía a Job como *"el hombre justo y recto"* (1:1; 2: 3). Vivía antes de la cruz; no tenía la Biblia entera ni los recursos de que gozamos. Job tuvo que aprender que de lo humano no viene ningún mérito ni beneficio. *"A la corrupción he dicho: Mi padre eres tú; a los gusanos: Mi madre y mi hermana. ¿Dónde, pues, estará ahora mi esperanza? A mi esperanza, ¿quién la verá"* (17:14, 15).

224

En la prueba más oscura, salen los destellos de la fe (Job 9: 32, 33)

Pero en el momento más oscuro vislumbramos el anhelo de Job, la lógica de la fe cuando nada se entiende. Su suspiro es genuino y podemos sentir su dolor, pero él vivía antes de la cruz, ¡Qué desventaja! Mas no para la fe. En su deseo de hablar con Dios, Job dice: *"Porque no es hombre como yo, para que yo le responda, y vengamos juntamente a juicio"* (9:32, 33).

Justo en su momento más confundido brota el destello de la fe. Job anticipa por fe precisamente lo que sería el privilegio del creyente del Nuevo Testamento: *"Porque hay un solo Dios, un solo mediador entre Dios y los hombres, Jesucristo hombre, el cual se dio a sí mismo en rescate por todos de lo cual se dio testimonio a su debido tiempo"* (1 Timoteo 2:5, 6). Veremos más adelante que Job usa el término "rescate" en anticipación de Cristo.

A esta altura, es bueno hacer de nuevo un comentario teológico. Es común la enseñanza, muy aceptada entre los evangélicos, que en gran parte no evalúan bien la verdadera espiritualidad de los santos del Antiguo Testamento. Dicen que el Espíritu Santo sólo venía y salía de los santos y que no moraba en ellos. Se dice que no tenían al Espíritu como los del Nuevo Testamento.

Es cierto que hubo aspectos en que el santo del Antiguo Testamento no sabía lo que sabemos hoy después de la cruz. Pero es cuestión de nuestra tremenda ventaja de vivir después de la Cruz y tener toda la enseñanza del Nuevo Testamento. Pablo lo afirma: *"pero cuando vino el cumplimiento del tiempo, Dios envió a su Hijo..."* (Gálatas 4: 4).

Es mejor considerarlo de esta manera: los santos del Antiguo Testamento tenían el Espíritu Santo de manera *implícita* como el creyente hoy día lo tiene de manera *explícita*. Prueba de esta verdad son los gigantes espirituales del Antiguo Testamento: Enoc, Abraham, Jacob, José, David, Isaías, Daniel y Nehemías.

No es momento para entrar en este debate ahora, pero lo que vemos en estos estudios, estas revelaciones de la verdad, sólo pueden entenderse por la obra directa del Espíritu Santo en la vida espiritual del hombre de Dios. Decir que Job fue una excepción no resulta. Fue un creyente del Antiguo Testamento como todos los demás. *"Dios no hace*

225

acepción de personas" (Hechos 10:34). El Espíritu Santo es eterno, la obra de la Cruz existe ante Dios *"antes de la fundación del mundo"* (Efesios 1:4).

La verdadera doctrina de la salvación tiene su comprobación en el Antiguo Testamento por la justificación de Abraham y David, uno vivió antes de la ley y el otro después de la ley (Romanos 4:3-9). **La gran diferencia entre los dos Testamentos con respecto al Espíritu Santo es el bautismo del (en, por) Espíritu Santo del creyente en el cuerpo de Dios, la Iglesia Mística.**

No tiene que ver directamente con la justificación y regeneración, sino con la operación del Espíritu a través del Cuerpo de Cristo para unir por fin a los escogidos del Israel con el Cuerpo de Cristo, la Iglesia Mística, en el cielo. Es una gran bendición para nosotros que vivimos después de la cruz.

Job iba a salir de la prueba con un conocimiento más profundo de Dios que no pudiera haber tenido si el Espíritu Santo no hubiera morado en él *implícitamente.* En la prueba la fe se perfecciona y salen destellos de la verdad por revelarse en el Nuevo Testamento.

El primer destello de la verdad que sólo sale por la prueba de la fe (Job 13:13-16)

Job defiende su integridad ante los ataques frontales de Zofar en el capítulo 11. Como de costumbre, Job habla dos veces más que sus acusadores. No le faltan palabras a Job. Pero en el capítulo 13 irrumpe otro destello de en medio de la prueba, evidencia de que tiene razón Pedro: *"para que sometida a prueba vuestra fe, mucho más preciosa que el oro, el cual aunque perecedero se prueba con fuego, sea hallada en alabanza, gloria y honra cuando sea manifestado Jesucristo"* (1 Pedro 1:7).

Resulta una de las declaraciones más fuertes de toda la Biblia dicha por Job en la hora más difícil de su vida. Otra vez nos enseña que sólo aprendemos lo más profundo de Dios a través de la prueba de la cual que tantas veces tratamos de escapar. *"Escuchadme, y hablaré yo, y que me venga después lo que viniere. ¿Por qué quitaré yo mi carne con mis dientes, y tomaré mi vida en mi mano? He aquí, **aunque él me matare,*** *en él esperaré; no obstante defenderé delante de él mis caminos"* (Job 13:13-16).

Esta declaración ha servido como ejemplo para todo creyente que se halla en dura prueba. Job nos ministra su compromiso inalterable. Éste es oro fino que sólo sale del horno más caliente. Es cierto que todavía Job se defiende, pero según su conciencia no había pecado. Sus ojos espirituales no veían todavía el orgullo y la justicia propia con la cual Dios estaba tratando. Él sabría más adelante. Quedaba más por sufrir y aprender, pero Dios es paciente.

El segundo destello de la verdad que sólo sale de la prueba de la fe (Job 16:18-19)

Cada destello brilla más y dura un poquito más. El capítulo 16 es un puro lamento de Job. Hace frente a la realidad tan triste sin conciencia del pecado cometido, pero ya bajo la rudeza de la mano de Dios y las acusaciones de sus "amigos" cada vez más duras y directas. Se oye otro suspiro: *"¡Oh tierra! no cubras mi sangre* (una alusión a la justicia de Abel, Génesis 4) *y no haya lugar para mi clamor. **Mas he aquí que en los cielos está mi testigo, y mi testimonio en las alturas"*** (16:18, 19). Su fe se afirma a pesar de que no hay cambio alguno en sus circunstancias.

Esto es el denuedo de la fe motivado por el Espíritu Santo que sólo puede afirmar que *"Jesús es el Señor"* (1 Corintios 12:3). Para apreciar esto nosotros, debemos tener en cuenta que Job no tenía nada de la historia que nosotros tenemos para dar razón a su confianza.

Una vez más en la prueba Dios, en su gracia, confirma y fortalece. Ahora entendemos la confianza de Dios frente al diablo en los primeros dos capítulos. Si sigue uno leyendo, Job recae en la defensa de su integridad (16:20-22). Sí que tenía integridad Job y Dios la reconocía, pero el Señor buscaba otro fin más profundo, es decir, que Job fuera conforme a su Hijo aún por revelarse en la Cruz.

El tercer destello de la verdad que sólo sale de la prueba de la fe (Job 19:23-27)

Los diálogos con sus "amigos", los monólogos consigo mismo y las conversaciones con Dios siguen sin interrumpirse. Job todavía admite su confusión y frustración; expresa bastante lástima por él mismo. En

227

cierto sentido no se puede culpar. Pero en el capítulo 19 hay un movimiento hacia Dios, en el cual reconoce Job que detrás de todo está Dios mismo.

Sin embargo, siente el abandono de sus hermanos en la carne (19:13), sus parientes también (v.14), hasta las criadas no le hacen caso (v.15). Su propia mujer no le deja acercarse a ella (v.17). Los muchachos y otros socialmente inferiores ni le reconocen, al contrario lo aborrecen; *"su propio cuerpo se pega a sus huesos"* (v.20). Todo esto es la triste historia de este infeliz y desgraciado. Exclama en su soledad: *"¡Oh vosotros, mis amigos, tened compasión de mí, tened compasión de mí! Porque la mano de Dios me ha tocado"* (v.21).

Pero a pesar de todo ello, Job afirma una declaración de fe sin paralelo en toda la Biblia. Tome muy en cuenta que Job vive casi dos mil años antes de la Cruz y no tiene ni una página de las Escrituras a la mano. Ésta es la declaración magistral: *"Yo sé que mi Redentor vive, y al fin se levantará sobre el polvo; y después de deshecha esta mi piel, en mi carne he de ver a Dios; al cual veré, y no otro, aunque mi corazón desfallece dentro de mí"* (19:25-27).

Surge, entonces, la pregunta: ¿de dónde viene esta confianza en medio de las tinieblas? Viene del Espíritu Santo que moraba en él con quien había caminado en días anteriores. Pero para poder afirmarlo tenía que pasar por la prueba y dejar que Dios fuese Dios, sin darle una explicación ni justificar su justicia. Aún después, Job sigue agregando palabras contra sus acusadores (vv.28-29).

El cuarto destello de la verdad que sólo sale de la prueba de la fe (Job 23:10-12)

Ante Elifaz en el tercer ciclo de diálogos, Job aguanta las peores acusaciones que hasta ahora había oído. A pesar de esto, en el capítulo 23 Job otra vez vuelve a su deseo de hablar directamente al Todopoderoso. Por fin Dios le concede su petición, pero Job saldrá más que quebrantado (Job 38-41). Esto último lo veremos en otro estudio.

Al hablar directamente con Dios, Job empieza por decir: *"Hoy también hablaré con amargura; porque es más grave mi llaga que mi gemido. ¡Quién me diera el saber dónde hallar a Dios! Yo iría hasta su silla. Expondría mi causa delante de él y llenaría mi boca de argumentos"*

228

(23:2-4). Esto es bastante bravo, pero tal es la confianza aun de Job. No había pecado de manera grosera como le acusaban. Pero ignoraba totalmente que Dios se interesara mucho más en la transformación de su carácter.

Con calma Job afirma: *"Mas él conoce mi camino; me probará, y saldré como oro. Mis pies han seguido sus pisadas; guardé su camino, y no me aparté. Del mandamiento de sus labios nunca me separé; guardé las palabras de su boca más que mi comida"* (vv.10-12). Aún después Job vuelve al círculo vicioso de preguntar y tratar de alcanzar a Dios.

No sabía que Dios estaba a la mano guardándolo en medio de la prueba. Estos destellos de gracia fueron producidos en el horno de la prueba. Dios hacía en él su obra refinadora. Pero de gracia iba a tardar más la prueba. El escultor celestial tenía mucho más que hacer y eso lo estudiaremos en seguida.

Lecciones por aprender en el proceso de la prueba

1. No sabemos el horario divino al meternos en una situación difícil. Dios siempre tiene más cosas que hacer en nosotros y eso exige tiempo.

2. El justo, aun como Job, por la fe vivirá. No existe una vía corta hacia la humildad y santidad. Dios hace su obra a su manera y según su horario para nuestro bien.

3. Dios aguanta muchas veces nuestros dichos necios porque ve el corazón y sabe a dónde lleva a su amado.¡Qué bien que Dios nos trate en gracia y no por lo que pensamos o por nuestras palabras!

4. En toda esta larga trayectoria, Dios pone los límites a Satanás (aunque no lo veamos). Dios está en control de las circunstancias y lo dicho en contra nuestra; él conoce nuestro dolor.

5. El sufrimiento aguantado viene siendo siempre el vehículo de la santidad progresiva. *"Y aquéllos (padres terrenales), ciertamente por pocos días nos disciplinaban como a ellos les parecía. Pero éste para lo que nos es provechoso, **para que participemos de su santidad"** (Hebreos 12:10).

El triunfo de la gracia de Dios en la vida de Job

Capitulo 30
Job se defiende, pero Eliú le aconseja mejor

Introducción

Vale la pena volver a ver a Job en su victoria inicial en los capítulos 1 y 2. Luego el peso crudo de la prueba llega a tal grado que respira una agonía increíble. Lo humano sale, a pesar del origen divino de la prueba. Pero todo el propósito de Dios queda bien escondido de aquel que atraviesa la calamidad (Job 3). La llegada de los tres "amigos" con su sincera carga por él agudiza la situación, porque traen un análisis totalmente fuera del juicio divino. Los tres ciclos de sus "consejos" equivocados se hacen cada vez más fuertes y directos.

Job no falta nunca en su propia defensa y su derecho de mantener su integridad ante Dios: ciclo uno con Elifaz, Bildad y Zofar (Job 4-14); segundo ciclo con Elifaz, Bildad y Zofar (Job 15-21) y el tercer ciclo con Elifaz y Bildad, sin Zofar (Job 22-25). En fin, los diálogos terminan en acusaciones y contra acusaciones con alegaciones muy fuera de la reconocida integridad de Job.

Job, por su parte, hace uso del sarcasmo y cinismo contra ellos. A veces también se dirige contra Dios mismo. Job revela en todo esto la fragilidad humana y las áreas de la complacencia personal y el orgullo. Éstas son las que Dios va tocado cada vez más fuertemente. Dios va en pos de moldear a su semejanza a Job.

Job da una vuelta nostálgica al pasado y culpa a Dios (Job 29–40)

En estos ciclos Job y sus "amigos" van empatados; nadie gana nada. Job no niega a Dios pero a veces se acerca peligrosamente a ello. Pero las alegaciones de los tres contra Job llegan a ser más crudas y recias. Job responde de la misma manera, lleno de palabras de defensa personal.

Por fin Zofar, el más directo de los tres, no responde por última vez. Se dio por vencido ante la terquedad de Job y su manera de pensar. Bildad termina su acortada respuesta con una indirecta: *"¿Cuánto menos el hombre, que es un gusano, y el hijo de hombre, también gusano?"* (Job. 25:6). Es el punto ínfimo del debate.

Pero Job todavía tiene mucho que decir. Responde en los próximos capítulos con bastantes palabras, pero que no llega al grano de su problema. Job proclama la soberanía de Dios (Job 26); describe el castigo de los malos (Job 27) y el hombre en busca de la sabiduría (Job 28). Sí que termina bien con la conclusión: *"He aquí que el temor del Señor es la sabiduría, y el apartarse del mal, la inteligencia"* (28:28). Éstas son palabras muy sapienciales.

En los siguientes tres capítulos, Job recuerda con nostalgia los días mejores en los cuales él era el centro de la casa, la familia, la sociedad y su mundo. Tras estas remembranzas hay la sutil queja contra Dios quien le ha quebrantado. Implícito en este largo relato aparece una acusación: Dios no le ha sido justo ni fiel. Job no está contento ni acepta por fe lo que Dios le preparará para su bien en el futuro. Dios reconoce ese pensar y tendrá que tratar con Job y, de hecho, está a punto de hacerlo.

Es evidente que Job quiere volver a los días en los cuales Dios le era bueno. Ahora Dios, considera él, es otro. Tras esto queda el "yo" de Job. Al recordar el pasado, reflexiona sobre el presente y defiende su propia justicia; se descubre a sí mismo a Dios y a todo el mundo.

En los tres capítulos se pueden contar unas 210 referencias al "YO"; yo, me, mí, mi, la flexión del verbo, etc. En Job 29 con una mirada retrospectiva hay 52; en Job 30 con una mirada al presente hay 62; en Job 31, en la defensa de su integridad, se leen 96 referencias. Esto nos recuerda Romanos 7 y las 40 referencias de Pablo al "YO". Basta decir que todo esto no impresionaba a Dios. Mas bien era, precisamente, aquello que Dios le iba a tocar.

El orgullo de Job reflejado en el pasado (Job 29)

Veamos la evidencia que Job nos da. *"Quién me volviese como en los meses pasados, como en los días en que Dios me guardaba, cuando hacía resplandecer sobre mi cabeza su lámpara, a cuya luz yo caminaba en la oscuridad"* (Job 29:1-3). Implícito en esto, Job dice que antes Dios me era bueno y ahora ya no lo es; tal acusación no es nada ligera. Sigue diciendo que antes Dios guardaba a su familia, que se lavaba sus pies con leche y *"la piedra me derramaba ríos de aceite"* (v.6). Los principales no hablaban en su presencia; él tenía la última palabra (vv. 9, 10). Hablaba de la preeminencia que él tenía ante los pobres, los huérfanos, las viudas (vv.12, 13). *"Yo era ojos a los ciegos y pies al cojo"* (v.15). Todo el mundo, los pobres y oprimidos lo buscaban y los rescataba. Anticipaba morir en tal posición de honor. *"Mi honra se renovaba en mí, mi arco se fortalecía en mi mano... Calificaba yo el camino de ellos, y me sentaba entre ellos como el jefe; y moraba como rey en el ejército, como el que consuela a los que lloran"* (vv.20, 25). Es cierto que todo esto es verdad, pero también no es más que el reflejo del orgullo. Se veía como juez, proveedor y rey. Dios no puede aguantar oír: "Yo era una gran cosa". **En este capítulo, Job hace 52 referencias a sí mismo.**

La autocompasión de Job en el presente momento injusto (Job 30)
¡Qué agudo contraste es la situación presente en la cual Dios le ha abandonado! Fácil decir o pensarlo pero no era cierto. *"Pero ahora se ríen de mí los más jóvenes que yo, a cuyos padres ya desdeñara poner con los perros de mi ganado"* (30:1). Esto es bien fuerte y revela la superioridad moral innata que tenía bajo la máscara de la justicia. Sigue Job describiendo la bajeza de estos jóvenes y sus padres como la escoria del mundo. *"Hijos de viles, y hombres sin nombre, más bajos que la misma tierra"* (v.8).
Luego se echa a quejarse de la actualidad. *"Y ahora yo soy objeto de su burla, y les sirvo de refrán, me abominan, se alejan de mí"* (vv.9, 10). Pero lo peor es que dice: *"Porque Dios desató su cuerda, y me afligió, por eso se desenfrenaron delante de mi rostro"* (v.11). Describe su mala salud y la desesperación que siente.
Luego Job agrega: *"Clamo a ti, y no me oyes; me presento, y no me atiendes. Te has vuelto cruel para mí; con el poder de tu mano me persigues"* (vv.20-21). Job termina diciendo: *"Se ha cambiado mi arpa*

---

en luto, y mi flauta en voz de lamentadores" (v.31). **En este capítulo, Job hace 62 referencias a sí mismo.**

Éstas son serias reclamaciones contra Dios. Claro, la situación de Job era pésima y no veía ninguna esperanza, pero Dios lo atendía y sabía que habría mucho más trabajo que hacer en Job antes de que pudiese bendecirle doblemente. **Ésta era la vía dolorosa, la vía de la cruz.** Jesús, el hijo de Dios, la iba a caminar con un espíritu de toda resignación y obediencia.

"Ahora está turbada mi alma; ¿y qué diré? ¿Padre, sálvame de esta hora? Mas para esto he llegado a esta hora. Padre, glorifica tu nombre" (Juan 12: 27, 28). En realidad Dios le permite a Job entrar en los pasos del Crucificado. Y sigue dando el mismo privilegio a quienes lo siguen en la fe y la obediencia. ¡Ojalá que reconozcamos los tratos de nuestro amado Dios por la vida crucificada!

La firme defensa de la integridad de Job ante Dios (Job 31)

Es más largo este capítulo que los dos anteriores. Se debe leer con mucho esmero porque en cierto sentido habla de Job y de su **integridad exterior.** Era indiscutible ante toda clase de persona y problema. Dios lo sabía y al fin de cuentas aprueba a Job (42:7). Pero Dios no podía permitir la profunda justicia propia que había en el interior de Job. Tendría que reducir a Job aun más y lo haría por su bienestar espiritual y su nuevo comienzo.

Aquí apreciamos la evidencia de la honestidad y compromiso de Job.

- En una serie de votos y recuerdos defiende su pureza de ojos: *"Hice pacto con mis ojos; ¿Cómo, pues, había yo de mirar a una virgen?"* (31:1-4).
- Atestigua su honestidad, nada de mentira ni deshonestidad en sus tratos (vv.5-8).
- Afirma su fidelidad a su mujer, trato puro de sus siervos y siervas, no aprovechando para nada su bien (vv.9-15).
- Defiende su trato del pobre tan frecuentemente abusado por lo ricos. Era justo para con los huérfanos (vv.16-23). *"No comí mi bocado solo"* (v.17).

- No confiaba nada en sus riquezas. Si hubiera hecho semejante cosa en esta larga lista de tentaciones *"hubiera negado al Dios soberano"* (vv.24-28).
- Job termina sus votos y desafíos contra quienes le acusaban. No se regocijó en la calamidad de sus enemigos, no encubrió sus transgresiones (vv.29-40).

Termina con ese reto: *"¡Quién me diera quien me oyese! He aquí mi confianza es que el Omnipotente testificará por mí. Aunque mi adversario me forme proceso... Yo le contaría el número de mis pasos y como príncipe me presentaría ante él"* (vv.35-37). Son palabras fuertes y desafiantes. Termina por decir, si fuera de otra manera: *"En lugar de trigo me nazcan abrojos, y espinos en lugar de cebada"* (v.40). Luego las palabras por esperar: *"Aquí terminan las palabras de Job"*.

No oiremos más de Job hasta las profundas confesiones de su quebrantamiento. Pero todavía le queda más verdad por oír de parte de Eliú y, sobre todo, quien tiene la palabra final, Dios mismo. **En este capítulo, Job hace 96 referencias a sí mismo. El gran total en estos capítulos son 210 referencias a su propia persona. Esto es lo que Dios oye y está a punto de tratar.**

La intervención de Eliú, quien habla con más sabiduría (Job 32-37)
Después del fracaso de los tres amigos, Eliú entra en diálogo con Job. Su acercamiento es modesto, respetuoso, habiendo oído todo lo dicho anteriormente. A la vez se daba cuenta del mal de Job al defenderse con tanto ímpetu (32:2). Pero de igual manera no estaba de acuerdo con los amigos (v.3). Por ser más joven de los demás, se había restringido (v.6).

Todo este capítulo se dedica a su acercamiento equilibrado y humilde. Reprende a los amigos (vv.11-14) y explica porque no intervino, pero ya es el momento de hablar por Dios (vv.15-22). Hablará la verdad. Tan marcada diferencia de entrada promete mucho. Eliú es de otra fuente prometedora.

En el capítulo 33, Eliú se dirige a Job. Note su respeto y humildad, pero a la vez la confianza de hablar en nombre de Dios. *"Por tanto, Job, oye ahora mis razones... El Espíritu de Dios me hizo, y el soplo del*

235

Omnipotente me dio vida" (vv.1, 4). Luego reta a Job: *"Ordena tus palabras, ponte en pie. Heme aquí a mí en lugar de Dios, conforme a tu dicho; de barro fui yo también formado"* (vv.5, 6).

Al reprender a Job, Eliú cita las mismas palabras que oyó de él: *"Yo soy limpio y sin defecto; soy inocente, y no hay maldad en mí. He aquí que él* (Dios) *buscó reproches contra mí, y me tiene por su enemigo; Puso mis pies en el cepo, y vigiló todas mis sendas"* (vv.9-11). Eliú no le acusa sino que sólo repite las mismas alegaciones de Job contra Dios.

Con una franqueza directa pero respetuosa reprende a Job. En esto anticipa el mismo mensaje de Dios más adelante en Job 38:1-3. *"Fieles son las heridas del que ama"* (Proverbios 27:6). La verdad tiene que ser dicha afrontada. *"He aquí, en esto no has hablado justamente; Yo te responderé que mayor es Dios que el hombre. ¿Por qué contiendes contra él?* **Porque él no da cuenta de ninguna de sus razones"** (vv.12-13). Es precisamente lo que Job entendería después de oír la respuesta final de Dios. No nos corresponde exigirle a Dios ninguna razón. La criatura no pone en tela de juicio nunca al Creador.

Eliú descubre el camino de la cruz en el Antiguo Testamento (Job 33:14-33)

Ahora sigue en la boca de Eliú una porción casi sin par en el Antiguo Testamento. Dios sí que trata con los suyos en dos maneras: la primera, por visión, por sueño (muy aplicable al A.T., no tanto al N.T. ya que tenemos a la mano la Palabra de Dios). En breves palabras Dios es comunicador por excelencia (33:14-18). Es decir, Dios por el Espíritu se comunica con el espíritu del hombre.

La segunda manera es por la disciplina, la enfermedad, los golpes (33:19-22). Si no lo oímos por su Palabra nos comunica con la prueba tal como Dios hizo con Job en los capítulos 1 y 2. Dios venía hablando pero Job no podía comprenderlo por fe. Se requería primero un quebrantamiento del "YO". Dios, en su misericordia, estaba dispuesto a darle golpes que le traerían una revelación más profunda de su amor y su carácter santo.

La meta final de Dios en comunicarse con el hombre es precisa y aquí está la clave de todo el libro de Job: *"entonces revela al oído de* *los hombres, y les señala su consejo, **para quitar al hombre de su obra, y apartar del varón la soberbia**"*. Esta verdad es el eje mismo del libro y de toda la obra de la Cruz en nuestras vidas. El cáncer del ser humano es su apego a su propia obra, lo que hace y quiere hacer es la dinámica del orgullo, el pecado original de Satanás y de Adán y Eva.

Es el mismo pecado que nos acosa en todo momento y que la Cruz de Cristo nos lo cancela. El orgullo se manifiesta en la injusticia (Romanos 1:18-32) y la justicia propia (Romanos 2:1-29). Dios anuló esa dinámica en nuestra co-crucifixión con Cristo. *"Sabiendo esto, que nuestro viejo hombre fue crucificado juntamente con él, para que el cuerpo del pecado sea destruido, a fin de que no sirvamos más al pecado"* (Romanos 6:6). Veremos más de esto en el próximo y último estudio.

Lecciones por aprender en el proceso de la prueba

1. Dios reconoce y apoya la integridad de Job, pero ve lo que su siervo no ve: una corriente de la justicia propia, y lo ama de tal manera que tiene que tratar con esa área de su vida.

2. Dios está motivado no por hacernos sufrir, sino para producir en nosotros esa conformidad de su propio corazón. Nada más vale.

3. Dios no queda impresionado por el largo relato de las buenas obras de Job (29), ni por el lamento de su actual situación (30), ni por los votos de su justicia propia (31). No se cuentan las 210 referencias que Job hace a sí mismo.

4. Dios no puede tolerar el orgullo y nuestro apego aun a nuestro largo servicio en nombre de él. Sólo un corazón contrito y humilde le complace (Isaías 57:15).

5. Dios responde a la fe de sus hijos cuando aceptan la actualidad de la mano de Dios, no importando lo inescrutable que pueda ser. Quejarse del presente es levantar la mano en contra de Dios.

6. Eliú dio su mensaje con el respeto y la modestia que correspondían a uno más joven, pero a la vez habló *"la verdad en amor"*.

7. Pero sólo la voz de Dios va a quebrantar el corazón del suyo y eso, tarde que temprano, viene. Dios está preparando a Job

para tal encuentro. Será por la gracia de Dios y la fe que abraza la providencia del Señor. Así resulta la bendición abundante al final.

Capítulo 31
El Encuentro transformador con Jehová y la bendición doble

Resumen breve

El peregrinaje de Job ha sido desde la bendición previa a la prueba fuerte y luego hasta el triunfo final. El hombre *"más recto, apartado del mal"* y bendecido por Jehová ha llegado a ser objeto de la furia del diablo. Todo por la sugerencia explícita de Dios mismo sin que Job supiera de ninguna manera el propósito del Eterno. Job empieza muy bien bajo la mano fuerte de Dios.

Por dos ciclos (Job 1, 2) acepta los golpes inexplicados, no dando lugar alguno a Satanás. Pero con la llegada de los tres "amigos"que lo juzgan muy mal, empieza él a responder en las fuerzas humanas y carnales.

Ahora, ante los tres "amigos" y sus tres ciclos (Job 4-14; 15-21; 22-25) defiende agresivamente su integridad. Lo acusan y él los vuelve a criticar. En este camino sinuoso Job duda de Dios, pero no lo repudia de ninguna manera. Job acusa a Dios de haberlo puesto como blanco (7:20). Incluso ha tenido la osadía de decir que Dios lo trata como su enemigo (9:22-24).

Pero antes de juzgar mal a Job, como lo hicieron los tres "amigos", recordemos que Dios fue quien ordenó la prueba con el fin de purificar a Job de su orgullo espiritual y su confianza en su integridad. Redujo a Job para que pudiera revelársele de manera más profunda y, al final, bendecirlo con una doble porción de sí mismo. Un fin admirable.

La gracia de Dios triunfará sobre el diablo y Dios se revindicará en la vida de Job ante todos los demás. Será un triunfo de la gracia que será un reflejo del triunfo de Jesús ante las huestes malignas. Job no lo sabía, pero de cierta manera caminó por la vía dolorosa como lo haría nuestro Salvador.

A través de Eliú, Dios revela el Mensaje de la Cruz a Job (Job 33:1-33)

Con mucha modestia y cortesía Eliú se dirige a Job. Respetando su edad, pero siendo fiel en su reprensión, atribuye al Espíritu del Omnipotente sus consejos (33:4). En Eliú no hay la amargura ni el ataque de los tres "amigos". Recuerde que él había oído todo lo que Job había dicho en su agonía.

"He aquí, en esto no has hablado justamente; yo te responderé que mayor es Dios que el hombre. ¿Por qué contiendes contra él? Porque él no da cuenta de ninguna de sus razones" (vv.12, 13). Después del encuentro directo con Dios, Job aprendería ese principio fundamental. **El Creador no tiene que explicar nada a la criatura. Su carácter es tal que no se equivoca y nunca deja de lograr su propósito.**

Sigue Eliú diciendo que Dios no tiene obligación de explicar sus tratos, pero de todos modos él es comunicativo. Ama y responde a los suyos por dos medios: uno, por medio de sueños y visiones (vv.14-18). Éste era modo del Antiguo Testamento, antes de la presencia de la Palabra inspirada y objetiva.

Además, Eliú explica la motivación divina tras esas comunicaciones: *"Entonces revela al oído de los hombres, y les señala su consejo, <u>para quitar al hombre de su obra y apartar del varón la soberbia</u>"* (vv.16, 17). En breve Eliú pone el dedo en la llaga, en el por qué de la prueba. Job no vio nunca su orgullo espiritual ni entendió su daño ante Dios, pero Dios lo veía y lo amaba suficientemente para apartar de él su soberbia.

Aquí está el eje de libro entero, explicado claramente por Eliú y remachado por Jehová en sus dos diálogos con Job (Job 33)

El segundo medio que usa Dios para comunicarse con los suyos es la disciplina o los golpes de la mano de Dios. *"También sobre su cama es castigado con dolor fuerte en todos sus huesos..."* (vv.19-22). En medio de este flaquear o reducción está la salida: *"Si tuviese cerca de él algún elocuente mediador muy escogido, que anuncie al hombre su deber; que le diga que Dios tuvo de él misericordia, que lo libró de descender al sepulcro que halló redención (rescate)"* (vv.23-24).

Aquí tenemos una proyección de la venida de Cristo, nuestro *mediador elocuente* que nos trae rescate. ¡Qué maravilla que a Job Dios le reveló semejante verdad a través de Eliú! **El sufrimiento viene siendo el vehículo divino de la revelación de los más profundos propósitos de Jehová.** Por eso no debemos rechazar el sufrimiento que Dios nos envía para nuestro bienestar.

Eliú sigue con los resultados si Job se rinde ante el mediador elocuente, quien le trae rescate o redención. *"Su carne será más tierna que la del niño, volverá a los días de su juventud. Orará a Dios, y éste le amará y verá su faz con júbilo y restaurará al hombre su justicia"* (vv.25-26). Todo esto es precisamente lo que anhelaba y buscaba en sus protestas y ansiedad.

Pero Dios le daría todo eso y más, victoria, justicia y las bendiciones bajo las condiciones divinas de la sumisión y la fe en aquel mediador elocuente (en Él que había de venir). Recuerde el anhelo de Job en 9:33: *"No hay entre nosotros árbitro que ponga su mano sobre nosotros dos"*. Ya sabe por medio de Eliú que tal mediador si existe. Por fin dice Eliú: *"He aquí, todas estas cosas hace Dios, dos y tres veces con el hombre, para apartar su alma del sepulcro, y para iluminarlo con la luz de los vivientes"* (vv.29, 30).

Eliú nos dio el mensaje de la Cruz, miles de años antes del Calvario. Lo hace por el mismo Dios que así trata siempre con los suyos. Dios quiere apartarnos de nuestro orgullo y de nuestra integridad para que él sea todo en todo. *"El Espíritu es el que da vida; la carne para nada aprovecha; las palabras que yo os he hablado son espíritu y son vida"* (Juan 6: 63).

Eliú falla, pero vuelve a hablar por Dios (Job 34- 37)

Lo interesante es que al principio Eliú fue portador del mensaje divino para Job, pero cuando no respondió a su mensaje en el capítulo 34, se impacientó y volvió a regañar a Job como lo habían hecho sus supuestos amigos. *"Qué hombre hay como Job que bebe el escarnio como agua y que va en compañía con los que hacen iniquidad, y anda como los hombres malos porque ha dicho: De nada servirá al hombre el conformar su voluntad a Dios* (34:7-9).

Y continúa diciendo Eliu: *"Deseo yo que Job sea probado ampliamente, a causa de sus respuestas semejantes a las de los hombres inicuos. Porque a su pecado añadió rebeldía; y bate palmas contra nosotros, contra Dios multiplica sus palabras"* (34:36-37).

¿Cuál es la lección que Dios nos da? **Ningún consejero por sabio y preparado que sea habla *siempre* por Dios.** Aquí está una palabra importantísima que se debe tomar muy en cuenta. Dios puede usar al consejero, a los sicólogos, a los titulados en tanta rama humana, pero la voz del hombre no es segura. Sólo Dios y su Palabra y la obra del Espíritu Santo valen sin excepción.

Santiago habla de los dos tipos de la sabiduría: *"Porque esta sabiduría no es la que desciende de lo alto, sino terrenal, animal, diabólica... Pero la sabiduría que es de lo alto es primeramente pura, después pacífica, amable, benigna, llena de misericordia y de buenos frutos, sin incertidumbre ni hipocresía. Y el fruto de justicia se siembra en paz para aquellos que hacen la paz"* (Santiago 3:15,17-18). Muy propio que este consejo venga en el capítulo de la lengua.

Ésta es una palabra que nos debe humillar, aquellos que predicamos y damos tanto consejo. La carne y la sabiduría humana están siempre presentes. Jeremías tiene las palabras de sabiduría: *"Por tanto, así dijo Jehová: Si te convirtieres, yo te restauraré, y delante de mí estarás; y si entresacares lo precioso de lo vil, serás como mi boca. Conviértanse ellos a ti, y tú no conviertas a ellos"* (Jeremías 15:19).

Al dar consejos a los abatidos debemos hacerlo con mucha humildad y el reconocimiento de que somos los falibles como lo fue Eliú, a pesar de haber hablado bien por Dios al principio. Eliú vuelve en los capítulos 36 y 37 a ser portador del mensaje de Dios. Sirvió por un momento y habló la palabra de Dios. Pero sólo Dios es la autoridad; ningún título ni experiencia pastoral sirve de substituto de la Palabra de Dios y la obra del Espíritu Santo. Buena amonestación.

Hay algo muy significativo en las palabras de Eliú cuando termina su mensaje. Ha vuelto a dar el consejo correcto. Su concepto de Dios es el que Dios mismo confirmará a Job en los últimos capítulos. *"En Dios hay majestad terrible. Él es Todopoderoso, al cual no alcanzamos, grande en poder; y en juicio y en multitud de justicia no afligirá. Lo temerán por* tanto los hombres; **Él no estima a ninguno que cree en su propio corazón ser sabio"** (37:22-24).

Dios mismo respaldará esta definición de su ser. Dios no aflige nunca a nadie sin razón justa, pero no puede aguantar a quien se cree sabio u orgulloso. Quien se cree sabio ante Dios peca y Dios tiene que juzgarlo. Esto subraya el mal de Job que puso en marcha toda esta larga trayectoria del sufrimiento. Job lo admitirá cuando Dios termine de hablarle en los capítulos 38 al 41.

Jehová habla y da una serie de preguntas sin respuestas (Job 38-41)

Ahora fue el momento oportuno para que Dios le respondiera a Job. Esto era lo que Job quería hacer para poder presentar su integridad y su causa. Pero en aquellos días Dios guardaba silencio; no quiso ni oír lo que ya conocía mejor que Job: su justicia propia. Esto frustraba muchísimo a Job; juzgaba mal a Dios pensando que no quería oírlo. Con razón no respondió Dios, pues Job no estaba preparado para oír lo que Jehová le diría. Job tenía de acabarse, rendirse y dejar de proclamar su integridad exterior.

Ahora Dios mismo interviene y pronuncia la última palabra (Job 38-39)

Ahora viene la llamada fuerte de atención por parte de Dios. ¡Qué desigual será esta lucha! En medio de un torbellino dijo Dios: *"¿Quién es ése que oscurece el consejo con palabras sin sabiduría? Ahora ciñe como varón tus lomos; y yo te preguntaré, y tú me contestarás"* (Job 38:2, 3).

Me parece que Dios desafía a Job a entrar en el cuadrilátero para el *'round'* uno de la pelea. Y ¡sabemos muy bien quién se va a ganar! Dios no le contestaría ninguna pregunta a Job, sino que sólo quería hacerle una serie de preguntas que lo dejarían con la boca abierta de espanto y más tarde los labios bien cerrados.

Fíjese en la primera pregunta: *"¿Dónde estabas tú cuando yo fundaba la tierra? Házmelo saber, si tienes inteligencia. ¿Quién ordenó sus medidas, si lo sabes? ¿O quién extendió sobre ella cordel?"* (Job 38:4, 5). Pobre de Job, no hubo manera ni de abrir la boca. Job sacó cero en todas las preguntas y quedó sin ánimo para contestar más. Pero Dios sigue con **unas 50 preguntas semejantes hasta Job 40:2.** Job quedaba callado. ¡Qué situación más desanimadora!

Dios lo confundió totalmente con preguntas no de su persona infinita sino de la misma tierra en que Job vivía. ¿Qué de la creación, las estrellas, el mar, las nubes, la marea, fuentes de agua, la luz, la nieve, el granizo, el turbión, el relámpago, la lluvia, el hielo, las órbitas de las planetas? Termina, entre otras cosas, preguntando: *"¿Quién puso por cuenta los cielos con sabiduría?"* (38:37).

Añadió Dios preguntas de la creación animal: ¿Qué del león, el cuervo, las cabras montesas, las ciervas, el asno montés, el búfalo, el pavo real, el caballo, la langosta, la jabalina, el gavilán, el águila (38:39-39:30). Y Concluyó con ésta: *"¿Es sabiduría contender con el Omnipotente? El que disputa con Dios, responda a esto"* (Job 40:2).

Esto es duro y el pobre Job sólo pudo decir: *"He aquí que yo soy vil (pequeño, de menos valor); ¿qué te responderé? Mi mano pongo sobre mi boca. Una vez hablé, mas no responderé; aun dos veces, mas no volveré a hablar"* (Job 40: 4, 5). Pero Dios que conoce el corazón no queda satisfecho con esa confesión incompleta. TODAVÍA LE FALTA MUCHO. Dios no lo había traído acá para dejarlo medio reducido. Job tiene que morir a sí mismo, y tiene que ser abrazada la muerte de todo corazón. Nada menos que eso es suficiente para los que servimos al Crucificado.

Dios tiene más para decirle a Job y pone "el dedo en la llaga": su soberbia, su propia justicia (Job 40-41)

Ahora viene el ´round' dos de la pelea. Job quedará noqueado, fuera de combate. Dios va al grano en su diálogo. Otra vez le responde a Job en un torbellino. *"Cíñete ahora como varón tus lomos; Yo te preguntaré, y tú me responderás"*. Ahora vienen los golpes decisivos: *"¿Invalidarás tú también mi juicio? ¿Me condenarás a mí, para justificarte tú? ¿Tienes tú un brazo como el de Dios? ¿Y truenas con voz como la suya?"* (40:7-9).

Éstas son palabras llenas de sarcasmo y denuncia. Las implicaciones son que Job se pone por encima de Dios y en su orgullo reduce a Dios mismo, cosa increíble. Es el culpable juzgando al juez, la criatura al

Creador. Cuando Job se justifica, lo hace a expensas de la misma justicia de Dios. ¿Puede haber un pecado mayor? Eso mismo es lo que el pecado original de Satanás quiso hacer contra Dios: usurpar el trono del Altísimo.

Sigue Dios con unas veinte preguntas más, las cuales no puede ni contestar ni adivinar el pobre Job. Si tuvieras que presentar un examen de unas **70 preguntas** y no pudieras contestar ni una sola, ¿cómo te sentirías? ¡**Así Dios acabó con Job sólo con un repaso del mundo exterior, la revelación general!** ¿Cuánto más difícil hubiera sido para Job, si Dios hubiera usado las grandes verdades espirituales del Antiguo Testamento o aun las de después de la resurrección de Cristo, las profundas verdades de la Cruz?

Dios tiene la última palabra devastadora. Usando un poco de ironía y sátira, Dios supone que Job actúe como si fuera Dios. Ya que Job así se portaba como si fuera Dios, tendría que jugar el papel de Dios que no puede ser menos que bajar al orgulloso. Dios tuvo que deshacer al diablo, el primer orgulloso. No hay otra salida para Dios siendo él santo y justo.

Así dice Dios:*"Adórnate ahora de majestad y de alteza, y vístete de honra y de hermosura. Derrama el ardor de tu ira; Mira a **todo altivo**, y abátelo. Mira a **todo soberbio**, y humíllalo, y quebranta a los impíos en su sitio. Encúbrelos a todos en el polvo, encierra sus rostros en la oscuridad, y yo también te confesaré que podrá salvarte tu diestra"* (40:10-14).

Dios habla como si Job fuese Dios mismo. Esta introducción establece más allá de cualquier duda que el pecado de Job era el orgullo, la soberbia. Dios no puede pasar por alto tal pecado. Ahora sale a luz del día el mensaje de Dios.

Dios termina este segundo '*round*' después de esta denuncia tan clara por la descripción de dos animales gigantescos: el behemot o el hipopótamo (40:15-24) y el leviatán o el cocodrilo (41:1-34). Sin entrar en detalles por falta de espacio, el argumento de Dios es que él mismo los hizo y los controla. Hago con ellos lo que nadie puede. Usando Dios la revelación general, muestra en esa esfera su poder, su sabiduría, su cuidado y su control de estos gigantes.

¡Cuánto más, puede él tratar a su manera con Job! Es interesante que termine la última palabra de Dios con ésta: *"No hay sobre la tierra quien se le parezca; animal hecho exento de temor. Menosprecia toda cosa alta; es rey sobre todos los soberbios"* (vv.33-34). <u>*Estas son las últimas palabras que Dios le dice a Job.*</u> Dios conquista a Job sólo por apelar a su control de los grandes animales. ¡Cuánto más puede él con Job! Así como Dios hace con estos animales, así es Dios con el soberbio.

El quebrantamiento total de Job y la restauración y la doble porción (Job 42)

Después de esa denuncia y la revelación del poder, cuidado, control de las fuerzas terrenales, Dios ha dejado a Job quebrantado totalmente, su respuesta ahora es: *"Yo conozco que tú todo lo puedes, y que no hay pensamiento que se esconda de ti. ¿Quién es el que oscurece el consejo sin entendimiento? Por tanto, yo hablaba lo que no entendía; Cosas demasiado maravillosas para mí, que yo no comprendía"* (Job 42:2, 3).

Job lo admite todo sin reserva. No es vil ni pequeño, sino arrepentido hasta lo sumo. No le queda palabra alguna de justificación. Ahora no sólo queda callado, como después de la intervención de Eliú, sino totalmente acabado y quebrantado.

Pero aun más dice Job: *"Oye, te ruego, y hablaré; te preguntaré, y tú me enseñarás. De oídas te había oído; mas ahora mis ojos te ven. Por tanto me aborrezco, y me arrepiento en polvo y ceniza"* (42:4-6).

No hay un arrepentimiento más profundo y completo que el de Job. El hombre *"más apartado del mal"* **se arrepiente no por lo hecho sino por lo que él mismo era.** Hay una gran diferencia. El que anda tras del Crucificado se considera muerto y vivo. Éste es el proceso de la muerte y resurrección que recibe siempre la plena bendición de Dios, muertos para sí mismos pero a la vez vivos para Dios en Cristo Jesús (Romanos 6:11).

Este quebrantamiento se puede comparar con el encuentro de Jacob con el Ángel de Jehová (Génesis 32:22-30), el de Isaías (Isaías 6:1-7), la confesión de David en Salmo 51. **Tal quebrantamiento tiene que experimentarse de alguna manera si queremos la doble porción de su bendición.** *Éste es el mensaje de la Cruz..* Después de una muerte, la resurrección, después de la derrota, *"la sentencia de muerte para que no confiásemos en nosotros mismo sino en Dios que resucita a los muertos"* (2 Corintios1:8, 9).

Desde el nadir de su identificación en la muerte del "yo", su co-crucifixión con el Cristo que había de venir (en términos novotestamentarios) Dios ya está en plena libertad de bendecir, restaurar y *"quitar la aflicción"* (42:10).

Pero hubo una cosa más por hacer –tratar con los tres amigos. Dios los reprende y les manda a ir donde Job con unos sacrificios (42:7). Job ha de recibirlos con la plena aceptación y orar por ellos. En Job no podría haber el más mínimo rencor ni auto lástima por lo dicho y hecho. Al final de cuentas eran sus amigos. Job obedece a Dios como evidencia de que el quebrantamiento había obrado en él, sellándolo con el mismo espíritu del Crucificado. Cristo perdonó a los que lo crucificaron. Esteban hizo lo mismo (Hechos 7: 59). Nada menos que el espíritu del Calvario se ve en estos siglos antes de la cruz.

Sólo resta la doble bendición: la restauración de su salud, sus hermanos y hermanas (v.11), su prójimo (v.11), su patrimonio (v.12) sus hijos e hijas (vv.13-15) y por fin, una vida larga llena de días y la presencia de Dios (vv.16, 17). ¿Qué más se le puede pedir a Dios?

Lecciones por aprender

1. Dios puede hablar por un tal Eliú, pero se debe discernir lo que es de Dios. Sólo en Dios confiamos no en el hombre por distinguido que pueda ser.
2. Dios tiene la última palabra y ordena hasta los límites de la prueba para lograr su fin.
3. Desde Job 1 y 2 Dios sabía que triunfaría la gracia y a costo de Job lo lograría.
4. No hay ninguna vía corta a la santidad. El sufrimiento es el vehículo real y la Cruz el camino.
5. Dios no nos libra del "yo" sin una muerte y abrazo de la muerte en todas sus implicaciones
6. Dios nos colma de bendiciones cuando dejamos de hablar y aceptamos su bendita voluntad.

7. Separar al hombre de su orgullo es el fin divino; ahora Job se asemeja a Dios mismo.

Epilogo

¡Bendita la prueba que nos moldea a la manera de Cristo!

La trayectoria de Job ha sido larga. Comienza desde el capítulo 1 y el escenario celestial entre Jehová y Satanás hasta la bendición doble que Dios, en gracia, confirió a Job. Hemos visto el triunfo de la gracia de Dios. No puede ser más que el triunfo del amor del Padre y la confianza que tenía en su propio trato con su siervo. Nada de crédito se le atribuye a Job, sino que todo redunda para la gloria de Dios. Dios tenía razón en desafiar a Satanás con estas palabras: *"¿No has considerado mi siervo Job, que no hay otro como él en la tierra, varón perfecto y recto, temeroso de Dios y apartado del mal?"* (Job 1:9; 2:3).

Los seis estudios expositivos se dedican a trazar la gracia de Dios en perfeccionarlo más y más a la imagen de aquel que había de venir. Job vivía antes de tal deslumbramiento de las Escrituras, pero la obra del Espíritu Santo en Job en el Antiguo Testamento iba prefigurando la gracia que opera hoy día en nosotros. Se puede ver claramente en el Antiguo Testamento, al igual que en el Nuevo, la obra interior del Espíritu Santo.

Al principio de la prueba Job respondió bien, pero con la presión y el aumento de las acusaciones falsas, empezó a responder según "el hombre viejo". En dos estudios de Job 4-31, podemos verle lleno de su propia justificación. Era absolutamente estupendo lo que salió de este hombre *"recto, y apartado del mal"*. Había frustración, sarcasmo y enojo, que se alternaban entre la penitencia y el llegar casi a echarle la culpa a Dios. Sin embargo, Job nunca cruzó la línea, pero el Señor lo dejó descubrirse a sí mismo. Dios ya lo conocía tal como era. Y Jehová lo iba calentando en el horno.

Por fin, Dios le habló. Pero no le dio ninguna respuesta a sus quejas; ni le explicó sus caminos; sólo lo confundió con **unas 70 preguntas tomadas del mundo físico.** Se revelaba a sí mismo como quien estaba antes de la fundación del mundo, aquel que manejaba los fenómenos terrestres, los animales sin inteligencia y que todavía tiene todo el derecho de gobernar su mundo como él quiere. Dejó que Job se sometiera a lo que él iba a optar para la bendición de su siervo. **Esto es la esencia de la sumisión que rebajó a Job a ser receptor de sus bendiciones divinas.**

Pero explícitamente reprendió a Job por justificarse de tal manera que Dios mismo quedase como culpable de toda la situación (Job 41:7-14). Dios puso el dedo en la llaga de su orgullo y su propia justicia. Job se arrepintió profundamente (42: 1-6) y al orar por "sus amigos" (Job 42:10), Dios lo visitó con la doble bendición que siempre le quiso dar. Pero no pudo antes de la prueba. ¡Bendito sea Dios por la prueba que produce en ti y en mí la belleza del Crucificado y resucitado Hijo de Dios!

Entre mis comentarios quedo endeudado al libro de Jessie Penn-Lewis, *The Story of Job*. Me ha servido de guía y fue de gran bendición.

CPSIA information can be obtained at www.ICGtesting.com
Printed in the USA
LVOW100444290413

331288LV00001B/1/P